最新行业会计实务系列

制造企业会计

郭阜平　张大中　编著

中国财政经济出版社

图书在版编目（CIP）数据

制造企业会计/郭阜平，张大中编著．—北京：中国财政经济出版社，2011.12
（最新行业会计实务系列）
ISBN 978－7－5095－3188－4

Ⅰ.①制…　Ⅱ.①郭…②张　Ⅲ.①制造工业－工业会计　Ⅳ.①F407.406.72

中国版本图书馆 CIP 数据核字（2011）第 209398 号

责任编辑：周桂元/张怡然　　责任校对：张　凡
封面设计：朱江/杨雪　　版式设计：董生萍

中国财政经济出版社出版
URL：http：//www.cfeph.cn
E－mail：cfeph @ cfeph.cn

社址：北京市海淀区阜成路甲 28 号　邮政编码：100142
营销中心电话：88190406　北京财经书店电话：64033436　84041336
北京富生印刷厂印刷　各地新华书店经销
787×1092 毫米　16 开　17.75 印张　315 000 字
2012 年 5 月第 1 版　2012 年 5 月北京第 1 次印刷
定价：32.00 元
ISBN 978－7－5095－3188－4/F·2698
（图书出现印装问题，本社负责调换）
本社质量投诉电话：010－88190744

编写说明

企业“经营有机密，会计要公开”是经济社会的共识，会计手续（过程）及会计结果公开披露，要依会计原则处理，但更重要的是依法、合规操作。会计法规体现一国的会计水平，但它是随着经济发展需要而逐步增添、完善和细化的，会计手段也是随着电子科技进步、随互联网发展而发展的。我们推出的这套面向不同行业企业会计人员的《最新行业会计实务系列》，正是为适应不断变化的经济、法规环境和科技发展，体现新法规、新业务、新视角的三新特征。新法规主要指本系列图书结合税务制度和内部控制制度等新规范；新业务指从过去的大分工分离出来的物业管理、建筑施工、旅游餐饮、农业、金融、物资流通、零售等新兴行业及原有行业更新内容的特点；新视角指改变以往脱离企业会计电脑实操的思路，结合会计电算化的实务进行编写，同时又从内部控制角度统驭全稿。

本系列图书由中国财政经济出版社组织，由首都经济贸易大学会计学院教授董力为博士牵头并统筹协调。编委会成员包括董力为教授、王国生副教授、许群教授、郭阜平副教授、刘瑛副教授、李百兴副教授等。

本系列图书首先推出《物业管理企业会计》、《旅游、餐饮企业会计》、《金融企业会计》、《运输企业会计》、《零售企业会计》、《农业企业会计》、《建筑企业会计》、《制造企业会计》。中国社会主义市场经济日新月异，会计理论、会计实践及会计法规制度建设快速发展。为此，我们也会根据社会和广大读者需要，以后陆续推出本系列其他分册。

《最新行业会计实务系列》编委会

2012 年 2 月

前　言

面对加入WTO后外国企业的竞争，我国企业要增加核心竞争力、选择可持续发展道路，制造企业的作用已引发国人重新认识。对于基干行业的制造业，成本利润的核算十分重要。我国很早就有相关会计法规，但是随着会计观念从历史成本原则向市价原则的转化以及我国不断出台的新法规，企业会计人员还不能完全适应。为此，我们编写了《制造企业会计》一书，以满足制造企业会计账务处理人员、会计主管以及学习制造企业会计实务人员的需要。

本书为《最新行业会计实务系列》丛书中的一本，除按照该系列图书统一撰写原则和要求外，以制造企业成本核算为核心，按照加工及生产流程分别分析其特点，以企业通用性的《企业会计制度》（2001）和体现制造企业特点的《制造企业会计制度》（1993）法规为核心，基于财政部制定的《企业会计准则》（2006）、《企业会计准则应用指南》（2006）以及《企业会计准则讲解》（2008）等一系列会计规范和2009年税法的要求撰写。对上述法规中未明确要求的制造企业特殊业务按照《企业会计准则》分析、判断，力求确定符合业务实质的会计确认、计量标准和报告方式。鉴于我们的水平和相关信息资源限制，不妥之处在所难免，望业内人士及广大读者赐教。

编著者

2011年7月

目　录

第一章 总论

第一节 制造企业经营活动的特点

制造企业的特征是从事产品生产制造，通过销售自己生产的产品取得收益，这就决定了制造企业的生产经营活动都是以生产产品为中心的。制造企业会计核算的对象是制造企业的生产经营过程。与其他企业的经营过程相比，制造企业的生产经营活动具有鲜明的特点。

一、供应过程

制造企业经营活动的第一个阶段是供应过程。制造企业生产产品需要消耗各种材料物资，供应过程就是这类材料物资的采购、保管并供应给各生产车间、部门的过程。在这个过程中，企业要从事定购、买入材料物资、办理货款结算、支付包装运输和保险费等活动，当材料物资运达企业后，材料仓库和质检部门要进行检验核对，办理入库手续，以备生产部门领用。在这个过程中，企业资产的形态发生着变化：企业的一部分资产由货币形态转化成了存货，具体说转化成了用于生产的储备物资。在材料物资的采购过程中支付给供货商的款项和支付的各项采购费用就形成了这些储备物资的采购成本。

二、生产过程

制造企业生产经营活动的第二个阶段是生产过程。这个过程是指从材料投入到产品生产完工的过程。在这个过程中，制造企业不仅要消费材料物资，还要消费机器设备、房屋建筑物等固定资产；不仅要耗费这些物化了劳动，还要耗费生产人员的活劳动。材料物资在生产过程中完全改变了物质形态或者一次性地被消耗掉，使其劳动的价值转移到新产品的价值中去，构成了产品成本的一部分；机器设备、房屋建筑等固定资产在生产过程中可以长期使用并保持其原有实物形态，但固定资产的磨损却在发生，固定资产的价值随着固定资产的磨损逐渐地转移到它所生产的产品价值中，构成产品成本的另一部分；生产工人的活劳动使产品改变形态，形成或提高产品的使用价值，使产品的价值得到提高。而企业需要向这些从事生产的劳动者发放工资薪金。这些工资薪金通过工人的生产活动也转移到产品价值中去，构成产品成本的又一个部分。综上所述，制造企业在生产过程中要发生各种费用，如材料物资的费用、固定资产的折旧费用、工人的工资费用等，这些费用就是工业企业的生产费用。而这些费用发生的目的就是为了生产出一定种类和一定数量的产品，如果我们把这些生产费用合理地归集到所生产的产品上，就形成了产品的生产成本。在这个过程中，企业资产的形态也在发生着变化，资产中的储备物资、固定资产以及一部分货币转化成了完工产品。

三、销售过程

制造企业生产经营活动的第三个阶段是销售过程。这个过程是从产品完工入库到销售给客户的过程，在这一过程中，制造企业要组织产成品的包装、展销、发运，因此发生支付包装费、运输费、广告费、展销费等会计业务。企业同时要与客户签订合同，进行信用调查，制定信用政策等。经过这一过程，制造企业将自己生产的产品提供给客户，完成对产品控制权的转移，同时取得向客户收取货款的权利。

四、货币回收过程

制造企业生产经营活动的第四个阶段是货币回收过程。货币回收后进行资金的分配。这一阶段的经营活动与流通企业及其他企业相应阶段的经营活动是相同的，在本书中不再重复论述这些内容。

第二节　制造企业会计核算的对象

制造企业经营活动的特点决定了制造企业会计核算的对象为材料物资供应过程、产品生产制造过程、产品销售过程以及其他经营业务。

一、材料物资供应过程的核算

制造企业材料物资供应过程包括买入材料物资、运输材料物资并将材料物资验收入库等基本经营活动。供应过程的核算包括材料物资买价的核算、运输费的核算、包装费的核算、保险费的核算以及材料物资购买过程中税金的核算。材料物资采购过程核算的基本目的是核算材料物资实际的采购成本。

制造企业材料物资供应过程核算还包括库存材料物资的核算。库存材料物资的核算内容是库存材料数量和库存材料的成本，包括库存材料物资的数量核算，实际成本的确认、记录，发出材料的计价等。

二、产品生产制造过程的核算

制造企业的生产过程既是生产费用的发生过程又是产品成本的形成过程。生产过程的核算一方面包括各项生产费用的确认、分类、记录。确认是指对费用价值的确认，分类是指对费用按要素的分类，即分为材料费、工资费、折旧费等各类。生产过程核算的另一方面是产品成本的核算，这是制造企业会计核算的中心内容。产品成本核算过程是生产费用向企业生产的产品的反复归集分配的过程，把生产过程中发生的生产费用归集到生产的产品中去，是成本核算的基本目的。在这一过程中归集生产费用既要考虑到合理正确，也要考虑到简单易行。经过这一核算过程，生产费用被归集分配到产品中去，形成了制造企业的产品成本。产品的生产成本是制造企业会计的最基本、最重要的核算对象。

三、产品销售过程的核算

制造企业产品销售过程的核算包括销售产品取得收入的核算和销售产品成本的核算。先要根据确认收入的企业会计准则，对销售产品的收入进行确认，再根据配比原则，对销售产品的成本进行确认。在此基础上确认产品销售利润。在产品销售过程中，会计核算的对象还包括销售过程中发生的各种费用，如广告费、展览费、销售产品的运输费以及销售机构的日常费用。根据制造企业会计核算的传统习惯，产品销售过程的各项费用作为制造企业期间费用中的专门一项，称为产品销售费用。

四、其他经营业务的核算

制造企业的核算对象除了上述材料物资供应过程、产品生产过程、产品销售过程之外，还包括资金的筹集、货币的核算、债权债务的核算、对外投资的核算、固定资产购建的核算以及利润分配的核算等等。

与其他企业对比，制造企业会计核算的对象有三个方面的特点：一是以供应过程和产品生产过程为核心，这是与其他企业（例如流通企业）不同的；二是由于生产产品的过程也是资产的耗用过程，制造企业的资产耗用价值要转移到产品成本中去，包括材料费、折旧费、工资费等，这也是与其他企业不同的；三是对经营管理过程中发生的各项期间费用的分类方法与其他企业不同。例如，商品流通企业经营过程中发生的期间费用，即商品购进、存储和销售过程发生的费用作为一类，称作经营费用或营业费用；而制造企业特将产品销售过程发生的费用专列为一类，称为销售费用，材料购进过程的费用其中一部分归并入材料物资采购成本，成为资产采购价值，另一部分被归并入企业的管理费用。由此可以知道，制造企业管理费用的内容与其他企业也有所不同。

制造企业会计核算的最基本、最重要的对象是产品成本，这是因为制造企业的生产经营活动都是围绕产品生产这一中心进行的。生产经营活动中要发生各种耗费和支出，这些耗费和支出并非全部归集进入产品成本。制造企业产品成本中只包括那些与产品生产直接相关的费用，即形成产品实体或有助于产品实体形成的费用、生产工人工资、机器设备及厂房建筑物等固定资产的折旧费、生产部门发生的费用等，只包含这些耗费的产品成本称为制造成本。

第三节 制造企业会计核算的组织

要做好制造企业的会计核算工作，必须在企业中建立专门的会计机构，配备专职的会计人员，按照会计准则和会计制度进行会计核算工作，并且在企业内部科学合理地组织会计核算工作。

一、制造企业的会计机构

制造企业的会计机构，是在企业中直接从事和组织会计核算的职能机构，包括厂部的会计部门与企业供应、生产、销售机构中的会计核算组织以及在车间、仓库等单位中的会计核算组织或会计人员。在业务关系上，供应、生产、销售机构中的会计人员和会计核算工作，以及车间、仓库的会计人员及会计核算工作接受企业会计机构的指导和监督。

由于会计核算与财务管理的关系非常密切，因此在大多数的制造企业中，将会计机构与管理财务的机构合成一体，设置为一个机构，综合地进行财务和会计工作。制造企业中一般都应单独地设置这样一个专司财务管理和会计核算的专职机构。这样做对于加强制造企业会计工作的领导、保证财务会计工作顺利进行、充分发挥会计的职能有着重要的意义。

（一）会计机构与企业其他管理机构的关系

制造企业的会计部门是企业的一个专职会计核算的管理部门。会计部门的工作与直接从事供应、生产、销售等生产经营部门以及生产车间、工段、班组、仓库等单位的工作有着密切的联系，并且根据内部控制的原则相互制约。例如：生产部门通过定额式指标控制生产过程中的物料耗费和人工耗费；而会计部门对生产过程进行会计核算形成的核算资料对生产部门计划与调度的合理性和科学性进行验证和监督；供应部门负责安排购进和保管材料，对进入生产过程的材料物资实行控制和监督。会计部门的核算必须反映供应与生产的协调一致以及对资金的合理占用，而销售部门与客户订立销售合同则影响和控制着生产的规模和速度。会计部门的核算必须反映企业资金周转情况，对资金周转中出现的问题密切监督并及时反馈到企业的管理中枢。综上所述，会计部门必须加强同这些部门的合作。

对于财务管理事项，要以企业的财务预算作为企业指挥系统的中枢和财务控制的核心。供应部门的采购活动、生产部门的生产调度、劳资部门的工资计划以及销售部门的商品销售活动，都必须纳入企业的财务预算管理系统。

对于会计控制事项，无论是供应部门的采购事项，还是材料保管仓库的材料入库；无论是生产部门的发料通知单，还是生产车间的材料领用；无论是设备部门的设备维修、技术改造，还是日常的设备调拨、折旧提取；无论是销售部门的商品销售，还是成品仓库的出库入库，都应进行会计核算，依据有关的原始凭证登记明细分类账，并逐项汇总，纳入财务会计机构的账簿体系。定期进行账证核对，账物核对。

为了充分发挥会计机构的职能作用，企业负责人应该加强对会计部门的领导，依照会计法律法规的规定，督促和检查会计部门做好业务工作，支持会计部门履行职责，搞好会计核算。

（二）制造企业内部会计部门的岗位责任制

为了科学的组织会计工作，还应该建立和健全会计部门内部的岗位责任制，将会计部门的工作划分为若干个岗位，并为每个岗位规定职责和要求，使每一项会计工作都有专人负责，每一个会计人员都明确自己的职责。会计机构内的分工可以是一人一岗，也可以一人多岗或多人一岗，这要根据会计部门业务的繁简和会计人员的配备情况而定。在规模较大的制造企业中，会计机构内部的岗位通常按下述方式设置：

1. 收入和支付结算。其岗位职责是：负责货币资金的出纳、保管和日记账的登记，审核货币资金收付的凭证；办理企业与供方客户、买方客户及其他各方客户之间的货币核算；监督现金预算的执行情况；监督现金管理制度和结算纪律的执行情况。

2. 材料核算。其岗位职责是：审核材料采购的发票、账单等结算凭证；进行材料采购收发结存的明细核算；参与库存材料物资的盘点清查；定期与供应部门和材料仓库的核算人员进行账目核对。负责监督采购预算的执行情况；指导和监督供应部门、材料仓库和生产车间的材料领用、消耗和退料的核算工作。

3. 工资费用核算。其岗位职责是：计算职工的工资和工资附加费；办理与工资有关的核算，进行工资形成的核算和工资分配的核算；负责提取和分配各类工资附加费；在实行厂部与车间部门分散核算工资的企业里，还要负责指导和监督各车间、部门的工资计算和发放工作；工资费用核算岗位的会计人员还要负责监督企业工资预算的执行情况。

4. 固定资产核算。其岗位职责是：审核固定资产收入、调拨、内部转移、租赁和报废的有关凭证；进行固定资产的明细核算，进行固定资产折旧、修理、租赁、清理的会计核算；参与固定资产清查；定期与设备部门核对固定资产的账目、卡片；参与制定固定资产的更新与技术改造计划、固定资产的大修理计划；指导和监督固定资产管理部门和使用部门的固定资产核算工作。

5. 成本核算。其岗位职责是：建立和健全各项原始记录，制定各种材料的消耗定额，制定生产工时定额和产品的质量检验制度；在有条件的大中型制造企业中，要健全和推广标准成本制度或定额成本制度、计划成本管理办法；负责监督成本预算的执行情况；负责企业产品成本的核算；指导和监督企业供应部门、生产部门和生产车间的成本核算；参与自制半成品、产成品和在产品的清查盘点工作。

成本核算还要编制各种成本报表，进行成本分析。在实行全面预算控制的企业里，这个岗位的会计人员要负责监控预算执行情况，对差异进行分析，找出产品差异的原因，提出控制方案。每个会计期间结束后，要对预算执行情况进行考核，确定基本的考核指标，指出基本的分析意见。

6. 销售核算。其岗位职责是：核算产成品的收入、发出；核算产品销售收入和销售成本；监督销售部门执行销售预算的情况；核算增值税销项税额。

还有利润核算、税金核算、应收账款核算以及应付账款核算岗位。

此外，还需设置稽核、综合等岗位，负责会计机构内部的会计稽核和综合核算、编制会计报表等工作。

在规模不大的企业中，可以将上述多个岗位适当归并。例如可以将工资核算岗位并入结算岗位，将材料核算岗位并入成本核算岗位等。

（三）制造企业内部各职能机构以及生产部门之间的会计核算的分工模式

制造企业的厂部会计部门与其他职能机构、生产车间、仓库等部门的会计组织之间的核算分工，可以采取以下核算方式：

1. 集中核算方式。集中核算方式是指企业的经济业务，包括采购业务、生产业务、销售业务的明细分类核算、总分类核算、会计报表编制和有关的会计分析、会计控制工作，都集中由会计部门进行。其他的职能部门、车间、仓库等单位的会计组织和会计人员只负责登记原始凭证，对这些原始记录和原始凭证进行初步的审核整理和汇总，为会计部门提供核算资料。在这种核算方式下，企业设置的会计账簿均由厂部会计部门负责登记。

采用集中核算方式，会计部门可以比较及时地掌握企业经济业务的全面情况，便于对企业内部各个部门进行会计监督，还便于会计人员的管理。但不适用于资产、成本的分级归类管理，不适用于按照责任中心的组织方式管理企业。

2. 非集中核算模式。非集中核算模式也称分级核算模式，是指企业内部各职能机构、各生产车间、仓库等部门的会计组织和会计人员对本部门发生的经济业务，进行比较全面的核算和分析，包括明细核算、有关会计报表的编制和分析，特别是适合于本部门日常管理需要的内部报表的编制和分析。在非集中核算方式下，厂部会计部门负责进行全面经济业务的总分类核算，对外报送的财务会计报表的编制和综合性的会计核算工作。厂部会计部门的会计核算资料统驭企业内部职能部门、车间、仓库的会计核算，并对企业内部各部门的会计核算工作进行指导和监督。

例如，为了配合成本归口分级管理和车间经济核算，各车间的会计组织应分别进行本车间成本的核算与分析。又如，为了配合材料物资的归口分级管理和材料仓库的经济核算，供应部门和材料仓库的会计人员分别进行材料的明细核算。在上述核算方式下，厂部的会计部门分别在各生产车间核算的产品成本资料的基础上进行全厂各种产品的制造成本的核算；或在材料的仓库和供应部门，在材料采购成本和材料消耗核算资料的基础上进行材料采购成本的总分类核算以及材料消耗的总分类核算。

由于制造企业的生产经营业务的核心是产品成本核算，所以在非集中核算的方式下，企业的产品成本核算是由生产产品的生产车间承担的，而厂部财务会计机构则进行另一级核算。这种成本核算方式被称为二级核算。在二级核算制度下，原始的产品成本资料由生产车间的会计机构和会计人员收集整理并编制记账凭证，登记各个成本明细分类账。加强车间的成本核算管理、加强车间会计组织的核算力量是保证企业会计核算质量的关键。

采用非集中核算方式，要增加会计人员的数量，并且对会计人员的素质要求相对较高。制造企业应根据企业规模的大小、企业内部管理的需要以及本企业会计人员素质的状况来决定是采取集中核算还是非集中核算。选择集中核算方式还是选择非集中核算方式，其出发点都是提高会计工作的效率和会计核算的质量。一般而言，大中型的制造企业规模大，会计人员多，素质较高，多采用非集中核算方式；反之，规模较小的制造企业，会计人员较少或素质相对偏低，则采用集中核算方式。即对某些单位或某些经济业务，采用集中核算方式，而对另一些单位或另一些经济业务，则采用非集中核算方式。

（四）制造企业内部的会计管理制度

企业应根据《中华人民共和国会计法》和统一会计制度的规定，建立健全内部会计管理制度。制定内部会计管理制度应当遵循合法、科学、便于执行和检查的原则。

第一，应在会计机构内部制定会计岗位责任制度。主要内容包括：会计人员的工作岗位设置；各会计工作岗位的职责；各会计工作岗位人员的分工，岗位轮换制度和岗位职责考核制度。第二，应建立内部牵制制度。主要包括：内部牵制组织分工，不相容职务的分离，并制定各岗位明确的职责与权限。第三，建立稽核制度。主要内容包括：稽核的组织分工；制定稽核工作的职责、权限；审核会计凭证、会计账簿和会计报表的方法。第四，建立原始记录管理制度。主要内容包括：规定原始记录的内容与填制方法；规定原始记录的格式；原始记录的签署、传递以及原始记录填制人的责任。第五，建立定额管理制度。主要内容包括：定额的制定；定额的执行和定额的考核。其中，以材料消耗定额、产品生产定额、费用开支定额为基本内容。第六，建立质量检验及物品的计量验收制度。第七，建立财产清查制度。其中特别要建立实物资产实行定期盘点的管理制度。第八，收支审批制度。第九，成本核算制度。主要包括：规定成本核算的方法和程序；规定企业的成本核算对象；规定按时提供成本核算资料。第十，建立财务会计的分析考核制度。

二、制造企业的会计人员

在制造企业中，企业的会计机构必须配备相当数量的会计人员，其中很大一部分人员要从事成本核算工作。这就要求会计人员必须很好地掌握成本会计学的理论和方法。

在1993年我国会计制度体系改革以前，各个设置会计系科的财经类院校普遍设立了“工业会计学专业”，其课程包括工、商等各类企业的会计核算内容，其中“成本会计”是这个专业的核心课程，本书讲述的就是成本会计的基本内容。我国会计制度体系改革之后，大多数财经院校的会计专业将其列为选修课。与改革以前的课程设置方案相比，虽然注重了学生的综合素质，但涉及成本核算的专门内容却有所弱化。另外，在有关“会计从业资格”的考试中，也并未涉及制造企业中专有的“成本核算”科目。

这些情况表明，在已经取得从业资格的会计人员中，并非人人都掌握制造企业的会计核算技能。这要求企业在配置会计人员时，一定要注意考察从业会计人员是否具备制造企业会计核算的基本理论和技能，这对于保障制造企业会计核算的效率和质量是一个关键。

三、制造企业会计法规和制度

《中华人民共和国会计法》第八条规定：“国家实行统一的会计制度。”该法中所指的统一会计制度，是指国务院财政部门制定的关于会计核算、会计监督、会计机构和会计人员以及会计工作管理的制度。

（一）企业会计准则中关于制造企业的产品成本实行制造成本制度的规定

我国《企业会计准则》规定制造企业的产品成本按制造成本法核算。制造成本法是目前世界各国普遍采用的一种成本计算方法。其特点是把企业全部成本费用划分为制造成本和期间成本两部分，企业生产的产品成本核算到制造成本为止，企业的期间成本计入当期损益。实行制造成本法是成本管理制度的一项重大改革，无论在理论上还是在实践上都有重大意义。第一，能够促使企业由生产型向生产经营型转化；第二，有利于企业进行成本预测和决策；第三，有利于考核成本管理责任；第四，有利于加强成本管理的基础工作；第五，制造成本法也在很大程度上简化了成本核算工作。

制造成本制度决定了制造企业成本核算和费用核算的原则和方法，决定了制造企业会计科目的划分和账户的设置，因而决定了制造企业成本核算的程序和方法。

（二）企业会计中的会计科目

会计科目的划分决定了企业会计要素的分类核算方案以及会计账户的设置方案。制造企业常用会计科目名称和编号如表1－1至表1－5所示，本书将按照这些会计科目表中所列示的会计科目设置账户，进行会计核算。

1. 资产类会计科目。

表1－1　　　资产类会计科目

序号	编号	科目名称
1	1001	库存现金
2	1002	银行存款
3	1012	其他货币资金
	—101201	—外埠存款
	—101202	—银行本票
	—101203	—银行汇票
	—101204	—信用卡
	—101205	—信用证保证金
	—101206	—存出投资款
4	1101	交易性金融资产
	—110101	—成本
	—110102	—公允价值变动
5	1121	应收票据
6	1122	应收账款
7	1123	预付账款
8	1131	应收股利
9	1132	应收利息
10	1231	其他应收款
11	1241	坏账准备
12	1161	应收补贴款
13	1401	物资采购
14	1402	在途物资
15	1403	原材料
16	1431	周转材料

续表

序号	编号	科目名称
	—143101	—包装物
	—143102	—低值易耗品
17	1404	材料成本差异
18	*	自制半成品
19	1406	库存商品
20	1407	发出商品
21	1408	商品进销差价
22	1411	委托加工物资
23	*	委托代销商品
24	*	受托代销商品
25	1461	存货跌价准备
26	1501	持有至到期投资
	—150101	—债券投资
	—150102	—其他债权投资
27	1502	持有至到期投资减值准备
28	1511	长期股权投资
	—151101	—股票投资
	—151102	—其他股权投资
29	1512	长期股权投资减值准备
30	1521	投资性房地产
31	1601	固定资产
32	1602	累计折旧
33	1603	固定资产减值准备
34	1605	工程物资
	—160501	—专用材料
	—160502	—专用设备
	—160503	—预付大型设备款
	—160504	—为生产准备的工具及器具
35	1604	在建工程
36	*	在建工程减值准备
37	1606	固定资产清理
38	1701	无形资产
39	1702	累计摊销
40	1703	无形资产减值准备
41	1815	未确认融资费用
42	1801	长期待摊费用
43	1811	递延所得税资产
44	1901	待处理财产损溢
	—190101	—待处理流动资产损溢
	—190102	—待处理固定资产损溢

2. 负债类会计科目。

表 1-2　　负债类会计科目

序号	编号	科目名称
45	2001	短期借款
46	2201	应付票据
47	2202	应付账款
48	2205	预收账款
49	*	代销商品款
50	2211	应付职工薪酬
	—221101	—工资
	—221102	—福利费
	—221103	—社会保险费
	—221104	—住房公积金
	—221105	—非货币性福利
	—221106	—工会经费、职工教育经费
	—221107	—辞退福利
51	2221	应交税费
	—222101	—应交增值税
	—22210101	—进项税额
	—22210102	—已交税金
	—22210103	—转出未交增值税
	—22210104	—减免税款
	—22210105	—销项税额
	—22210106	—出口退税
	—22210107	—进项税额转出
	—22210108	—出口抵减内销产品应纳税额
	—22210109	—转出多交增值税
	—22210110	—未交增值税
	—222102	—应交营业税
	—222103	—应交消费税
	—222104	—应交资源税
	—222105	—应交所得税
	—222106	—应交土地增值税
	—222107	—应交城市维护建设税
	—222108	—应交房产税
	—222109	—应交土地使用税
	—222110	—应交车船使用税
	—222111	—应交个人所得税
	—222176	—其他应交款
52	2231	应付利息
53	2232	应付股利

续表

序号	编号	科目名称
54	2241	其他应付款
55	2601	长期借款
56	2602	应付债券
	—260201	—债券面值
	—260202	—利息调整
	—260203	—应计利息
57	2801	长期应付款
58	2811	专项应付款
59	2901	递延所得税负债

3. 所有者权益类科目。

表 1-3　所有者权益类会计科目

序号	编号	科目名称
60	4001	实收资本（或股本）
61	4002	资本公积
	—400201	—资本（或股价）溢价
	—400207	—其他资本公积
62	4101	盈余公积
	—410101	—法定盈余公积
	—410102	—任意盈余公积
63	4103	本年利润
64	4104	利润分配
	—410401	—其他转入
	—410402	—提取法定盈余公积金
	—410408	—应付优先股股利
	—410409	—提取任意盈余公积金
	—410410	—应付普通股股利
	—410411	—转作资本（或股本）的普通股股利
	—410415	—未分配利润

4. 成本类科目。

表 1-4　成本类会计科目

序号	编号	科目名称
65	5001	生产成本
	—500101	—基本生产成本
	—500102	—辅助生产成本
66	5101	制造费用
67	5201	劳务成本

5. 损益类科目。

表 1－5　　损益类会计科目

序号	编号	科目名称
68	6001	主营业务收入
69	6051	其他业务收入
70	*	公允价值变动损益
71	6111	投资收益
72	6041	租赁收入
73	6301	营业外收入
74	6401	主营业务成本
75	6403	营业税金及附加
76	6402	其他业务支出
77	6601	销售费用
78	6602	管理费用
79	6603	财务费用
80	6701	资产减值损失
81	6711	营业外支出
82	6801	所得税费用
83	6901	以前年度损益调整

第二章 2

制造企业物资采购业务的核算

第一节 制造企业材料物资概述

一、材料物资的特点

材料物资是制造企业生产中的劳动对象。它在生产过程中起着不同的作用：有的被加工，构成产品的实体；有的虽不构成产品的实体，但有助于产品的形成；有的在生产中被劳动工具所消耗，以保证机器设备等的正常运转；还有的为创造正常的劳动条件被消耗掉。尽管材料物资在生产中的作用不同，但是它一经投入生产，就会全部被消耗，或改变其原有的实物形态。从而它的价值就要一次性地全部转移到被生产的产品中去，构成产品价值的各重要组成部分。这是各类材料物资的共同特点。

制造企业的生产过程，既是产品的制造过程，同时又是各种材料物资的消耗过程。企业为了连续地进行生产，就一定要不断地补充在生产中已被消耗的材料物资。因此，及时供应生产所需的材料物资，是制造企业保证生产正常进行的基本条件，为此就要求企业经常地保持一定数量材料物资的储备。在一般的制造企业中，材料费用在产品成本中占的比重较大，因此，材料物资储备在流动资产中的价值比重也较大。所以，材料物资的管理是制造企业流动资产管理、成本管理工作的重要内容。

二、材料物资的类别

制造企业消耗的材料物资种类很多，为了便于管理与核算，我们按照材料物资在产品生产中的作用，分为如下几类：

1. 原料及主要材料，是指经过加工后构成产品主要实体的各种原料和材料。原料是指直接取自于自然界的劳动对象。如纺纱用的原棉、炼铁用的矿石等。材料是指已被劳动加工过的劳动对象。如织布用的棉纱、加工工业用的钢材等。外购半成品是需要继续加工的劳动对象，也应列入本类。

2. 辅助材料，是指直接用于生产的有助于产品形成或便于生产进行的各种材料，这类材料不能构成产品的主要实体。它们在生产中的作用是不同的，有的为劳动工具所消耗，如维护机器设备用的机油和防锈剂等；有的与主要材料相结合，使主要材料发生变化或给予产品某种性能，如染料、漂白剂等；还有的为正常劳动创造条件，如生产场所照明用的灯泡、各种清洁用的消耗品等。

3. 燃料，是指生产过程中用来燃烧发热，或为保持生产场所的温度而使用的各种燃料，包括固体燃料、液体燃料和气体燃料。如煤、汽油和罐装的天然气等。燃料从其在生产中的作用来看，与辅助材料的作用相同。但由于它在生产中消耗量大，因而对生产过程的作用比较大，又加上它在收发保管上与其他材料有所不同，因此有必要单独列为一类，便于管理和核算。

4. 修理用备件，是指用于修理本企业机器设备和运输设备等所专用的各种零件和备件，如各种标准件、齿轮、阀门等。修理用的一般零件，也可以并入辅助材料中。专用的修理用备件之所以另列一类单独管理与核算，主要是为了保证机器设备的修理工作能正常进行。

5. 包装物，是指生产过程中用于包装产品，随同产品一同出售的，或者在销售过程中借给、租给购货单位使用的各种包装物品，如箱、桶、瓶和袋等。这些物品所以要列为一类，是因为它们对于完成产品的生产和销售过程起着重要作用，而且有些包装物品又与其他材料不同，它们在一次销售过程中并不完全消耗掉，可以周转使用。

需要说明的是，各种包装材料，如纸张、麻绳、铁丝、铁皮等，应归为辅助材料。用来储存和保管产品、材料而不准备出售、出借、出租的包装物品，则应该按照价值和使用期限的长短，分别归类为固定资产或低值易耗品。

在制造企业的会计核算实务中，将上述原料及主要材料、辅助材料、燃料、修理用备件四类统称原材料。

制造企业的材料物资是存货资产中的一个重要组成部分，其价值在存货资产中占用相当大的比重，应加强管理和控制。

第二节　制造企业物资采购的内部控制制度

制造企业物资采购活动的内部控制制度主要由两个部分组成，一是物资采购预算，二是采购物资的验收入库制度。

一、物资采购预算

预算是计划的一种数量表现，它有助于协调行动，执行计划。采用预算制度在规模较大的制造企业比较普遍。对于规模较小的企业，预算的作用也不应忽视。预算期可以是一年或少于一年。年度预算通常对第一季度按月划分，其余则按季度划分。涉及物资采购的预算属于业务预算。业务预算包括销售预算、生产预算、材料物资采购预算、工资预算、制造费用预算等等。

材料物资采购预算是在销售预算和生产预算的基础上编制的。预算的内容包括年度内每一季度、每一月份材料物资采购的种类、采购数量、材料单价和材料总价等。

在全面预算管理模式下，企业的一切业务活动必须严格按照预算执行，年度终了要考核预算执行情况，根据考核情况评价管理工作的绩效，并且对实际执行情况与预算数的差异进行系统分析。在这样一种严格制度的约束下，材料物资的采购业务必须严格按预算执行。

通常的情况是，供应部门根据材料物资采购预算的资料，按预算时间提前向财务部门提出采购申请，在申请资料上注明预算日期、预算采购品种、预算数量、预算单价和预算金额。财务部门根据供应部门的申请按预算系统资料进行审核，审核无误后批准供应部门的材料申请并准备好采购资金。

采购完成后，供应部门要注意全部原始采购凭证包括经财务部门批准的采购申请，都应作为向财务部门报销的凭证。如果采购实际执行情况与预算数发生偏差，必须分析产生偏差的原因并追究责任。严格执行预算制度，可以有效地防止购入的材料物资超储积压，可以严格地控制材料的买价和运输成本，还可以严格地控制材料的质量、规格。严格执行预算制度是制造企业内部控制制度中的一项重要内容。

二、采购物资的验收入库制度

建立物资采购的收货制度，是制造企业对材料物资进行控制的基本手段之一。收货制度包含两项基本内容：第一是对购入材料物资的质量、规格进行核验；第二是对购入材料物资的数量进行清点。完成上述两项核验工作后，办理手续将该批材料物资的保管责任由供应部门的业务人员移交材料物资仓库的保管人员。此项制度称为验收入库制度。

经验收入库的材料物资，我们将其作为“库存材料”进行管理核算。必须强调的是：经过验收，库存材料是按核验确认的品级、规格入库归类。登记库存账簿：库存材料的数量是按清点确认后的数量登记库存账簿。由于毁损等原因，它与实际采购的数量可以不一致。

进货凭证是收入材料物资与结算货款的基本依据。购进材料物资时，必须及时取得或正确填制并严格审核进货凭证。依照内部控制制度，由业务人员、质量检验人员、仓库保管人员各司其职，填制并签署材料物资的验收入库单。连同从供货方和运输方取得的发票、运费收据等，组成完整的进货凭证。由于购进材料物资的地区不同，商品交接方式不同以及货款结算方式不同，进货业务程序和购进材料物资的凭证传递也有所不同。

从本地购进材料物资，采用送货制的，一般先由供货人开具“发货票”，送交收货企业供应部门，由收货企业供应部门将“发货票”与购销合同核对无误后，填制一式数联的“收货票”，交由供货人，到指定地点交货。经仓库和质检部门验收后，按实收数量签署记入“收货单”，由各有关责任人员签名盖章，并加盖收货印记。仓库、质检部门各留一联“收货单”，其余各联交由本企业供应部门。供应部门留存一联，其余各联交给供货人，由供应部门业务人员带领供货人持上述“收货单”、“发货票”

等进货凭证到企业财会部门办理货款结算手续。经财会部门对“发货票”、“收货单”认真审核无误后，交由财会部门负责预算执行监督的人员依据采购预算进行审核，经批准后，由出纳人员签发付款支票。并在各联收货单上（财会部门留存的一联和交供货人的一联）加盖付款印记。发货票、收货单以及支票存根等，都是会计部门记账的原始凭证。

从本地购进材料物资，采用提货制的，一般先由采购人员到供货单位选购材料，由供货单位开出“发货票”和“提货单”，采购人员将“发货票”、“提货单”带回本企业，交由本企业供应部门。供应部门业务人员向财务部门提出付款请求。财会部门按采购预算审核确认后，签发支票，交给供应部门，由供应部门派人前往供货单位交款提货。材料物资运达本企业后，由仓库管理部门和质量检验部门核验无误后，填制“收货单”。收货单各联由仓库、质检、供应部门各自留存后，由供应部门的业务人员持发票、“收货单”到财会部门报销。财会部门认真审核无误后，予以报销。

收货单的一般格式如表 2－1 所示：

表 2－1　　　　收　货　单　　　　×字 ×号

收货仓库：　　　　　　　　　　　　　　　　　　　　年　月　日

材料编号	品名	规格	单位	采购数量	单价（元）	实收数量
供货商：			合同号：			
质量检验情况：				质检人员 签章	仓库保管人员 签章	

从外地购进的材料物资，大部分采用发货制方式，货款结算方式多采用托收承付或委托收款。供货单位根据合同规定发货后，将货物发票、托收承付结算凭证和运费收据等，通过银行传递到购货企业。本企业收到银行交付的托收承付结算凭证后，首先由业务部门核对合同，再经财会部门审核办理结算手续。材料物资到达以后，业务部门开具“收货单”，仓库保管人员和质量检验人员对材料物资验收后，将“收货单”分别签署后，各自留具存根，然后转交财会部门审核记账。“收货单”及随托收承付结算凭证达到的各种单据都是财会部门记账的原始凭证。如果在验收过程中发现质量问题或发现短缺毁损，由仓库保管人员和质量检验人员在“收货单”上完整签署意见，然后转交财会部

门，办理全部拒绝付款或部分拒绝付款的结算手续。

第三节 制造企业材料物资的采购成本

制造企业的主要经营业务是产品生产，属于社会再生产过程中的生产领域，在这个过程中，采购材料物资的各项费用一般应计入企业生产的产品成本。在这一方面，制造企业的核算原则与流通企业是不同的。

一、材料采购支出计入采购成本的一般原则

制造企业材料物资的采购成本包括采购过程中一切直接的和间接的支出。

1. 买价，指供货单位发票上所列明的货款金额。这里有两个问题要说明：一是商业折扣。商业折扣是指供货人在其货物价目表基础上给予的价格折扣。这类折扣已反映在发货票的价格上。二是现金折扣。现金折扣是指本企业在规定的折扣期内付款而得到的货款优惠。这类折扣一般发生在付款之时，这时材料物资已办妥入库手续。从实务方面考虑，多采用总价法入账。

2. 运杂费，包括存货运到企业并验收入库前所发生的包装费、运输费、保险费等。其中，运输费可按实际金额的一定百分比扣除增值税进项税额。

3. 运输途中的合理损耗，企业采购材料物资过程中发生的合理损耗。企业应向供货商、运输部门、过失人或保险公司索取赔偿的部分，不应计入存货成本；而那些无法确定责任的超定额的不合理损耗，也不应计入存货成本，在报经审查核准后，作为非常损失列入营业外支出。

4. 入库前的挑选整理费用，包括挑选整理加工过程中的工资支出、其他费用支出和材料合理的损耗，回收的下脚料价值应从中扣除。

5. 税金。进口材料物资应支付的关税；在一些按税法规定不能将增值税进项税从销项税额中抵扣以及一些按税法规定适用简易征收办法的情形下，购进材料物资时在材料价款以外另行支付的增值税款也要计入材料物资采购成本。

二、材料采购支出计入材料采购成本的特殊规定

考虑到会计核算方面的便利，下列各项与材料物资采购有关的费用应区别情况决定是否计入材料物资采购成本：

1. 采购人员差旅费及司职材料物资采购业务机构的经费。从核算的便利性方面考虑，如果企业未专设材料物资采购机构，上述采购人员差旅费和机构的办公经费往往与其他业务经费混合，不必再行分解，将这些费用全部列入管理费用；如果专设了材料物资采购机构，可以认为这个机构的费用专为材料物资采购而发生，从理论上说可以将这些费用（包括采购人员差旅费和专设采购机构办公经费）计入材料物资采购成本。但在具体核算中仍存在一些问题：例如怎样分摊计入各种材料成本的问题以及何时分摊计入的问题。解决这些问题要增加很多核算工作。因此，在一般情况下，这些费用仍列入管理费用。

2. 市内运费。一般认为构成材料物资采购成本的运杂费中仅包含外埠运费。市内发生的运费应按下列原则处理：如果是大宗的材料物资运输费，应将这项运输费作为运杂费的一部分，计入材料物资采购成本；如果是零星的运费，可以将其列入管理费用。此外，上面所说的“运费”是指制造企业为了将所采购的材料物资运抵企业而支付给运输企业的费用，并不包括企业运输部门完成的材料物资的运输。

第四节　材料物资采购业务的会计核算

制造企业材料物资的核算有两种模式：一种是按材料物资的实际成本进行库存材料物资计价核算；另一种是按计划成本进行库存材料物资的计价核算。这两种核算模式适用于不同的情况。

按实际成本进行库存材料物资计价的核算模式适用于材料品种较少，材料物资实际采购成本不稳定的情况。在这种情况下，用实际成本计价核算适应了实际采购成本不稳定的特点，避免了因实际成本不稳定导致计划成本与实际成本之间的较大差异引起的核算误差。另外，虽然按实际成本计价的材料发出核算计价工作较繁，但由于这种情况材料品

种较少，核算工作量不大。

按计划成本进行库存材料物资计价的核算模式适用于材料品种繁多，材料物资实际采购成本相对稳定的情况。在这种情况下，按计划成本计价核算一方面避免了由于材料品种繁多造成的材料发出计价工作繁重的压力，另一方面，由于实际采购成本相对稳定，设定的计划单价与实际采购单价之间的差异较小，材料成本差异能够被控制在一定的范围内，使材料核算足够准确。

制造企业应该根据自己企业的材料物资的特点选择适合的计价模式，也可以将企业耗用的材料物资按上述特征进行分类，分别选用适合的计价方式计价核算。

虽然上述两种计价模式是指对库存材料物资按实际成本计价核算或按计划成本计价核算，但是材料物资采购的核算要为下一步的库存材料核算作准备，或者说材料采购的核算要与库存材料核算相适应。因此，在材料采购核算时，仍要区分按实际成本进行核算和按计划成本进行核算两种模式。

一、按实际成本计价的材料物资采购业务核算

（一）账户设置

1.“原材料”账户。这是一个资产类的账户。用来核算制造企业库存的原材料（包括原料及主要材料、辅助材料、燃料和修理用备件）的实际成本。这里的实际成本即指实际采购成本。

这个账户的借方登记验收入库的原材料的实际成本；贷方登记发出的原材料的实际成本；期末余额在借方，表示库存原材料的实际成本。

这个账户应该按照库存原材料的类别、品种和规格分设明细分类账，进行明细分类核算。

在实务中，各个原材料明细分类账应选择使用数量金额式的账页（见表2-2），在登记明细账簿时，既要登记原材料收入、发出、结存的数量，又要登记收入、发出、结存的金额。

2.“在途物资”账户。这是一个资产类账户。用来核算企业已经付款或已承诺付款但所购材料尚未到达或尚未验收入库的业务。以采购材料物资的实际成本记账。借方登记已经付款或已承诺付款的所购材料物资的实际成本；贷方登记已验收入库材料物资的实际成本；期末余额在借方，表示已经付款或已经承诺付款但尚未到达或尚未验收入库的在

途材料物资的实际成本。

"在途物资"账户可以按供货单位分别设置明细分类账进行明细分类核算（见表2-3）。

表2-2　原材料明细分类账

品种、规格：

2003年		凭证号	摘要	收入			发出			结存		
月	日			数量	单价	金额	数量	单价	金额	数量	单价	金额
10	1		月初结存							2 000	20.00	40 000
	7		购入	5 000	22.00	110 000						
	12		发出				4 000			3 000		
	15		购入	3 000	24.00	72 000				6 000		
	20		发出				2 000			4 000		
	26		发出				3 000			1 000		
	31		本月合计及月末结存	8 000		182 000	9 000	22.20	199 800	1 000	22.20	22 200

表2-3　在途物资明细分类账

×××供货商

2003年		凭证号	摘要	借方	贷方	余额
月	日					
10	5		购入A材料5 000千克	108 000		
	5		A材料运费	30 000		
	6		A材料整理费支出	1 400		
	7		A材料5 000千克验收入库		110 000	
10	11		购入A材料4 000千克	94 000		
10	13		交付3 000千克A材料运费	2 000		
10	15		3 000千克A材料运费验收入库		72 000	
			本月合计	235 400	182 000	53 400

（二）材料物资采购业务核算

制造企业的材料物资采购业务由于货款结算方式和采购地点不同，收料和付款的时间不一致，账务处理有区别。同时，在现行税制下，制造企业在购入材料物资的时候，所支付的款项中包含一部分增值税的税款。在这种情况下，不同的企业对这部分增值税款的处理办法不一样。

企业是增值税的一般纳税人。一般纳税人对购入材料物资时支付的增值税款的处理方法是：按规定税率（一般采用17%），将增值税款从材料款中分离出来，单独计入“应交税费——应交增值税”账户，并且计入进项税额专栏。材料款中，分离出增值税后余下的部分，计入有关的材料类账户。如果规定税率采用17%，则：

$$增值税款=\frac{材料款项}{1+17\%}\times17\%$$

$$材料价款=\frac{材料款项}{1+17\%}$$

企业是增值税的小规模纳税人。小规模纳税人对购入材料物资时支付的增值税款的处理非常简单，即将支付的材料款计入有关的材料类账户。下面就一般纳税人的情况详述：

1. 企业（增值税的一般纳税人）已支付购料款项，所购材料已验收入库。

【例2-1】 某企业向本市长城公司购进A材料一批，材料款总计234 000元，款项已用转账支票付讫，该批材料已运回并验收入库。

$$材料价款=\frac{234\ 000}{1+17\%}=200\ 000（元）$$

增值税款 = 200 000 × 17% = 34 000（元）

编制会计分录如下：

借：原材料——A材料　　　　200 000

　　应交税费——应交增值税（进项税额）　　34 000

　　贷：银行存款　　　　234 000

【例2-2】 某企业向本市环球公司购进B材料一批，材料款总计351 000元，已用转账支票将款项付讫。在运回本企业途中，用转账支票支付了市内运费2 000元。材料已经运达企业并验收入库。

$$材料价款=\frac{351\ 000}{1+17\%}=300\ 000（元）$$

增值税款 = 300 000 × 17% = 51 000（元）

按税收法规规定，支付的运费中7%可以作为增值税进项税，这部分税款是：

2 000 × 7% = 140（元）

我们假设这是较大的一笔市内运费，应将其计入材料采购成本。编制会计分录如下：

借：原材料——B材料　　　　301 860

　　应交税费——应交增值税（进项税额）　　51 140

　　贷：银行存款　　　　353 000

2. 企业（增值税一般纳税人）已支付购货款项，但所购材料尚未运达企业。

【例2-3】 某企业收到开户银行转来的托收承付结算凭证以及发

票、代垫运费单据等，内容是本企业向某市长江工厂购进的A材料一批，材料款234 000元，供货单位代垫的运杂费用2 500元（其中运费2 000元）。托收承付结算凭证收到后，供应部门核对购货合同，合同约定采用“验单承付”方式，承付期3天。

供应科当即会同财务科按合同规定事项对收到的单据进行详细审查，没有发现问题。承付期到，企业并未向开户银行提出拒绝付款的请求，于是款项即由银行划拨给供货人。此时所购材料尚未到达。

编制会计分录如下：

借：在途物资——长江公司　　236 500

　　贷：银行存款　　236 500

数日后，这批材料到达，由企业运输部门将运达企业并如数验收入库。这时，需要计算增值税款。

材料价款 $=\frac{234\ 000}{1+17\%}=200\ 000$（元）

增值税款 = $200\ 000\times17\%=34\ 000$（元）

运费中的增值款 $=2\ 000\times7\%=140$（元）

于是，材料采购成本 $=200\ 000+2\ 360=202\ 360$（元）

增值税款 $=34\ 000+140=34\ 140$（元）

编制会计分录如下：

借：原材料——A材料　　202 360

　　应交税费——应交增值税（进项税额）　　34 140

　　贷：在途物资　　236 500

3. 企业（增值税一般纳税人）赊购一批材料物资，材料物资已收到并已办理验收入库，发票账单也已经收到。

【例2-4】某企业向本市长城公司购进A材料一批，材料款117 000元，采用赊购方式，供货商提供的信用条件是2/10，n/30。材料已运达企业，并已验收入库。

材料价款 $=\frac{117\ 000}{1+17\%}=100\ 000$（元）

增值税款 = $100\ 000\times17\%=17\ 000$（元）

编制会计分录如下：

借：原材料——A材料　　100 000

　　应交税费——应交增值税（进项税额）　　17 000

　　贷：应付账款——长城公司　　117 000

4. 企业（增值税一般纳税人）向供货商提出购货请求，供货商已将材料发出。材料已收到并已验收入库。但发票账单尚未收到。在这种情况下，由于购入的材料买价不明，虽然已经验收入库，但无法进行总分类核算。企业为生产需要使用这批材料物资，应该根据生产需要正常使用，并进行材料数量的明细分类核算。等到发票账单到达后，进行总分类核算，并将明细分类核算的价值部分补齐。

如果到了月末，发票账单仍未到达，为了客观地反映企业的资产和负债，必须按照一定的标准，对这批已入库的材料进行“暂估入账”。下月初再用红字将“暂估入账”的记录冲销。

【例2-5】某企业向外埠长江公司购买A材料一批，材料已运达企业。对照合同验收，所收材料共100件，规格、数量等均与合同相符，质量没有问题，随即将此100件材料验收入材料库。但发票账单尚未到达。

这时，并不进行总分类核算，等待发票账单到达。如果直至月末，发票账单仍未到达，比照A材料近期市场价格，将此100件A材料按照单价1 000元（不含增值税）估价入账。编制会计分录如下：

借：原材料——A材料　　100 000

　　贷：应付账款——长江公司　　100 000

下月初，再以红字将暂估入账的记录冲销：

借：原材料——A材料　　[100 000]

　　贷：应付账款——长江公司　　[100 000]

至下月3日，这批由长江公司提供的100件材料物资的发票、账单收到，材料款117 000元，代垫运杂费500元（其中运费400元）。这时，先分离材料价款和税款：

材料买价100 000元，增值税款17 000元；运费中分离出增值税28元，运杂费扣除增值税款后472元，编制会计分录如下：

借：原材料——A材料　　100 472

　　应交税费——应交增值税（进项税款）　　17 028

　　贷：银行存款　　117 500

5. 企业（增值税一般纳税人）在收到供货商提供的货物后，经验收，发现所购货物在数量、质量或品种规格等方面存在问题，不能按合同规定的采购数量验收入库。这时要区分具体情况进行处理。

（1）如果是货物运输途中的合理损耗，则应该按实际验收入库的数量登记明细分类账。

【例2-6】某企业向外埠长江公司购买A材料一批100件，材料已发至本企业。在验收的时候发现损坏2件，属于运输途中合理损耗。这批材料款项117 000元，代垫运杂费500元（其中运费400元，可从中分离出增值税28元）款项已通过银行划转。企业将98件合格A材料验收入库，损坏的两件已毫无价值。编制会计分录如下：

借：原材料——A 材料　　100 472
　　应交税费——应交增值税（进项税额）　　17 028
　　贷：银行存款　　117 500

注意，由于实际入库材料是 98 件，少于采购数量 100 件，入库材料的实际单位成本因此而有所增加。

（2）如果是超过合理损耗的损坏或缺失，一般应该由供货人或运输单位承担相应的损失（或由供货商补充发货）。由于供货人委托运输部门运输，所以向运输单位索求赔偿的要求应该由供货商向运输单位提出。购货企业应按实际验收入库的数量登记账簿，并将短缺和损失的部分核算清楚，部分拒付供货人货款或向供货人索取赔偿。

【例 2－7】某企业向外埠长江公司购买 A 材料一批 100 件，材料已发至本企业。验收时发现损坏 10 件。这批材料款项 117 000 元，代垫运杂费 500 元（其中运费 400 元），由于合同约定采用验单承付，款项已通过银行划转。企业将 90 件合格 A 材料验收入库。损坏的 10 件向供货人索取赔偿。入库材料成本及增值税计算如下：

$$\text{入库材料价款} = 117\ 000 \times \frac{90}{100} = 105\ 300\text{（元）}$$

$$\text{材料价款} = \frac{105\ 300}{1 + 17\%} = 90\ 000\text{（元）}$$

$$\text{增值税款} = 90\ 000 \times 17\% = 15\ 300\text{（元）}$$

$$\text{运费} = 500 \times \frac{90}{100} = 450\text{（元）}$$

$$\text{其中，增值税} = 400 \times \frac{90}{100} \times 7\% = 25.20\text{（元）}$$

$$\text{向供应商索取赔偿款} = 117\ 000 + 500 - 105\ 300 - 450 = 11\ 750\text{（元）}$$

编制会计分录如下：

借：原材料——A 材料　　90 424.80
　　应交税费——应交增值税（进项税额）　　15 325.20
　　其他应收款——长江公司　　11 750
　　贷：银行存款　　117 500

在【例 2－7】中，如果外埠长江公司委托银行转来的托收承付结算凭证未到承付期，则企业应填制拒付理由书，写明拒付理由，部分拒付货款及运杂费 11 750 元。到期承付其余款项。

在这种情况下，承付部分货款及运杂费后的会计分录为：

借：原材料——A 材料　　90 424.80
　　应交税费——应交增值税（进项税额）　　15 325.20
　　贷：银行存款　　105 750

二、按计划成本计价的材料物资采购业务核算

（一）账户设置

1.“物资采购”账户。按账户的经济性质分类，它属于资产类账户；按账户用途分类，它属于成本计算账户。这个账户用于核算企业购入各种材料物资的实际采购成本，与计划成本对比，考核采购业务成果。账户借方登记已支付的购入材料物资的实际成本以及结转实际成本小于计划成本的节约差异额；贷方登记验收入库的材料物资的计划成本以及实际成本大于计划成本的超支差异额。期末余额一般应在借方，表示已经购入但尚未验收入库的在途材料物资的实际成本。这个账户可以按供应单位或材料物资的品种设置明细账进行明细分类核算，也可以按所采购材料的类别、品种进行明细核算。

在介绍“物资采购”账户的时候曾经提到“超支差异额”和“节约差异额”两个术语，其中“超支差异额”是指一批材料的实际采购成本超过该批材料计划成本的差额；“节约差异额”是指一批材料实际采购成本低于该批材料计划成本的差额。

在介绍“物资采购”账户的时候还曾提到“已经购入”一词，其含义是指这批材料物资的所有权已经归属本企业。

2.“材料成本差异”账户。按账户的经济性质分类，它属于资产类账户；按账户用途分类，它属于“原材料”账户的备抵附加账户。

这个账户用来核算各种材料物资的实际成本与计划成本的差异额。借方登记验收入库的材料物资的超支差异额；贷方登记验收入库的材料物资的节约差异额以及结转发出材料应负担的材料成本差异额（结转超支差异额用蓝字，结转节约差异额用红字）。期末余额如在借方，表示库存的各类材料实际成本大于计划成本的超支差异额；期末余额如在贷方，表示库存各类材料物资的实际成本小于计划成本的节约差异额。“材料成本差异”账户的明细分类账户的设置是一个重要问题。

按计划成本进行库存材料核算的基本目的是简化核算，避免繁琐的发出材料计价程序。但却相应地增加了制定各种材料物资计划成本的工作和核算材料成本差异的工作。我们应当使材料成本差异的核算尽量地简化。各类材料物资的用途不同，如原材料是构成产品实体的材料物资，包装物资是用于包装本企业产品的材料物资，低值易耗品则是另一类比较特殊的材料物资。为了合理地反映各种不同用途的材料物资的材料成本差异，“材

料成本差异”账户应该按上述三类材料物资分设明细账。这样基本上达到了满足不同种类材料物资分类的要求，又最大限度上简化了核算。

3．“原材料”账户。在上一段，按实际成本计价的材料核算问题中已经介绍了“原材料”账户，本段中的“原材料”账户的性质和结构与已经介绍过的“原材料”账户相同。不同之处是：这里的“原材料”账户登记库存材料的计划成本。由此可知，这个账户的借方、贷方以及余额都反映库存材料的计划成本。

（二）材料物资采购业务核算

与实际成本计价的材料物资采购业务不同，按计划成本计价的材料物资采购业务的采购成本是实际成本，而材料验收入库却要以计划成本计价。因此必须在“物资采购”这个账户中核算对比实际成本和计划成本的情况，这就要求把每一项材料物资的采购业务，无论是已验收入库，还是尚未验收入库，只要已经购入，都要记入“物资采购”账户借方。这与按实际成本对库存材料核算时所采用已经验收入库则可直接记入“原材料”账户，尚未验收入库的购入材料才在“在途物资”账户中核算的做法是不同的。同时需要注意的是，按计划成本对库存材料计价的情况下，“在途物资”账户不再使用。

按计划成本对库存材料计价核算，节约差异或超支差异在材料验收入库之时形成。这时即可将在“物资采购”账户中反映出来的一项采购业务的超支差异或节约差异结转到“材料成本差异”账户中去。还有另一种做法，即在每月月末，将本月验收入库的所有材料物资的材料成本差异（分类）一次结转到“材料成本差异”账户中去，以尽量简化核算工作。本书中，为了说明清楚，我们采用逐笔结转的方法。

下面分情况详述。

1．企业（增值税一般纳税人）已支付购料款项，所购材料已验收入库。

【例2－8】某企业向本市长城公司购进A材料一批，共100件，材料款117 585元，款项已用转账支票付讫，该批材料已验收入库。A材料计划单价为每件1 000元。

材料价款 $=\dfrac{117\ 585}{1+17\%}=100\ 500$（元）

增值税款 $=100\ 500\times17\%=17\ 085$（元）

编制会计分录如下：

借：物资采购——原材料　　100 500

　　应交税费——应交增值税（进项税额）　　17 085

贷：银行存款　　117 585

借：原材料——A 材料　　100 000

　　贷：物资采购——原材料　　100 000

借：材料成本差异——原材料　　500

　　贷：物资采购——原材料　　500

对上述核算过程要注意三点：一是采购的材料物资无论是否入库，都必须先记入“物资采购”账户；二是“原材料”账户中的材料物资一定按计划成本计价核算；三是结转材料成本差异时，超支差异额要结转到“材料成本差异”账户的借方，节约差异额要结转到“材料成本差异”的贷方。

【例 2-9】某企业向本市环球公司购进 B 材料一批，共 400 件，材料款 327 600 元，已用转账支票将款项付讫。在运回本企业途中，用转账支票支付了市内运费 2 000 元。材料也运达企业并已验收入库。B 材料单位计划成本 720 元。

材料价款 $=\frac{327\ 600}{1+17\%}=280\ 000$（元）

增值税款 $=280\ 000\times17\%=47\ 600$（元）

运费用的增值税款 $=2\ 000\times7\%=140$（元）

编制会计分录如下：

借：物资采购——原材料　　281 860

　　应交税费——应交增值税（进项税额）　　47 740

　　贷：银行存款　　329 600

借：原材料——B 材料　　288 000

　　贷：物资采购——原材料　　288 000

借：物资采购——原材料　　6 140

　　贷：材料成本差异——原材料　　6 140

2. 企业（增值税一般纳税人）已支付购料款项，但所购材料尚未运达企业。

【例 2-10】某企业收到开户银行转来的托收承付结算凭证以及发票、代垫运费单据等，内容是本企业向外埠的长江公司购进 A 材料 200 件，材料款 234 000 元，供货单位代垫的运杂费 2 500 元（其中运费 2 000元）。托收承付结算凭证收到后，供应部门核对购货合同，合同上载明为“验单承付”方式，承付期 3 天，供应科当即会同财务科按合同规定事项对收到的单据进行审定，没有发现问题。承付期到，款项被银行划拨给供货人。A 材料单位计划成本 1 000 元。编制会计分录如下：

借：物资采购——原材料　　202 360

　　应交税费——应交增值说　　34 140

贷：银行存款　　236 500

其中：材料价款 $=\frac{234\ 000}{1+17\%}=200\ 000$（元）

增值税款 $=200\ 000\times17\%=34\ 000$（元）

运费中的增值税款 $=2\ 000\times7\%=140$（元）

材料采购成本 $=200\ 000+2\ 360=202\ 360$（元）

增值税进项税 $=34\ 000+140=34\ 140$（元）

数日后，这批材料到达，由企业运输部门将其运达企业并如数（200 件）验收入库，编制会计分录如下：

借：原材料——A 材料　　200 000
　　贷：物资采购——原材料　　200 000
借：材料成本差异——原材料　　2 360
　　贷：物资采购——原材料　　2 360

如果这批材料运达后，在验收时发现有 1 件产品损坏，属定额内合理损耗。这件损耗的 A 产品已无价值。验收入库 199 件。在这种情况下编制会计分录如下：

借：原材料——A 材料　　199 000
　　贷：物资采购——原材料　　199 000
借：材料成本差异——原材料　　3 360
　　贷：物资采购——原材料　　3 360

3. 增值税一般纳税人采用赊购方式购买材料物资，材料物资已收到并办理验收入库，发票账单已收到。

【例 2－11】某企业向本市长城公司购进 A 材料一批，共 100 件，材料款 117 000 元，采购赊购方式，供货方提供的信用条件是 2/10，n/30，材料已运达企业，在验收入库时发现损坏 2 件，属定额内合理损耗。将 98 件合格材料验收入库。A 材料单位计划成本 1 000 元。编制会计分录如下：

借：物资采购——原材料　　100 000
　　应交税费——应交增值税（进项税额）　　17 000
　　贷：应付账款——长城公司　　117 000
借：原材料——A 材料　　98 000
　　贷：物资采购——原材料　　98 000
借：材料成本差异——原材料　　2 000
　　贷：物资采购——原材料　　2 000

我们看出，在采用计划成本对库存材料进行计价核算的情况下，材料物资的定额内合理损耗会使入库材料数量小于采购数量，因而会减少入库材料的成本，增大超支差异。

表 2－4　　材料成本差异明细账

账户明细：原材料　　　　2003 年 10 月

记账凭证			摘要	借方	贷方		余额	
2003 年				材料入库转入超支差异	材料入库转入节约差异	分摊发出材料成本差异	借或贷	
月	日	号码						
			月初余额				借	148 600
10	×	×	结转 A 材料差异	500			借	149 100
10	×	×	结转 B 材料差异		6 140		借	142 960
10	×	×	结转 A 材料差异	2 360			借	145 320
10	×	×	结转 A 材料差异	2 000			借	147 320
10	×	×	结转 A 材料差异	472			借	147 792
10	×	×	结转 A 材料差异	424. 80			借	148 216. 80
				⋮	⋮			⋮
			本月发生总额合计	5 756. 8	6 140		借	148 216. 8

表 2－5　　物资采购明细账

明细科目：原材料　　　　2003 年 10 月

记账凭证			借方					贷方					余额			
2003 年		号码	实际采购成本				节约差异	验收入库				超支差异	购入而未入库的材料			
月	日		材料名称	供货单位	采购数量	实际成本		材料名称	数量	单位计划成本	计划成本总额		材料名称	供货单位	采购数量	实际成本
10	×	×	A	本市长城公司	100	100 500		A	100	100 000		500				
10	×	×	B	本市环球公司	400	281 860	6 140	B	400	288 000						
10	×	×	A	外埠长江公司	200	202 360		A	200	200 000		2 360				
10	×	×	A	本市长城公司	100	100 000		A	98	98 000		2 000				
10	×	×	A	外埠长江公司	100	100 472		A	100	10 000		472				
10	×	×	A	外埠长江公司	90	90 424. 80		A	90	90 000		424. 80				

4. 增值税一般纳税人向供货商提出购货请求，供货商已将材料发出，材料已收到并已验收入库，但发票账单尚未收到。在按计划成本计价核算的情况下，可先进行库存材料核算，待发票账单到达后再进行总分类核算。

【例 2－12】 某企业向外埠的长江公司购买 A 材料一批。材料已发至本企业，经与合同对照验收，发现所收货物共 100 件。品种、规格、数量均与合同规定相符，质量也没有问题。随即将此 100 件材料验收入材料库。但发票账单尚未到达。A 材料单位计划成本 1 000 元。

验收入库时核算如下：

借：原材料——A 材料　　100 000
　　贷：应付账款——长江公司　　100 000

下月 3 日，这批由长江公司提供的材料物资 100 件的发票、账单已到，材料款 117 000 元，代垫运杂费 500 元（其中运费 400 元）。这时，计算材料价款、增值税和材料实际采购成本如下：

材料价款 $=\frac{117\ 000}{1+17\%}=100\ 000$（元）

增值税款 $=100\ 000\times 17\%=17\ 000$（元）

运费中的增值税款 $=400\times 7\%=28$（元）

材料实际采购成本 $=100\ 000+472=100\ 472$（元）

借：物资采购——原材料　　100 472
　　应交税费——应交增值说（进项税额）　　17 028
　　贷：银行存款　　117 500
借：应付账款——长江公司　　100 000
　　贷：物资采购——原材料　　100 000
借：材料成本差异——原材料　　472
　　贷：物资采购——原材料　　472

三日后，这笔材料采购款项由银行划转长江公司。

5. 增值税一般纳税人在收到供货商提供的货物后，经验收，发现所购货物在数量、质量和品种规格或价格方面存在问题，不能按合同规定的采购数量验收入库。要区分具体情况进行处理。

（1）如果是货物在运输途中发生的定额内的合理损耗，则库存材料应该按实际验收入库数量计价核算。具体情况前面已经述及。

（2）如果是合理损耗以外的损坏或缺失，应由供货人或运输单位承担相应的损失。本企业则按实际验收入库的材料数量进行库存材料核算。在按计划成本核算的条件下，除了要核算拒付或索赔的金额，还应合理确定材料成本差异。

【例 2－13】 某企业向外埠长江公司购买 A 材料一批 100 件，材料已发至本企业。验收时发现损坏10件。这批材料款项已通过银行划转给供货人。企业将90件合格A材料验收入库，损坏的10件向供货人索取赔偿。总材料费117 000元，代垫运杂费500元（其中运费400元）。A材料单位计划成本1 000元。现将材料实际成本等情况计算如下：

向供货人索取赔偿的部分：

$$(117\ 000+500)\times\frac{10}{100}=11\ 750\text{（元）}$$

材料款105 300元，其中买价90 000元，增值税15 300元；运费中的增值税25.20元。

材料实际采购成本90 424.80元。

编制会计分录如下：

借：物资采购——原材料　　90 424.80
　　应交税费——应交增值税（进项税）　　15 325.20
　　其他应收款——长江公司　　11 750
　　贷：银行存款　　117 500

借：原材料——A材料　　90 000
　　贷：物资采购——原材料　　90 000

借：材料成本差异——原材料　　424.80
　　贷：物资采购——原材料　　424.80

在这个例子中，如果外埠长江公司委托银行转来的托收承付结算凭证未到期，则应填制拒付理由书，写明拒付理由，部分拒付货款及运杂费11 750元，其余款项到期承付。

（3）如果发生供货方面搞错货物数量，造成多发或少发货物的情况，如果是少发，应按实际收到的货物入库，并要求对方补发；如果是多发，要区分不同情况处理。企业可以接受对方多发来的货物，然后补付货款，也可以不接受，将多发来的货物退还发货人。

【例2－14】同【例2－13】资料，如果验收时发现供货人少发10件货物，则向供货人请求补发货物，货物收到之前，会计分录为：

借：物资采购——原材料　　100 472
　　应交税费——应交增值税（进项税）　　17 028
　　贷：银行存款　　117 500

注：运费400元中含增值税28元。

借：原材料——A材料　　90 000
　　贷：物资采购——原材料　　90 000

注：按90件A材料验收入库。

当供货方补发的10件A材料运达并验收入库时，作会计分录：

借：原材料——A材料　　10 000

贷：物资采购——原材料　　　　　　　　　　10 000

同时，

借：材料成本差异——原材料　　　　　　472

贷：物资采购——原材料　　　　　　　　　　472

如果在验收时发现供货人多发 10 件 A 材料，而企业今后仍要采购 A 材料，所以决定接受这 10 件 A 材料。会计分录为：

借：物资采购——原材料　　　　　　100 472

应交税费——应交增值税（进项税）　17 028

贷：银行存款　　　　　　　　　　　　117 500

借：原材料——A 材料　　　　　　110 000

贷：物资采购——原材料　　　　　　　110 000

此后，向供货方补付货款 10 件 ×1 000 元 =10 000 元，本企业通过电汇方式补付该项货款后，编制会计分录为：

借：物资采购——原材料　　　　　　10 000

贷：银行存款　　　　　　　　　　　　10 000

同时，

借：材料成本差异——原材料　　　　　472

贷：物资采购——原材料　　　　　　　　　472

6. 小规模纳税人已支付购料款项，所购料已验收入库。

【例 2－15】向本市长城公司购进 A 材料 200 件。材料款 234 000 元，款项已用转账支票付讫，该批材料已运回并验收入库，A 材料计划成本为 1 200 元/件，上述业务编制会计分录为：

借：物资采购——原材料　　　　　　234 000

贷：银行存款　　　　　　　　　　　　234 000

借：原材料——A 材料　　　　　　240 000

贷：物资采购——原材料　　　　　　　240 000

借：物资采购——原材料　　　　　　6 000

贷：材料成本差异——原材料　　　　　6 000

7. 小规模纳税人已支付购料款项，但所购材料物资尚未运达企业。

【例 2－16】承【例 2－3】

承付货款时编制会计分录如下：

借：物资采购——原材料　　　　　　236 500

贷：银行存款　　　　　　　　　　　　236 500

数日后，这批 A 材料到达，由运输部门将其运达企业开始验收入库，编制会计分录为：

借：原材料——A 材料　　　　　　240 000

贷：物资采购——原材料　　　　　　　240 000

借：物资采购——原材料　　3 500

　　贷：材料成本差异——原材料　　3 500

其中：验收入库的 A 材料数量为采购数量的 200 件，A 材料单位计划成本 1 200 元。

如果这批材料入库时发现损坏 3 件，经分析属于定额内的合理损耗，并且损坏的 3 件已无价值。则验收入库的 A 材料数量为 197 件。而这时的会计分录为：

借：原材料——A 材料　　236 400

　　贷：物资采购——原材料　　236 400

借：材料成本差异——原材料　　100

　　贷：物资采购——原材料　　100

验收入库 197 件 A 材料计划成本为：

1 200 × 197 = 236 400（元）

超支差异：236 500 − 236 400 = 100（元）

第三章 3

制造企业库存物资业务的核算

第一节 制造企业库存物资核算原则及控制程序

制造企业的库存物资种类较多，各类库存物资的会计核算方法存在差别，但对于各类库存物资应该遵循统一的原则进行核算并按照合理的程序进行会计控制。

一、制造企业库存物资的核算原则

制造企业的库存物资包括材料、包装物、完工产成品、外购商品等几大类，应遵循统一的核算原则。

第一，物资验收入库是库存物资核算的前提，材料物资验收入库必须办理相关的手续并填制入库的原始凭证。第二，库存物资从仓库发出后即不再作为库存物资管理，根据发出物资的不同使用情况分别作为生产耗费、在生产中使用或对外销售（售出）的核算。库存物资发出也必须办理发出手续并填制出库的原始凭证。第三，库存物资的会计核算既包括对各种物资库存数量的核算，又包括对库存物资的实际成本的核算。虽然库存物资的计划方式有按实际成本计价与按计划成本计价两类，但就会计核算整个过程而言，在按计划成本计价的情况下我们还需要核算材料的成本差异，通过差异对计划成本的调整，核算发出材料物资的实际成本。第四，必须保证库存材料的数量完整及品质不受影响。

二、制造企业库存物资的内部会计控制

为保证库存物资的安全完整，必须建立有效的内部控制制度。基本的控制制度有：

（一）永续盘存制

企业在每个会计期间所增加的库存物资以及由于耗用、领出或销售等原因而减少的库存物资都需要根据物资的入库和出库凭证将物资增加的数量、金额以及物资减少的数量、金额记入物资明细账，并根据公式：

期末库存物资数量 = 期初库存物资数量 + 本期入库物资数量 - 本期发出物资数量

按照材料物资的明细分类账户，计算出各种材料物资的期末库存数量，这叫做账面盘存数。为了检验核实账面盘存数是否真正反映库存材料的实际数量，需要定期进行材料物资的实地盘点，将各类材料物资的实地盘存数量与账面盘存数量进行对比，以确认账面数与实存数是否一致。发现差额，应追究原因，及时处理材料物资的溢余与短缺。

有关溢余与短缺的会计处理原则和处理方法，请读者参考本套丛书有关会计核算基础部分的内容。

可以看出，永续盘存制是一种逻辑严格的会计控制手段，但核算程序比较繁琐。若对每一种物资均按永续盘存制进行控制，将使库存物资的核算工作很繁重。

（二）实地盘存制

企业在每个会计期间所增加的库存物资，根据物资的入库凭证将增加的数量，全部记入各类物资的明细分类账。但对于每个会计期间由于耗用、销售而减少的库存物资不在物资出库时记录。会计期末，通过实地盘点，确定结存材料物资的数量，然后用“倒挤”的算法计算出本会计期间减少的存货的数量，以此作为本会计期间耗用或领出材料物资的数量。实地盘存制在确定期末材料物资库存数量和本期耗用或领出材料物资数量方面比较简单，但由于账面上记录的资料不完整，因而这种核算方法不严格。例如，按照实地盘存制，因丢失、毁损等非正常原因造成的材料物资的减少，都被认为是耗用或销售，会把管理中的问题掩盖起来，而相应的损失都被计入物资耗用的成本或销售成本中去了。

由此可见，上面介绍的两种盘存制度各有特点，要根据实际情况与管理要求合理使用。

（三）ABC 管理法

有些制造企业库存材料物资品种繁多，对全部材料物资均进行严格控制必然需要耗费大量的人力物力。因此有必要在管理效果及管理代价两者之间进行权衡。

有些物资，数量相对较少，收入发出业务也较少，但这类材料物资价值巨大，管理出了问题会严重危及企业财产安全；而另一些物资，库存数量巨大，收入发出业务频繁，但价值却相对较低。即使管理不够严格，产生的疏漏和误差也不会对企业财产安全及会计核算的客观性形成显著影响。对于上述两类特征完全相反的物资，应该采用两种不同的管理方法，第一类物资，我们将其命名为 A 类物资，对它要严格管理。具体方法可采用永续盘存制，定期对实物进行盘点，账实核对。第二类物资，我们将其命名为 C 类物资，对它要尽量简化管理。具体方法可采用实地盘存制，只需在各期期末或定期进行实物盘点，平时也不必逐笔记录耗用发出情况。

B 类物资是特征介于 A 类、C 类之间的物资。一般而言，A、B、C 三类物资的价值比重大致分布为 7:2:1，而数量比重大致分布为1:2:7。由此可见，A 类物资在库存存货中占用绝大部分的资金，投入充足的管理力量将其控制好，对企业的财产安全和提高会计核算质量意义重大。同时，由于 A 类存货品种数量较少，即使对每一个品种均实行严格管理，也不会花费很大的力量。B 类物资的品种、数量远多于 A 类，而金额却明显低于 A 类，可以对此类存货采用划分类别的方式进行管理。而 C 类物资由于其金额较低，在管理中只要控制总金额就完全可以了。

这种管理方法，针对不同类别的物资采用不同的管理控制方法，既实现了控制，又节约了人力物力。

三类存货的具体划分，可按如下步骤进行：

1. 列出企业全部物资明细表，并计算出每种物资的价值总额及占全部物资总金额的比重。

2. 按照金额标志由大到小进行排序并累加金额百分比。

3. 当金额百分比累加将近 70% 时，以上的物资视为 A 类；介于 70% ~90% 之间的视为 B 类，其余则为 C 类。

表 3 – 1　　出库单（材料）

领用单位：　　2003 年 10 月　　出库单号：

材料类别	编号	计量单位	数量		金额	
			请领	实发	单价	总价
材料用途：				领料人签字：		

管理员：　　发货人：　　审批人：

表 3 – 2　　领 料 登 记 簿

材料类别：　　2003 年 10 月　　领料单位：

日期	领料数量		领料人	发料人	备注
	当日	累计			
单位成本		材料实际成本：		用途：	

表 3－3 **限额领料单**

2003 年 10 月

用途： 发料仓库：

领料单位： 凭证编号：

材料类别	编号	材料名称及规格	计量单位	限额	实际领用量	单价	
			Kg				
领料日期	实发数量	领料人签字	发料员签字	限额结余	退料记录		
					日期	数量	发料人
					合计		
					实际消耗情况		
					数量	单价	成本
合计							

供应部门： 生产部门： 财务部门：

第二节 按实际成本计价的库存材料核算

一、库存材料收入的核算

库存材料的收入业务有外购入库、自制入库和委托加工收回验收入库以及接受捐赠的材料物资等各种情况。其中，外购材料入库业务已在上一章中做了详细的阐述。

自制材料制成验收入库时，按其制造成本计价作为实际成本，具体包括制造过程中发生的直接材料、直接人工、其他直接支出和制造费用。自制材料验收入库的会计分录为：

借：原材料——××材料

　　贷：生产成本——辅助生产成本——××材料生产

委托加工的材料物资验收入库的计价和会计核算参看“委托加工物资”一节内容。

接受捐赠的材料物资入库核算的计价问题和会计分录编制方法参看本丛书会计核算原理的相关内容。

二、库存材料发出的核算

（一）库存材料发出的计价问题

在按实际成本计价核算的情况下，库存的材料物资由于来源不同，同一种品种、规格的材料物资的单位成本是不同的。即使是同一种来源的材料物资，由于进货批次、时间、付款条件等差异，其成本亦不同。因此，存货发出时需要计价，以便确定发出材料物资的实际成本以及期末库存材料物资的实际成本。常用的计价方法有以下几种：

1. 先进先出法。先进先出法是假定先收到的材料物资先发出，并根据这种假定的顺序对发出存货和期末存货进行计价的方法。这种方法是在解决计价问题的时候假定先购进的材料物资先发出，至于实际的材料物资是否先购进的货物先发出则并不予以考虑。

具体做法是：收入材料物资，逐笔在库存材料明细分类账上登记每一批材料物资的数量、单价和金额。发出材料物资时，根据被确定的发出数量，按前述先进先出假定对这些发出材料物资进行计价。

在永续盘存制下，每一笔材料物资发出都需要即时进行计价并登记库存材料明细账。

【例 3－1】 2003 年 10 月 12 日某公司发出 A 材料一批 4 000 公斤，此时 A 材料明细分类账情况如表 3－4 所示：

表 3－4 **A 材料明细分类账**

品种、规格：

2003 年		凭证号	摘要	收入			发出			结存		
月	日			数量	单价	金额	数量	单价	金额	数量	单价	金额
10			月初结存							2 000	20	40 000
	7		购入	5 000	22	110 000				7 000		150 000
	12		发出				4 000		84 000	3 000	22	66 000
	15		购入	3 000	24	72 000				6 000		138 000
	20		发出				2 000		44 000	4 000		94 000
	26		发出				3 000		70 000	1 000	24	24 000
			本月合计	8 000		182 000	9 000		198 000			

按先进先出的假定对发出的这 4 000 公斤 A 材料计价；其中的 2 000公斤，按先购进的材料单价 20 元/公斤计价；另外 2 000 公斤按后购进的材料 22 元/公斤。这批发出材料价值合计 2 000 ×20 +2 000 ×22 =84 000（元）。据此登记材料明细账。

此后，10 月 15 日又有一批 A 材料购入 3 000 公斤，已登记入账，10 月 20 日，发出 A 材料一批 2 000 公斤，这批材料按先进先出假定计价为 2 000 ×22 =44 000（元），10 月 26 日发出 A 材料一批 3 000 公斤，按先进先出假定，其中 1 000 公斤按先购进的材料单价 22 元 / 公斤计价，余下的 2 000 公斤按后购进的材料单价 24 元 / 公斤计价，于是这批材料计价结果为 1 000 ×22 +2 000 ×24 =7 000（元），据此分别登记 A 材料明细账。汇总算出，本月累计发出 A 材料 9 000 公斤，成本 198 000 元，结存 A 材料 1 000 公斤，成本 24 000 元。

在实地盘存制下，每一笔材料物资发出不必即时登记材料明细账，须在月末实地盘点后，确定出本月累计发出的材料物资数量后，再统一计价登记材料明细账。仍以上述例子说明，月末盘点的结果是实存1 000公斤，于是按下式计算出：本月发出材料数量 =2 000 +8 000 -1 000 =9000（公斤）。

按先进先出的计价原则，月末实存的1 000 公斤应该按最后的进价每公斤 24 元计算，于是月末库存金额为 1 000 ×24 =24 000（元），于是计算出，本月发出材料实际成本 =40 000 +182 000 -24 000 =198 000（元）。与永续盘存制下计价结果一致。据此在月末一次登记 A 材料明细分类账。

2. 后进先出法。后进先出法是以后购进的材料物资先发出为假定，对发出材料物资按后购进的单价进行计价的一种方法。仍以【例 3 -1】A 材料购进发出的实例来说明：在永续盘存制下，2003 年 10 月 12 日发出 A 材料一批 4 000 公斤，按后进先出法的计价原则计价的结果是：4 000 ×22 =88 000（元），据此登记 A 材料明细分类账。

表 3 -5 **A 材料明细分类账**

品种、规格

2003 年		凭证号	摘要	收入			发出			结存		
月	日			数量	单价	金额	数量	单价	金额	数量	单价	金额
10			月初结存							2 000	20	40 000
	7		购入	5 000	22	110 000						
	12		发出				4 000	22	88 000	3 000		62 000
	15		购入	3 000	24	72 000				6 000		134 000
	20		发出				2 000		48 000			
	26		发出				3 000		66 000	1 000	20	20 000
			本月合计	8 000		182 000	9 000		202 000			

10 月 20 日发出 A 材料一批 2 000 公斤，按后进先出的原则计价的结果为：2 000 ×24 =48 000（元），据此登记 A 材料明细分类账，10 月 26 日又发出 A 材料一批 3 000 公斤，此时，最后购进的一批（10 月 15 日购进 3 000 公斤）尚有 1 000 公斤未计价发出，因此，这 3 000 公斤中的1 000公斤要按这次购进单价 24 元计价；余下的 2 000 公斤中，其中1 000公斤按 10 月 7 日购进的那批材料物资中尚未计价发出的部分（1 000公斤）的单位进价 22 元计价；另 1 000 公斤按月初库存的 A 材料单价 20 元计价，于是这 3 000 公斤 A 材料实际成本为：1 000 ×24 +1 000 ×22 +1 000 ×20 =66 000（元）。据此登记 A 材料明细分类账。

在实地盘存制下，月末，实地盘点 A 材料库存 1 000 公斤，根据后进先出的计价原则，这1 000公斤A材料应该按最先入库的A材料的单价20元计价，计1 000×20=2 000（元）。于是：本月发出材料实际成本=40 000+182 000－20 000=202 000（元），与永续盘存制下的计价结果一致。可据此在月末一次登记A材料明细账。

对以上的先进先出法和后进先出法进行比较可以看到：采用先进先出法计价，期末库存材料物资的成本接近现行市价，而采用后进先出法，发出库存材料物资的成本接近现行市价。在前面采用的例子中，在永续盘点制下计算的发出材料物资实际成本与期末库存材料物资的实际成本与实地盘存制下相应的计算结果相同。

【例3－2】某企业A材料月初库存5 000公斤，单价20元；本月7日购进一批2 000公斤，单价22元，本月12日发出A材料一批4 000公斤，18日发出材料一批2 500公斤；20日购进材料一批3 000公斤，单价24元；26日发出A材料一批2 500公斤。本例与【例3－1】相比，材料发出的总量相同，但库存材料与本月入库材料的结构发生了变化。

表3－6 A材料明细分类账

品种、规格

2003年		凭证号	摘要	收入			发出			结存		
月	日			数量	单价	金额	数量	单价	金额	数量	单价	金额
10			月初结存							5 000	20	100 000
	7		购入	2 000	22	44 000				7 000		144 000
	12		发出				4 000	20	80 000	3 000		64 000
	18		发出				2 500		53 000	500		11 000
10	20		购入	3 000	24	72 000				3 500		83 000
	26		发出				2 500		59 000	1 000		24 000
			本月合计	5 000		116 000	9 000		192 000			

我们先以先进先出的原则对发出材料实际成本和期末库存材料实际成本计价。在永续盘存制下，12日发出材料4 000公斤，按月初结存材料单价20元计价，计80 000元；18日发出材料2 500公斤，按先进先出的原则，其中1 000元按月初20元/公斤计价；另1 500公斤按22元/公斤计价，此笔发出材料实际成本为1 000×20+1 500×22=53 000（元）。26日发出材料2 500公斤，按先进先出的计价原则，其中500公斤按22元/公斤计价，余下2 000公斤按24元/公斤计价，此笔发出

材料实际成本为500×22+2 000×24=59 000（元）。

如果在实地盘存制下，月末实地盘点确认库存A材料1 000公斤，于是，本月发出材料为5 000+5 000－1 000=9 000（公斤）。发出材料物资的实际成本应按期初结存材料实际成本加上本月入库材料物资实际成本再减去期末盘存材料物资实际成本计算确定。按先进先出法的原则，月末盘存材料实际成本应该按最近一次购入的材料单价24元计价，于是，月末库存材料实际成本为1 000×24=24 000（元），“倒挤”算出发出材料物资实际成本为192 000元，与永续盘存制下的确认结果相同。

再按后进先出法的原则对发出材料实际成本和期末库存材料实际成本进行计价，在永续盘存制下，12日发出材料4 000公斤，其中2 000公斤按后购进材料2 000公斤的单价22元计价，其余2 000公斤按月初结存材料单价20元计价，合计为2 000×22+2 000×20=84 000（元）；18日发出材料2 500公斤，按月初结存材料单价20元计价，只50 000元；26日发出A材料2 500公斤，按最后一次购入的3 000公斤A材料单价24元计价，计2 500×24=60 000（元），本月发出A材料实际成本和月末库存A材料实际成本汇总情况见A材料明细分类账。

表3－7　A材料明细分类账

2003年		凭证号	摘要	收入			发出			结存		
月	日			数量	单价	金额	数量	单价	金额	数量	单价	金额
10			月初结存							5 000	20	100 000
	7		购入	2 000	22	44 000				7 000		144 000
	12		发出				4 000		84 000	3 000	20	60 000
	18		发出				2 500		50 000	500	20	10 000
10	20		购入	3 000	24	72 000				3 500		82 000
	26		发出				2 500	24	60 000	1 000		22 000
			本月合计	5 000		116 000	9 000		194 000	20 000		418 000

在实地盘存制下，月末实地盘点确认库存A材料1 000公斤，于是本月累计发出A材料5 000+5 000－1 000=9 000（公斤），按后进先出的计价原则，月末库存的1 000公斤A材料应该按最先入库的A材料单价20元计价，故月末库存A材料实际成本20 000元，从而推算出本月

A材料90 000公斤实际成本为100 000 + 116 000 - 20 000 = 196 000(元)，这与永续盘存制下确认的实际成本不同。由前面的两个实例可知，采用先进先出法对发出材料实际成本与月末库存材料实际成本的计算结果是相同的，但若采用后进先出法对发出材料计价，永续盘存制下与实地盘存制下确定的发出材料实际成本可以不相同。

后进先出法有一个很突出的特点，即发出材料物资的实际成本接近当前的材料价格水平，即发出材料物资的实际成本接近当前的材料价格水平。于是，在物价持续上涨的趋势下，这种计价方法的使用使得资产（库存材料）计价从低，而成本费用计价从高，符合谨慎性原则。

提醒读者注意：2006年2月15日，财政部印发《企业会计准则第1号——存货》，该准则第十四条是企业应当采用先进先出法、加权平均法或者个别计价法确定发出存货的实际成本。按照具体准则，后进先出法不再被规定为发出存货计价的方法。但是并不影响这种方法在会计核算方法中的地位。

3. 加权平均法。加权平均法也叫全月一次加权平均法，是指以本月收入的材料物资的数量和月初库存材料物资的数量为权数，去除本月收入材料物资实际成本与月初库存材料物资实际成本之和，算出确定这种材料物资的加权平均单位成本，以这个单位成本去计算确定发出材料物资的实际成本和月末库存材料物资的实际成本的发出存货计价方法。具体描述如下：

$$\text{加权平均单位成本}=\frac{\text{月初结存材料的实际成本}+\text{本月收入材料的实际成本}}{\text{月初结存材料数量}+\text{本月收入材料数量}}$$

本月发出材料实际成本 = 本月发出材料数量 × 加权平均单位成本

月末结存材料实际成本 = 月末库存材料数量 × 加权平均单位成本

或者

月末结存材料实际成本 = 月初结存材料实际成本 + 本月收入材料的实际成本 - 本月发出材料实际成本

我们以前面【例3-1】中A材料的收入、发出业务为例进行说明：在月末，计算A材料加权平均。

$$\text{单位成本 A 材料加权平均单位成本}=\frac{40\ 000+182\ 000}{2\ 000+8\ 000}=22.20\text{（元）}$$

本月发出A材料实际成本 = 9 000 × 22.20 = 199 800（元）

月末结存A材料实际成本 = 1 000 × 22.20 = 22 200（元）

或 = 40 000 + 182 000 - 199 800 = 22 200（元）

可据此登记A材料明细分类账（见表3-8）：

表 3-8　　A 材料明细分类账

2003 年		凭证号	摘要	收入			发出			结存		
月	日			数量	单价	金额	数量	单价	金额	数量	单价	金额
10			月初结存							2 000	20	40 000
	7		购入	5 000	22	110 000						
	15		购入	3 000	24	72 000				10 000		222 000
	31		发出				9 000	22.20	199 800	1 000	22.20	222 000
			本月合计	8 000		182 000	9 000		199 800			

采用这种计价方法，全面考虑了不同批次进货的数量及其单价，计算结果比较合理：加权平均单位成本于月末一次计算完成，平时只记发出材料数量，不记发出存货成本，可以减少日常的工作量，但平时不能从账面上得到发出和结存材料的单位成本和实际成本，这对于材料物资的日常管理有不利影响。由于是全月一次加权平均，所以无论是永续盘存制还是实地盘存制，计算加权平均单位成本的程序和结果都是相同的，因而计算的发出材料实际成本与月末库存材料的实际成本也是相同的。这里有一个问题要说明：计算出的加权平均单位成本经常是一个近似数，因此，用这个加权平均单位成本计算出的本月发出材料实际成本与月末库存材料实际成本之和与月初结存材料实际成本加上本月购入库存实际成本之和有一些误差。在这种情况下，为了防止误差的积累，我们应该按照这个近似的加权平均单位成本，先计算确定发出月末库存材料的实际成本，然后再用下列公式确定本月发出材料的实际成本。

本月发出材料实际成本 = 月初结存材料实际成本 + 本月验收入库材料实际成本 - 月末库存材料的实际成本

4. 移动平均法。即指每次材料物资验收入库，都要以本次验收入库材料的数量、实际成本分别与原有库存材料的数量及实际成本求和，计算出新的加权平均单价，并据以对发出材料实际成本进行计价的一种方法。移动加权平均法的计算原理与加权平均法的计算原理基本相同，而它们之间的区别在于：加权平均法指一个月只在月末计算一次加权平均单位成本，而移动平均法每一次材料物资入库就要计算一次加权平均单价。计算公式如下：

$$\text{移动平均单价} = \frac{\text{本次入库前结存材料实际成本} + \text{本次入库的材料实际成本}}{\text{本次入库前结存材料数量} + \text{本次入库的材料数量}}$$

某批材料发出存货实际成本 = 发出存货数量 × 当前移动平均单价。需要注意：每当一批材料物资入库，一般来说会改变该材料的平均单价；而一批材料发出后，库存材料的平均单价并不改变，在移动加权平均单价取近似值的情况下，为了不使误差形成积累，应该先以近似的加权平均单价确定结存材料的实际成本，再按倒挤的方法确定材料的实际成本。

【例 3－3】资料如表 3－9 所示。

表 3－9　　A 材料明细分类账

2003 年		凭证号	摘要	收入			发出			结存		
月	日			数量	单价	金额	数量	单价	金额	数量	单价	金额
10			月初结存							2 000	20	40 000
	7		购入	5 000	22.00	110 000				7 000		150 000
	12		发出				4 000	21.43	85 710	3 000	21.43	64 290
	15		购入	3 000	24.00	72 000				6 000	22.715	136 290
	20		发出				2 000	22.715	45 430			90 860
	26		发出				3 000	22.715	68 145	1 000	22.715	22 715
			本月合计	8 000		182 000	9 000		199 285			

10 月 7 日 5 000 公斤验收入库后，计算加权平均单价如下：

$$移动平均单价=\frac{40\ 000+110\ 000}{2\ 000+5\ 000}=21.43（元）$$

10 月 12 日发出 A 材料 4 000 公斤，按计算公式实际成本为：4 000 ×21.43＝85 720（元）

但由于 21.43 元是近似的平均单价，为防止误差积累，我们用这个近似单价确认结存货的实际成本：3 000×21.43＝64 290（元），再倒挤出发出存货实际成本为：150 000－64 290＝85 710（元），据以登记入账。

10 月 15 日又购入 A 材料一批 3 000 公斤，实际成本 72 000 元，再计算加权平均单价如下：

$$移动加权平均数单价=\frac{64\ 290+72\ 000}{3\ 000+3\ 000}=22.715（元）$$

10 月 20 日发出 A 材料一批 2 000 公斤，按上述移动加权平均单价计算实际成本为：

2 000×22.715＝45 430（元），据以登记入账。

10 月 26 日又发出 A 材料明细分类账（注意：这里 22.715 是准确的平均单价成本，所以可以直接用发出数量与之相乘从而确定发出材料物资的实际成本）。

5. 个别计价法。个别计价法又称个别认定法，是通过逐一辨认各批发出材料和期末库存材料所属的购进批次，分别按购入时的实际单位成本确认发出材料的实际成本和库存材料的实际成本。

以前面多次使用的实例来说明：假设 10 月 12 日发出的 A 材料

4 000公斤中。其中1 000公斤是月初库存的A材料，余下3 000公斤是10月7日购入的。按个别计价法计价，这批A材料的实际成本为：1 000×20+3 000×22=86 000（元）。

10月20日发出的A材料2 000公斤经确认是10月15日所购入的那一批材料中的一部分，按个别计价法计价，这批A材料的实际成本为：2 000×24=48 000（元）。

而10月26日发出的A材料3 000公斤，经确认，由月初库存材料500公斤，10月7日购入的那一批A材料1 500公斤，以及10月7日购入材料1 000公斤组成，按个别计价法计价，这批A材料实际成本为：500×20+1 500×22+1 000×24=67 000（元）。

月末库存材料1 000公斤由月初库存材料500公斤，10月7日购入A材料500公斤组成，实际成本为：500×20+500×22=21 000（元）。

将上述业务登记A材料明细分类账（如表3－10所示）。

表3－10　　A材料明细分类账

2003年		凭证号	摘要	收入			发出			结存		
月	日			数量	单价	金额	数量	单价	金额	数量	单价	金额
10			月初结存							2 000	20	40 000
	7		购入	5 000	22	110 000						
	12		发出				4 000		86 000			
	15		购入	3 000	24	72 000						
	20		发出				2 000	24	48 000			
	26		发出				3 000		67 000	1 000		21 000
			本月合计	8 000		182 000	9 000		201 000			

（二）库存材料总分类账、明细分类账的组织

在制造企业里，如何组织库存材料物资核算的账簿，历来是一个很受关注的问题。考虑这个问题的出发点是既要满足企业对材料物资管理控制的要求，又要尽量避免重复设置账簿。常见的设置方式有两种，一种是设置库存材料的总分类账和二级分类账，分类核算库存材料的金额，再根据库存材料的明细分类账核算库存材料的金额与数量，单纯核算金额的账簿设置在财会部门，既核算金额又核算数量的账簿设置在仓库保管部门。在这种方式下，材料物资验收入库的记账凭证资料和发出

材料物资的计价资料都是由仓库保管部门的核算人员编制并据以登记材料物资的明细分类账，然后传递到企业财会部门，或者经过汇总分类之后传递到企业财会部门，由财会部门据以进行总分类核算和二级分类核算。另一种设账的方式是在财会部门设置库存材料的总分类账和二级分类账，只核算库存材料的金额，不核算数量。仓库保管部门负责记录入库、发出的材料数量。而收入发出材料的成本及计价工作均由财会部门完成。这种设置账簿的方式强调简化核算。

上述两种设置账簿的方式，第一种更为合理一些。这种核算方式既完整地记录了库存材料的数量变化，又以金额统驭控制数量的变化。有一种意见认为，明细分类账设在材料仓库，财会部门使用起来不方便，在控制上也不符合账、物分管的原则，于是主张在财会部门另设一套与仓库平行的材料明细分类账，以实现对材料实物数量的控制。但这样一来，就形成了平行的两套明细账，造成了重复和浪费。在企业管理普遍使用电子计算机的条件下，只需设置一套库存材料明细账，其信息由仓库保管部门与财会部门共享。这套材料明细纳入财会部门的会计账簿系统之中，被总分类账及二级分类账所控制。

另一种在仓库部门设置只含数量不含金额的材料明细分类账的方法，使库存材料的实物量与价值量（金额）脱节，难以实现会计账簿对库存材料物资的有效控制，因此这种核算方式存在着明显不足。

（三）库存材料发出的汇总分类核算

在制造企业中，由于发出材料业务频繁，发料凭证数量极大，为了简化核算，提高会计工作的效率，平时一般只根据发料凭证登记各种原材料明细分类账，而不直接根据发料凭证编制记账凭证登记总分类账。对于已完成签收手续计价手续的大量的发料凭证，平时对其进行汇集，陆续将其进行分类整理。当月末结账后，根据分类汇总的发料凭证编制“发料凭证汇总表”，据以进行材料发出的总分类核算。

分类整理发出材料凭证，要首先明确如何进行分类。每一张发出材料凭证中记录着两个方面的信息，一是所发的是哪一种类的材料，二是这笔发出材料的具体用途。归类的目的是既要便于库存材料的总分类核算，又要满足产品成本计算的记账要求。因此，要按这些要求设计“发料凭证汇总表”。

总分类核算的分类记账原则是：基本生产车间生产产品耗用的材料成本，计入“基本生产成本”及其相应的明细账户中去；基本生产车间一般耗用的材料成本，计入“制造费用”及其相应的明细账户中去；辅助生产耗用的材料成本，计入“辅助生产成本”账户中去；专设销售机构耗用的材料成本，计入“产品销售费用”账户中去；而专项工程耗用的材料成本，计入“在建工程”账户，同时还应注意将增值税进项税转出。按照上述原则编制记账凭证登记总分类账和二级分类账。

【例 3－4】某企业库存材料物资采用按实际成本计价的核算办法。2003 年 10 月，原材料发出情况如表 3－11 所示。

表 3－11　　原材料发料凭证汇总表

2003 年 10 月

材料类别 ＼ 材料用途		原料及主要材料	辅助材料	修理用备件	燃料	合计
第一基本生产车间	A 产品	225 000				225 000
	B 产品	75 000				75 000
	一般耗用	1 000	2 500	10 000		13 500
第二基本生产车间	C 产品	370 000	30 000			400 000
	一般耗用			20 000		20 000
模具车间	1 号模具	5 000	1 000			6 000
	2 号模具	20 000	4 000			24 000
	一般耗用	3 000	1 000			4 000
供电车间			3 000	7 000	200 000	210 000
维修车间		12 000	5 000	31 000		48 000
企业管理部门耗用		4 000	8 000	2 000	20 000	34 000
专设销售机构耗用				3 000	50 000	53 000
设备技术改造工程	甲生产线		10 000	40 000		50 000
	乙生产线		12 000	30 000		42 000
设备大修理工程	子设备			8 000		8 000
	丑设备			6 000		6 000
车间扩建工程		100 000	20 000			120 000
合计		815 000	96 500	157 000	270 000	1 338 500

根据发料凭证汇总表的资料，编制会计分录如下：

借：基本生产成本——第一基本生产车间——A 产品

225 000

——B 产品

75 000

——C 产品 400 000

辅助生产成本——模具车间——1 号模具 6 000

——2 号模具 24 000

——供电车间 210 000

——维修车间 48 000

制造费用——第一基本生产车间 13 500

——第二基本生产车间 20 000

——模具车间 4 000

管理费用 34 000

产品销售费用 53 000

在建工程——设备技术改造——甲生产线 50 000

——乙生产线 42 000

——设备大修理——子设备 8 000

——丑设备 6 000

——车间扩建 120 000

贷：原材料——原料及主要材料 815 000

——辅助材料 96 500

——修理用设备 157 000

——燃料 270 000

同时，算出用于专项工程的库存材料中已结转或已抵扣的增值税进项税额，从进项税额中转出，计入专项工程的耗用材料成本。其中：设备改造工程中甲生产线耗用库存材料物资 50 000 元，增值税进项税 50 000 × 17% = 8 500（元）；乙生产线耗用库存材料物资 42 000 元，增值税进项税额 42 000 × 17% = 7 140（元）；设备大修理工程子设备和丑设备所耗用库存材料分别应结转增值税进项税额为 1 360 元和 1 020 元；车间扩建工程耗用库存材料 120 000 元，增值税进项税额 120 000 × 17% = 20 400（元）。据此编制会计分录：

借：在建工程——设备技术改造——甲生产线 8 500

——乙生产线 7 140

——设备大修理工程——子设备 1 360

——丑设备 1 020

——车间扩建工程 20 400

贷：应交税费——应交增值税（进项税额转出） 38 420

以此作为登记总分类账和二级分类账的依据。

第三节 按计划成本计价的库存材料核算

按计划成本进行库存材料核算，各种库存材料的单位成本一律采用计划成本。计划单位成本在相当长的时间内稳定不变，这就在很大的程度上减少了材料物资发出时的计价工作。在按计划成本进行库存材料核算的条件下，只需确定发出材料物资的数量，即可确定发出材料的计划成本，不必再去选择和计算发出材料的单位成本。

但是，按计划成本进行的库存材料核算，其实际成本被划分为两个部分，一是在“原材料”等账户中记录的计划成本；二是在“材料成本差异”账户中记录的计划成本与实际成本之间的差异。按照会计确认与计量的一般原则，发出材料物资应该按实际成本计量其价值。这样一来，库存材料核算就应该包括两部分内容，一是库存材料计划成本的核算，二是材料成本差异的核算。

材料物资验收入库时形成材料成本差异以及结转材料成本差异的工作内容已经在上一章阐明。而关于库存材料的计划成本的核算管理实际上只是库存材料的数量控制，这已经在材料盘存制度中阐明。库存材料的计划成本与实际成本之间的差异核算是本节核算的重要问题。

材料成本差异的核算主要应该解决两个问题。

一、材料成本差异的分类

按计划成本对库存材料计价核算是为了避开发出材料计价中的繁琐计算，但采用计划成本计价之后便会产生材料成本差异，需要对材料成本差异另行组织核算，这是采用计划成本核算不得不付出的代价。由此可见，组织材料成本差异的核算，首要的原则是尽量简化，避免繁琐。具体的核算组织方法是将材料成本差异分为几大类进行核算，即原材料的材料成本差异，包装物的材料成本差异，低值易耗品的材料成本差异。按照这种方法组织发出材料的成本核算，既体现了核算的简捷，又实现了实际成本原则。“材料成本差异”账户分设如下几个二级账户：

材料成本差异——原材料
——包装物
——低值易耗品

在材料物资采购一章中，我们就是按照上述账户进行材料成本差异结转的。

二、发出材料应分摊的材料成本差异

发出材料的实际成本由计划成本和应分摊的材料成本差异两部分组成。发出材料的计划成本等于发出材料的数量与计划单位成本的乘积，而发出材料应分摊的材料成本差异应该与发出材料的计划成本成正比例。即：

发出材料应分摊的材料成本差异 = 发出材料的计划成本 × 比例系数

这个比例系数通常称为“差异率”。差异率等于本次分摊材料成本差异之前，某一类库存材料的成本差异额与该类库存材料的计划成本的比值，即：

$$差异率 = \frac{某类库存材料的成本差异额}{该类库存材料的计划成本总额}$$

确定差异率要注意几个问题，首先是什么时候需要计算差异率，这个问题很容易回答。应该是在我们需要差异率来计算应分摊材料成本差异额的时候。一般情况下，在月末，根据材料发出汇总表计算发出材料的计划成本总额，然后分摊材料成本差异，这时，就需要按“原材料”等账户上的计划成本的余额与“材料成本差异——原材料”账户上的差异总额，计算差异率。在平时，也有可能需要计算材料成本差异。例如，由于库存材料送到其他单位进行委托加工，或者是将库存材料对外销售，这时需要确认发出材料或售出材料的实际成本，于是要确定材料成本差异。这时，也要按上面所说的方法，计算差异率。

其次是要注意计算差异率时，差异额的分类与材料物资计划成本的分类要一致。例如，当我们计算原材料的差异率时，必须采用原材料的计划成本总额和原材料的材料成本差异总额。第三是要注意差异余额与材料物资的计划成本的余额在时间上的一致性。即，在计算差异率时，如果使用的是月初计划成本总额，那么也要使用月初的材料成本差异额；如果使用的是月初计划成本总额加上本月入库的材料计划成本总额，那么也要使用月初的材料成本差异额加上本月入库形成差异额的合计额。

材料成本差异有两个方向：第一，超支差异额，它是指当实际成本大于计划成本时，实际成本减去计划成本的差额；第二，节约差异额，它是指当计划成本大于实际成本时，计划成本减去实际成本的差额，在上一章讲材料物资采购并验收入库存的核算方法时，这两种方向不同的差异被分别转到“材料成本差异”账户的借方（超支差异记借方）或贷方（节约差异记贷方）。而在分摊材料成本差异的核算中，这两种方向不同的材料成本差异均应当从“材料成本差异”账户的贷方结转。为了清楚地加以区别，两个方向的差异分别以正数或负数来表示：超支差异用正数表示，节约差异用负数表示。我们再一次提醒读者注意：我们在分摊材料成本差异的会计核算时使用正、负数来分别表示超支差异和节约差异，在形成材料成本差异时并不采用这种方式。形成材料成本差异时我们是用材料成本差异账户的借方来记录超支差异，用贷方来记录节约差异。

在这种规定之下，计算各种材料成本差异的金额时，使用的算式应该写成：

材料成本差异额 = 月初材料成本差异额 + 本月入库形成的材料成本差异额

在上面的算式中，月初材料成本差异额或本月入库形成的材料成本差异额如果是超支差异，则用正数表示；如果是节约差异，则用负数表示。因此上式的加法可能是正、负数的相加，是一个“代数和”。这个和，可能是正数也可能是负数，分别表示超支差异或节约差异。在我们的表述中，计划成本总额是用正数表示的。

材料成本差异是用差异率表述的，其公式为：

$$\text{差异率} = \frac{\text{某类库存材料的材料成本差异额}}{\text{该类库存材料的计划成本总额}}$$

$$= \frac{\text{月初该类材料成本差异额} + \text{本月入库形成的材料成本差异额}}{\text{月初该类材料的计划成本额} + \text{本月入库的计划成本额}}$$

在实际核算中，用百分数来表示这个差异率。由于在差异率的计算公式中，分子可能是正数或负数，而分母总是正数，因此差异率可能是正数也可能是负数。如果差异率是正数，我们称之为“超支差异的差异率”；如果差异率是负数，我们称之为“节约差异的差异率”。

下面举两个例子说明材料成本差异的计算。

【例 3 - 5】某制造企业按计划成本进行库存材料计价核算，2003 年 10 月初“原材料”账户借方余额 2 760 000 元（库存原材料的计划成本总额），2003 年 10 月原材料入库业务共 10 笔，入库原材料计划成本总额 1 240 000 元。又知道 2003 年 10 月初“材料成本差异——原材料”账户有借方余额（超支差异）148 600 元，2003 年 10 月原材料入库共形成材料成本差异（节约差异）68 600 元。2003 年 10 月 31 日，准备结转发出材料应分摊的材料成本差异。为此，要计算材料成本差异率。计算如下：

$$差异率=\frac{148\ 600+(-68\ 600)}{2\ 760\ 000+124\ 000}\times 100\%=2\%$$

这是超支差异的差异率。

在本例中，如果将2003年10月初“材料成本差异——原材料”账户的余额改为贷方余额（节约差异）148 600元，而2003年10月原材料入库共形成材料成本差异（超支差异）68 600元，则差异率计算结果为：

$$差异率=\frac{-148\ 600+68\ 600}{2\ 760\ 000+124\ 000}\times 100\%=-2\%$$

完成材料成本差异率的计算之后，就可以进行发出材料应分摊的材料成本差异的计算工作了。前面已经说明，根据一般的确认原则，发出材料应分摊的材料成本差异应该与发出材料的计划成本成正比，于是得到发出材料应与分摊的材料成本差异的计算公式：

发出材料应分摊的材料成本差异＝发出材料的计划成本×差异率

由于差异率有正、负两种情况，而计划成本总额总是用正数表示，所以发出材料应分摊的材料成本差异可能是正数、也可能是负数，如果是正数，表示应分摊的超支差异额；如果是负数，表示应分摊的节约差异额。下面举例说明：

【例3－6】某制造企业2003年10月发出原材料的计划成本共计1 338 000元，月末计算的原材料的成本差异率为2%，计算2003年10月发出原材料应分摊的材料成本差异并确定2003年10月发出原材料的实际成本额。

发出材料应分摊的成本差异＝1 338 000×2%＝26 760（元）

发出材料的实际成本＝发出原材料的计划成本总额＋发出材料应分摊材料成本差异＝1 338 000＋26 760＝1 364 760（元）

如果月末计算出的原材料差异率为－2%，其他情况仍按上例子中的假设，则；

发出材料应分摊的材料成本差异＝1 338 000×（－2%）

＝－26 760（元）

发出原材料的实际成本＝1 338 000＋（－26 760）

＝1 311 240（元）

由这个例子可以清楚地看到，按计划成本进行库存材料计价核算的条件下，发出材料物资的实际成本由两部分组成，一部分是发出材料物资的计划成本，另一部分是发出材料应分摊的材料成本差异。如果是超支差异，则发出材料的实际成本等于计划成本与分摊差异之和；如果是节约差异，则发出材料的实际成本等于计划成本与分摊差异之差。

三、材料的总分类核算

发出材料的总分类核算分为两个部分，一个部分是对发出材料的计划成本进行核算，另一个部分是对发出材料应分摊的材料成本差异进行核算。

（一）发出材料计划成本的总分类核算

按库存材料发出核算的分类记账原则（见第二节（三）），按照发出材料的计划成本额，借记有关的账户，贷记“原材料”账户。

【例3-7】某制造企业库存材料物资计划成本计价核算，2003年10月，发出原材料的计划成本如表3-12所示。

表3-12　原材料发料凭证汇总表（按计划成本计价）

2003年10月

材料用途＼材料类别		原料及主要材料	辅助材料	修理用备件	燃料	合计
第一基本生产车间	A产品	225 000				225 000
	B产品	75 000				75 000
	一般耗用	1 000	2 000	10 000		13 000
第二基本生产车间	C产品	370 000	30 000			400 000
	一般耗用			20 000		20 000
模具车间	1号模具	5 000	1 000			6 000
	2号模具	20 000	4 000			24 000
	一般耗用	3 000	1 000			4 000
供电车间			3 000	7 000	200 000	210 000
维修车间		12 000	5 000	31 000		48 000
企业管理部门耗用		4 000	8 000	2 000	20 000	34 000
专设销售机构耗用				3 000	50 000	53 000
设备技术改造工程	甲生产线		10 000	40 000		50 000
	乙生产线		12 000	30 000		42 000

续表

材料类别 材料用途		原料及主要材料	辅助材料	修理用备件	燃料	合计
设备大修理工程	子设备			8 000		8 000
	丑设备			6 000		6 000
车间扩建工程			100 000	20 000		120 000
合计		715 000	176 000	177 000	270 000	1 338 000

根据发出原材料的计划成本资料。编制会计分录：

借：基本生产成本——第一基本生产车间——A 产品　225 000
　　　　　　　　　　　　　　　　　　——B 产品　75 000
　　　　　　　　　　　　　　　　　　——C 产品　400 000
　　辅助生产成本——模具车间——1 号模具　6 000
　　　　　　　　　　　　　——2 号模具　24 000
　　　　　　　　——供电车间　210 000
　　　　　　　　——维修车间　48 000
　　制造费用——第一基本生产车间　13 000
　　　　　　——第二基本生产车间　20 000
　　　　　　——模具车间　4 000
　　管理费用　34 000
　　销售费用　53 000
　　在建工程——设备技术改造——甲生产线　50 000
　　　　　　　　　　　　　——乙生产线　42 000
　　　　　　——设备大修理——子设备　8 000
　　　　　　　　　　　　——丑设备　6 000
　　　　　　——车间扩建　120 000
　　贷：原材料——原料及主要材料　715 000
　　　　　　　——辅助材料　176 000
　　　　　　　——修理用设备　177 000
　　　　　　　——燃料　270 000

（二）发出材料应分摊材料成本差异的总分类核算

发出材料应分摊的材料成本差异的总分类核算按如下原则进行：

①用已经确定的材料成本差异率，按照分别计入各生产成本或费用账户的材料计划成本额，计算相应的应分摊的材料成本差异额，并记入相应的成本费用账户的借方；②汇总材料成本差异额，记入“材料成本差异”账户的贷方。③在材料成本差异进行分摊的核算中，超支差异用正数（蓝字）表示，节约差异用负数（红字）表示。

需要再次强调的是：在发出材料应分摊的材料成本差异的核算中，分摊的材料成本差异无论是超支差异还是节约差异，一律登记到材料成本差异账户的贷方。

【例3-8】设某制造企业2003年10月汇总的按计划成本计价的发出材料汇总表如前所示。2003年10月31日根据月初“原材料”账户的余额，“材料成本差异——原材料”账户的余额，以及本月入库原材料的计划成本和形成的材料差异总额，确定材料成本差异分配率为2%，于是，可以编制“材料成本差异分配汇总表”（见表3-13）。

表3-13　　材料成本差异——原材料分摊汇总表

项目 材料用途		发出材料计划成本	差异率	发出材料应分摊的材料成本差异
第一基本生产车间	A产品	225 000	2%	4 500
	B产品	75 000		1 500
	一般耗用	13 000		260
第二基本生产车间	C产品	400 000		8 000
	一般耗用	20 000		400
模具车间	1号模具	6 000		120
	2号模具	24 000		480
	一般耗用	4000		80
供电车间		210 000		4 200
维修车间		48 000		960
企业管理部门耗用		34 000		680
专设销售机构耗用		53 000		1 060
设备技术改造工程	甲生产线	50 000		1 000
	乙生产线	42 000		840
设备大修理工程	子设备	8 000		160
	丑设备	6 000		120
车间扩建工程		120 000		2 400
合计		1 338 000	2%	26 760

根据这张材料成本差异分摊汇总表，编制会计分录如下：

借：基本生产成本——第一基本生产车间——A产品 4 500

——B产品 1 500

——C产品 8 000

辅助生产成本——模具车间——1号模具 120

——2号模具 480

——供电车间 4 200

——维修车间 960

制造费用——第一基本生产车间 260

——第二基本生产车间 400

——模具车间 80

管理费用 680

产品销售费用 1 060

在建工程——设备技术改造——甲生产线 1 000

——乙生产线 840

——设备大修理——子设备 160

——丑设备 120

——车间扩建 2 400

贷：材料成本差异——原材料 26 760

据此登记各生产成本费用账户和材料差异账户（见表3-14）：

表3-14　材料成本差异明细账

明细账户：原材料　　2003年10月

2003年		凭证号	摘要	借方	贷方		余额	
月	日			材料入库转入超支差异	材料入库转入节约差异	分摊发出材料成本差异	借或贷	金额
			月初余额				借	148 600
10	×	×	结转A材料差异	5 756.80				
10	×	×	结转B材料差异		6 140			

续表

2003 年		凭证号	摘要	借方	贷方		余额	
月	日			材料入库转入超支差异	材料入库转入节约差异	分摊发出材料成本差异	借或贷	金额
			本月形成差异额合计	7 450	76 050		借	80 000
10	31	×	结转发出材料分摊的材料成本差异			26 760	借	53 240
			本月合计	7 450	76 050	26 760		

如果该企业 2003 年 10 月 31 日确定的材料成本差异分配率为 −2%，其他资料与【例 3－8】一致。在这种条件下，分摊的各项差异均为节约差异，在表 3－15 中用负数表示。

表 3－15　材料成本差异分摊汇总表

材料用途＼项目		发出材料计划成本	差异率	发出材料应分摊的材料成本差异
第一基本生产车间	A 产品	225 000	－2%	－4 500
	B 产品	75 000		－1 500
	一般耗用	13 000		－260
第二基本生产车间	C 产品	400 000		－8 000
	一般耗用	20 000		－400
模具车间	1 号模具	6 000		－120
	2 号模具	24 000		－480
	一般耗用	4 000		－80
供电车间		210 000		－4 200
维修车间		48 000		－960
企业管理部门耗用		34 000		－680
专设销售机构耗用		53 000		－1 060

续表

材料用途 \ 项目		发出材料计划成本	差异率	发出材料应分摊的材料成本差异
设备技术改造工程	甲生产线	50 000		-1 000
	乙生产线	42 000		-840
设备大修理工程	子设备	8 000		-160
	丑设备	6 000		-120
车间扩建工程		120 000		-2 400
合计		1 338 000	-2%	-26 760

根据这张材料成本差异分摊汇总表，编制会计分录如下：

借：基本生产成本——第一基本生产车间——A 产品　4 500
　　　　　　　　　　　　　　　　　——B 产品　1 500
　　　　　　　　　　　　　　　　　——C 产品　8 000
　　辅助生产成本——模具车间——1 号模具　120
　　　　　　　　　　　　　　——2 号模具　480
　　　　　　　　——供电车间　4 200
　　　　　　　　——维修车间　960
　　制造费用——第一基本生产车间　260
　　　　　　——第二基本生产车间　400
　　　　　　——模具车间　80
　　管理费用　680
　　产品销售费用　1 060
　　在建工程——设备技术改造——甲生产线　1 000
　　　　　　　　　　　　　　——乙生产线　840
　　　　　　——设备大修理——子设备　160
　　　　　　　　　　　　　——丑设备　120
　　　　　　——车间扩建　2 400
　　贷：材料成本差异——原材料　26 760

据此登记各生产成本费用账户和材料成本差异账户（见表 3-16）。

表 3-16 **材料成本差异明细账**

明细账户：原材料 2003 年 10 月

2003 年		凭证号	摘要	借方	贷方		余额	
月	日			材料入库转入超支差异	材料入库转入节约差异	分摊发出材料成本差异	借或贷	金额
			月初余额				贷	148 600
10	×	×	结转 A 材料差异	5 756.80				
10	×	×	结转 B 材料差异		6 140			
			本月形成差异额合计	76 050	7 450		贷	80 000
10	31	×	结转发出材料分摊的材料成本差异			26 760	贷	53 240
			本月合计	76 050	7 450	26 760		

在按计划成本计价核算的情况下，用于专项工程的库存材料中已结转或已抵扣的增值税进项税，也应从进项税额中转出，计入专项工程的耗用材料成本，这已经在前一节叙述，此处不再重复。但须指出，在按计划成本计价核算的情况下，用来计算转出进项税额的，应该是耗用材料的实际成本，它包括计划成本和应分摊材料成本差异两部分。

第四节　委托加工物资的核算

制造企业采购的各种物资，一般情况下都可以直接用于产品生产和经营管理，有时也会有个别材料物资的品种规格不能满足生产的需要，且又受到本企业生产加工条件的限制，需要将库存的物资委托外单位加工后才能使用。发往外单位加工的物资，虽已离开本企业，但仍属于本企业所有的材料物资，在会计上仍要按照委托加工物资来核算。

一、委托加工物资的凭证

企业委托加工物资发出和收回都必须有健全的手续和制度。发出物资时，由企业的供应部门根据加工合同，填制专用的委托加工发料凭证，仓库审核后据以发料，收回加工完成的物资，应由供应部门填制收回入库凭证，由仓库验收入库。同时财务会计部门根据加工费结算凭证及委托加工物资收料单对收回加工完成的委托加工材料物资进行核算。委托加工材料物资出入库单格式见表3－17和表3－18。

表3－17　　委托加工物资出库单

年　　月　　日

委托加工单位：　　　　出库单号：

合同编号：　　　　发料库号：

发出物资编号	物资名称规格	计量单位	数量	单价	金额
制成物资编号	物资名称规格	计量单位	数量	单价	金额

制单人（签章）　　　　发料人（签章）

表3－18　　委托加工物资入库单

年　　月　　日

委托加工单位：

合同编号：

入库单号	加工制成物资编号	加工制成物资名称规格	计量单位	应收数量	实收数量	单价	金额

制单人（签章）　　　　发料人（签章）

二、委托加工物资核算

为了反映、监督委托加工物资业务，核算企业委托外单位加工各种物资的实际成本，企业应设置"委托加工物资"科目，对委托加工物资进行总分类核算。同时还应按加工合同和委托加工单位设置明细科目，进行明细核算，反映加工单位名称、加工合同号数、发出加工的材料物资名称、数量、成本，支付的加工费、运杂费，以及加工完成的材料物资的成本。

“委托加工物资”科目，用于核算企业委托外单位加工的各种物资的实际成本，借方登记企业发给外单位加工物资的实际成本（或计划成本及差异），以及支付的加工费、运杂费等；贷方登记加工完成并验收入库物资的实际成本。借方余额反映尚在加工中的各项材料物资的实际成本。

对于委托外单位加工物资时支付的增值税和消费税，应区别不同情况进行处理：

委托加工物资用于应交增值税项目并取得增值税专用发票的一般纳税人，其支付的增值税作为进项税额，不计入委托加工物资的成本。委托加工物资用于非应税项目，以及未取得增值税发票的一般纳税人和小规模纳税人，应将支付的增值税计入委托加工物资成本。

按照消费税的有关规定，如果委托加工物资属于消费税的应税消费品，收回委托加工物资时应当缴纳消费税（由受托的加工单位代缴）。委托方将加工的材料物资收回后，用于连续生产应税消费品的，所纳税款准予抵扣，记入“应交税费——应交消费税”科目借方。将来将应交消费税的委托加工物资连续生产完工后销售时，抵扣应缴纳的消费税。委托加工消费的应税消费品若加工后直接对外销售，不再征收消费税。应将收回委托加工物资时缴纳消费税计入委托加工物资成本。

【例3－9】某企业委托某公司加工材料一批（属于应税消费品）材料成本为43 000元，应付加工费2 000元，增值税340元，消费税税率10%，材料加工完毕验收入库，各项费用银行存款支付。会计处理如下：

（1）发出委托加工材料：

借：委托加工物资　　43 000

　　贷：原材料　　43 000

（2）支付加工费用，代扣消费税：

消费税的组成计税价格＝（43 000＋2 000）÷（1－10%）

　　＝50 000（元）

应缴消费税＝50 000×10%＝5 000（元）

若企业收回加工后的材料，用于连续生产应税消费品：

借：委托加工物资　　2 000

　　应交税费——应交增值税（进项税额）　　340

　　　　——应交消费税　　5 000

　　贷：银行存款　　7 340

若企业收回加工后的材料，直接用于出售：

借：委托加工物资　　7 000（5 000＋2 000）

应交税费——应交增值税（进项税额）　　340
　　贷：银行存款　　7 340

（3）加工完毕委托加工物资验收入库：

若企业收回加工材料用于连续生产应税消费品，则收回加工完成材料的成本是43 000 +2 000 =45 000元；

借：原材料　　45 000
　　贷：委托加工物资　　45 000

若企业收回加工后的材料直接用于出售，则收回加工完成材料的成本是43 000 +2 000 +5 000（支付给加工单位的消费税）=50 000元；

借：原材料　　50 000
　　贷：委托加工物资　　50 000

4

第四章

制造企业固定资产的核算

第一节 制造企业固定资产概述

一、固定资产定义与标准

固定资产是可供企业在几年甚至更长的时间内为生产产品和提供劳务服务，并保持其实物形态的劳动资料。

根据《企业会计制度》规定：企业使用期限超过 1 年的房屋建筑物、机器、机械、运输工具以及其他与生产、经营有关的设备、器具、工具等，均应作为固定资产；不属于生产经营主要设备的物品，单位价值在 2 000 元以上，且使用年限超过 2 年的，也作为固定资产。对于不符上述条件的劳动资料，企业应作为低值易耗品管理。

《企业会计准则——固定资产》将固定资产定义为有以下特征的有形资产：①为生产商品、提供劳务、出租或经营管理而持有；②使用年限超过 1 年；③单位价值较高。

从这一定义可以看出，固定资产的最基本特征是企业持有固定资产的目的是为了使用，而不是直接用于出售。对于固定资产的价值标准，企业可以根据固定资产的定义，结合本企业具体情况自行确定，但需要按管理权限，经股东大会或董事会或经理办公会或类似机构批准，一经确定不得随意变更。

二、固定资产的分类

制造企业固定资产的种类很多，情况比较复杂，为了加强对固定资产管理和核算，必须对固定资产进行恰当分类。固定资产可以从不同角度进行分类，如可以按经济用途和使用情况分类；也可按所有权关系进行分类。每一大类还可以分为若干明细类别。

制造企业固定资产分类一般是按经济用途和使用情况综合分为七大类：

1. 生产经营用固定资产，指直接参加企业制造过程或直接服务于制造过程的各种固定资产。

2. 非生产经营用固定资产，指不直接服务于制造过程的固定资产。

3. 出租固定资产，指出租给外单位使用的固定资产，所有权仍归企业。

4. 未使用固定资产，指尚未使用新增固定资产，因改、扩建、大修理及季节性原因而停止使用的固定资产。

5. 不需用固定资产，指本企业不需用，准备处理的固定资产。

6. 土地，指过去已经估价单独入账的土地（因征用土地而支付的补偿费，应计入与土地有关的房屋建筑物价值之内，不单独作为土地价值入账。企业取得的土地使用权作为无形资产核算）。

7. 融资租入固定资产，指企业以融资租售方式租入的固定资产。所有者属出租者，按照会计核算的“实质重于形式”原则，在租赁期内视同企业自有固定资产管理。

三、固定资产的入账价值

固定资产应按取得时的实际支出作为入账价值。取得时的实际支出是指固定资产达到预定可使用状态前的一切合理、必要支出。由于固定资产的取得方式不同，其入账价值的内容也有所不同，应根据具体情况分别确定。

1. 购入的固定资产。按实际支付的买价、包装费、运输费、运输途中保险费、安装费及交纳的相关税金等作为入账价值。

2008 年 11 月 5 日经国务院常务会议审议通过，并于 2009 年 1 月 1 日施行的《中华人民共和国增值税暂行条例》，实现了增值税由生产型向消费型的转换。允许企业抵扣购进、自建固定资产（不动产和应交消费税的固定资产除外）的进项税额。

2. 自行建造的固定资产，按建造该项资产达到预定可使用状态前所发生的全部支出作为入账价值。

3. 投资者投入的固定资产，按投资方确认的价值，作为入账价值。

4. 融资租入的固定资产，按租赁开始日租售资产的原账价值与最低租售费的现值两者中较低者，作为入账价值。如果融资租售资产占企业资产总额比例等于或小于30%的，从租赁日开始，也可按最低租售费，作为固定资产的入账价值。

5. 在原有的基础上进行改建、扩建的固定资产，按原固定资产账面价值加上由于改建、扩建而使该项资产达到预定使用状态前发生的支出减去改建、扩建过程中发生的变价收入和被替换设备的账面价值作为入账价值。

6. 企业接受的债务人以非现金资产抵偿债务方式取得的固定资产，或以应收债权换入固定资产的，按应收债权的账面价值加上应支付的相关税费，作为入账价值。涉及补价的，按以下规定确定受让的固定资产入账价值。

（1）收到补价的，按应收债权的账面价值减去补价，加上应去付的相关税费，作为入账价值。

（2）支付补价的，按应收债权的账面价值加上支付的补价和应支付的相关税费，作为入账价值。

7. 接受捐赠的固定资产，按所附单据确定的金额（没有所附单据的参照同类固定市场价值）加上企业接受固定资产时所发生的各项支出，作为入账价值。

8. 盘盈的固定资产，按同类或类似固定资产的市场价值减去按新旧程度估计的价值损耗后的余额，作为入账价值。

固定资产入账价值中还应包括为取得固定资产而交纳的契税耕地占用税、车辆购置税等相关税费。

已达到预定可使用状态但尚未办理竣工决算手续的固定资产，可先按估计价值入账，待确定实际价值后再进行调整。

第二节　固定资产增加的核算

企业固定资产增加渠道很多，如：购置的固定资产，自行建造的固定资产，投资者投入的固定资产，接受捐赠的固定资产等。企业应根据具体情况，分别进行会计核算。

一、外购固定资产

企业购置的固定资产应按实际支付的价款作为固定资产的入账价值。主要包括：买价、包装费、运输费、进口关税。对于需要安装的外购固定资产，还包括该项资产达到预定可使用状态前发生的相关支出。企业购进符合固定资产特征的机器、机械、运输工具及与生产经营有关的设备、工具、器具时，根据增值税专用发票记载的税额确认可抵扣的进项税额。支付的运费，按照运输费用结算单据注明的金额和7%的扣除率计算可抵扣的进项税额。企业外购的固定资产应借记“固定资产”或“在建工程”、“应交税费——应交增值税（进项税额）”科目，根据付款方式贷记有关资产或负债类科目。

【例4-1】某企业购入不需安装的设备一台，增值税专用发票注明的价款40 000元、税款6 800元，价款、增值税款合计46 800元，发生运费5 000元，取得运费发票。款项全部支付。账务处理如下：

可以抵扣的增值税 = 6 800 + 5 000 × 7% = 7 150（元）

固定资产入账价值 = 40 000 + 4 650 = 44 650（元）

借：固定资产	44 650	
应交税费——应交增值税（进项税额）	7 150	
贷：银行存款		51 800

【例4-2】某企业购入需要安装的设备一台，增值税专用发票注明的价款50 000元、税款8 500元，价税合计58 500元；发生运费2 000元，取得运费发票；安装费用800元，均以银行存款支付。设备安装完毕交付使用。账务处理如下：

（1）购入需安装设备、支付运费，根据发票等单据：

可以抵扣的增值税 = 8 500 + 2 000 × 7% = 8 640（元）

借：在建工程	51 860	
应交税费——应交增值税（进项税额）	8 640	
贷：银行存款		60 500

（2）支付安装费根据有关凭证：

借：在建工程	800	
贷：银行存款		800

（3）设备安装完工，交付使用，根据竣工决算手续：

借：固定资产	52 660	

贷：在建工程　　　　　　　　　　　　　　　　52 660

根据《增值税暂行条例》第十条的规定，企业取得用于非增值税项目、免征增值税项目、集体福利或个人消费的固定资产涉及的增值税不得抵扣，计入固定资产价值。

【例 4 -3】 某企业购入用于职工浴室的锅炉一台，价款 80 000 元，增值税 13 600 元，价税合计 93 600 元。用银行存款支付。根据合同，运费、安装费均由销售方承担。锅炉已于购入当天安装并交付使用。账务处理如下：

借：固定资产　　　　　　　　　　　　　93 600

　　贷：银行存款　　　　　　　　　　　　　　93 600

二、自行建造的固定资产

企业除了通过外购等方式取得固定资产外，还会根据需要自行建造固定资产。如自制的专用设备，生产流水线的安装等。自行建造固定资产，应先通过“在建工程”科目进行核算，待工程完工交付使用时再从“在建工程”科目转入“固定资产”科目。企业的自建固定资产由于实施方式不同，分为自营工程和出包工程两种。这里只介绍自营工程方式下的会计核算。

企业为核算采用自营方式建造的固定资产，应设置“工程物资”、“在建工程”等科目。

“工程物资”科目核算企业为自建工程更新改造工程，而购入的各项物资。借方登记企业外购工程物资的成本，外购时支付的增值税是否可以抵扣，取决于购建固定资产的性质和用途。贷方登记领用的工程物资，期末余额反映尚末领用的工程物资成本。

“在建工程”科目核算企业为自建工程、安装工程、更新改造工程等发生的实际支出及需要安装固定资产的价值。借方登记“在建工程”发生的各项支出，贷方登记已经完工交付使用的固定资产价值。余额反映尚未完工工程的实际支出。

【例 4 -4】 某企业采用自营方式上马一小型工程项目，包括房屋建筑和设备安装。

（1）企业为上马该项目，向银行借入到期还本、分期付息的两年期借款 100 000 元。账务处理如下：

借：银行存款　　　　　　　　　　　　　100 000

　　贷：长期借款　　　　　　　　　　　　　　100 000

（2）企业购入工程所需的建筑安装材料 72 000 元，增值税 12 240

元，款项用银行存款支付。账务处理如下：

借：工程物资　　84 240

　　贷：银行存款　　84 240

企业为固定资产工程购入的各种物资，应通过“工程物资”科目单独核算，为购、建不动产支付的增值税不能抵扣，计入工程物资成本。

（3）企业购入需要安装的设备一台，增值税专用发票中注明的价款56 000元，增值税9 520元，价税合计65 520元，用银行存款支付，设备交付安装。账务处理如下：

借：在建工程　　56 000

　　应交税费——增值税（进项税额）　　9 520

　　贷：银行存款　　65 520

购买机器设备支付的增值税可以抵扣。

（4）工程领用建筑安装用工程物资70 000元，账务处理如下：

借：在建工程　　70 000

　　贷：工程物资　　70 000

（5）建筑工程领用本企业生产用原材料10 000元。账务处理如下：

借：在建工程　　11 700

　　贷：原材料　　10 000

　　　　应交税费——增值税（进项税转出）　　1 700

企业将购入的原材料用于非应税项目其增值税进项税不允许抵扣，应做进项税额转出的核算。

（6）建筑工程领用本企业生产的产品一批，成本为12 000元计税价格20 000元。账务处理如下：

借：在建工程　　15 400

　　贷：库存商品　　12 000

　　　　应交税费——增值税（销项税额）　　3 400

企业将自产货物用于非应税项目，按计税价格计算应交增值税的销项税额，与产品成本一并转入“在建工程”科目。

需要注意的是：根据我国《增值税暂行条例》的规定，企业将外购或自产的存货用于建造不动产应分别进行“进项税转出”和“销项税额”的核算。根据我国《所得税实施条例》规定，企业将外购或自产的存货用于建造不动产属于企业内部资产价值的转移，相关资产的历史成本延续计算。不需要确认销售收入。

（7）分配工程人员工资10 000元，并按14%计提福利费。账务处理如下：

借：在建工程　　11 400

　　贷：应付职工薪酬——工资　　10 000

——福利费　　1 400

（8）计提工程应负担的长期借款利息5 000元：

借：在建工程　　5 000

　　贷：应付利息　　5 000

企业为建造固定资产发生的借款利息，在固定资产达到预定可使用状态之前应计入所购建的固定资产成本，其后发生的应计入期间费用。

（9）工程完工、已办理竣工决算手续并交付使用，工程成本为169 500元（56 000 +70 000 +11 700 +15 400 +11 400 +5 000）。账务处理如下：

借：固定资产　　169 500

　　贷：在建工程　　169 500

企业的“工程物资”也应定期进行清查，对于盘盈、盘亏的工程物资，在工程尚未完工时，应计入或冲减在建工程成本，对工程已经完工的，计入当期营业外收支。工程完工后剩余的工程物资，应根据具体情况尽快予以处理。

三、投资者投入的固定资产

根据《企业会计准则》企业收到投入者投入的固定资产，在办理了固定资产移交手续后，应按投资合同或双方协商确认的价值加上相关支出作为固定资产原值入账。借记“固定资产”或“在建工程”科目，贷记“实收资本”或“股本”科目。

【例4－5】某企业收到A公司投入的新设备一台，并取得增值税专用发票。专用发票中注明的价款100 000元，增值税17 000元。双方经协商同意按发票价格作为入账价值，账务处理如下：

借：固定资产　　100 000

　　应交税费——应交增值税（进项税额）　　71 000

　　贷：实收资本　　171 000

企业收到投资者投入的资本，应按投资合同或协议的约定计入“实收资本”，溢价部分计入“资本公积”。

四、接受捐赠的固定资产

企业接受捐赠的固定资产，应根据接受捐赠时捐赠者提供的有关凭证或同类资产的市场价格（重置价值）作为入账价值，如果接受捐赠时，企业还支付了相关费用，也应计入固定资产价值。借记“固定资产”或“在建工程”科目，贷记“营业外收入”等科目。接受捐赠的固定资产如果符合进项税抵扣条件并能取得增值税专用发票，其进项税额可以抵扣。

【**例 4－6**】某企业收到 B 公司捐赠的不需要安装的生产用设备一台，同时取得增值税专用发票一张，价款为 200 000 元，增值税 34 000 元。企业用银行存款支付装卸费费，包装费等 3 000 元。账务处理如下：

借：固定资产　　203 000
　　应交税费——应交增值税（进项税额）　　34 000
　贷：营业外收入　　234 000
　　　银行存款　　3 000

第三节　固定资产清理的核算

企业除了应当根据经营的需要购置或购建固定资产以外，还应该将那些已不适应本企业经营所需的固定资产售出，同时对因自然灾害或责任事故毁损；已到使用年限或因技术进步原因提前报废的固定资产也要及时处理。

企业为核算出售，报废、毁损等原因减少的固定资产，应设置“固定资产清理”科目。该科目借方登记转入清理固定资产的净值，清理过程中发生的各项支出。贷方登记清理过程中取得的各项清理收入，包括出售固定资产的价款，应由保险公司或责任人赔偿的损失及变价收入。正常经营期间固定资产清理后的净收益或净损失转作业外收入或营业外支出。

企业清理的固定资产只要尚未提足折旧，就会涉及增值税的核算。根据《关于全国实施增值税转型改革若干问题的通知》第五条规定：一般纳税人处置固定资产应区分不同情形征收增值税。处置 2009 年 1 月 1 日以前取得的固定资产，按照 4% 征收率减半征收（只能开具普通发票）。处置 2009 年 1 月 1 日以后取得的固定资产，按适用的增值税率征收（开具增值税专用发票）。小规模纳税人销售使用过的固定资产，无论何时购入均减按 2% 征收率征收增值税。本节例题，均假设为一般纳税人 2009 年 1 月 1 日以后购进或自建的固定资产。

一、出售的固定资产

【例4-7】某企业将一台不需要的设备出售，原值50 000元，已提折旧20 000元。售出该设备的增值税专用发票中售价20 000元、增值税3 400元，款项存入银行，清理费用1 000元，用银行存款支付。分录如下：

（1）转入清理：借：固定资产清理　　30 000
　　　　　　　　　累计折旧　　20 000
　　　　　　　　　贷：固定资产　　50 000

（2）支付清理费用：借：固定资产清理　　1 000
　　　　　　　　　　　贷：银行存款　　1 000

（3）取得清理收入、确认销项税额：

借：银行存款　　23 400
　贷：固定资产清理　　20 000
　　　应交税费——应交增值税（销项税额）　　3 400

（4）结转清理净损益：借：营业外支出　　11 000
　　　　　　　　　　　　贷：固定资产清理　　11 000

【例4-8】某企业出售办公楼一幢，原值为300万元，已提折旧100万元，售价280万元存入银行，营业税率为5%（不考虑城建税及教育费附加）编制会计分录如下：

（1）转入清理：借：固定资产清理　　2 000 000
　　　　　　　　　累计折旧　　1 000 000
　　　　　　　　　贷：固定资产　　3 000 000

（2）取得清理收入：借：银行存款　　2 800 000
　　　　　　　　　　　贷：固定资产清理　　2 800 000

销售不动产不涉及增值税核算

（3）计算应交营业税：280万×5%＝14万

借：固定资产清理　　140 000
　　贷：应交税金——应交营业税　　140 000

企业出售的是不动产，还应按规定的税率交纳营业税。

（4）结转清理净损益：借：固定资产清理　　660 000
　　　　　　　　　　　　贷：营业外收入　　660 000

二、报废的固定资产

固定资产报废，是指固定资产已经达到使用年限不能再继续使用，应当清理注销属于固定资产正常减少。报废的固定资产已经提足折旧，其账面价值等于预计的净残值，不涉及增值税的核算。

【例4-9】某企业生产车间一台设备，已到使用年限，经批准后报废，该设备原值为50 000元，已提折旧48 000元，清理过程中，支付清理费用2 000，残料作价3 000元入材料库。编制会计分录如下：

（1）转入清理：借：固定资产清理　　2 000
　　　　　　　　　累计折旧　　48 000
　　　　　　　　　贷：固定资产　　50 000

（2）支付清理费用：借：固定资产清理　　2 000
　　　　　　　　　　　贷：银行存款　　2 000

（3）残料入库：借：原材料　　3 000
　　　　　　　　　贷：固定资产清理　　3 000

（4）结转清理净损益：借：营业外支出　　1 000
　　　　　　　　　　　　贷：固定资产清理　　1 000

三、固定资产的非常损失

固定资产的非常损失，包括自然灾害导致的损失和管理不善造成的损失。其核算与固定资产报废基本相同，区别在于：自然灾害损失的固定资产以及管理不善造成的被盗、丢失、锈蚀损毁的固定资产，在清理过程中可能会有保险公司或责任人的赔款或残料的变价收入；根据《增值税条例实施细则》的规定，因管理不善造成的固定资产损失涉及的增值税进项税额不得抵扣。

【例4-10】某企业一台外购设备因保管不善被盗丢失，设备原值为200 000元，已提折旧60 000元。账务处理如下：

进项税转出数额 = 固定资产净值 × 适用增值税率
　　　　　　　= (200 000 - 60 000) × 17% = 23 800（元）

转入清理的数额 = 固定资产净值 + 进项税转出
　　　　　　　= (200 000 - 60 000) + 23 800 = 163 800（元）

（1）转入清理：借：固定资产清理　　163 800
　　　　　　　　　累计折旧　　60 000

贷：固定资产　　200 000
应交税费——应交增值税（进项税转出）
23 800

（2）结转清理净损益：借：营业外支出　　163 800
贷：固定资产清理　　163 800

第四节　固定资产折旧的核算

一、固定资产折旧概述

（一）固定资产折旧的意义

固定资产折旧是指固定资产在使用过程中因磨损而定期逐渐转移到产品成本或费用中的那部分价值。固定资产的损耗分为有形损耗与无形损耗两种，有形损耗是指固定资产在使用过程中由于使用和自然力的侵蚀引起的在使用价值和价值上的损失，所以也称为物质损耗。无形损耗是指由于科学技术进步等引起的固定资产价值损失。因此，固定资产的价值应在其使用期内，按其取得时的成本，分配计入各受益期间。固定资产的折旧实际上是一个固定资产成本分配过程，各种折旧的计算方法，实际上是把固定资产成本如何在各受益期间进行分配的方法。

（二）影响固定资产折旧的因素

为了确保企业将来有能力更新固定资产，同时把固定资产成本分配到各个受益期，企业必须在固定资产有效期内计提折旧。正确计算和提取折旧通常要考虑以下四个因素：

1. 计提折旧的依据。计算固定资产折旧一般依据固定资产原始价值，即固定资产账面余额。企业已入账的固定资产，除发生特殊情况外，其账面价值不得随意变动。企业在按月计提折旧时，是以月初固定资产账面原值为依据，这样，当期增加、减少的固定资产都不会对折旧额的计算产生影响。

2. 固定资产预计净残值。固定资产报废后，要发生一些清理费用，属于使用固定资产的一种必要追加费用。报废的固定资产还保持原有实物形态，企业可以出售或自用，即还有残余价值。固定资产净残值就是假设固定资产预计使用寿命已满，企业目前从该项资产处置中获得的扣除预计处置费用以后的金额。

3. 固定资产使用寿命。是指企业固定资产预计使用年限或预计生产能力，固定资产使用寿命直接影响各期计提的折旧额，会计准则要求企业根据自身情况合理确定固定资产使用年限，没有资产使用的法律限制。

4. 固定资产减值准备。是指固定资产累计计提的资产减值准备。

二、固定资产折旧方法

企业应当根据固定资产经济利益的预期实现方式选择折旧方法，可选用的折旧方法有平均年限法、工作量法、双倍余额递减法和年数总和法。固定资产折旧方法一经确定不得随意变更。

（一）平均年限法

平均年限法是根据固定资产应提折旧额，按使用年限平均计提折旧的方法。由于累计提取的折旧额呈直线上升的趋势，又称为直线法。计算公式如下：

$$固定资产年折旧额 = \frac{固定资产原值 \times (1 - 净残值)}{预计使用年限}$$

$$固定资产月折旧额 = 固定资产年折旧额 \div 12$$

在实际工作中，每月计提的折旧额是根据固定资产原值乘以月折旧率来计算的。固定资产折旧率是指一定时期内固定资产折旧额与固定资产原值之比，计算公式如下：

$$固定资产年折旧率 = \frac{固定资产年折旧额}{固定资产原值} \times 100\%$$

$$或 \quad = \frac{1 - 净残值率}{预计使用年限} \times 100\%$$

$$月折旧率 = 年折旧率 \div 12$$

$$月折旧额 = 固定资产原值 \times 月折旧率$$

在会计实务中，固定资产折旧率有个别折旧率、分类折旧率和综合折旧率之分。

(1) 个别折旧率——根据某项固定资产原值和预计使用年限计算确定的折旧率。

(2) 分类折旧率——按固定资产类别，分类计算平均折旧率。

(3) 综合折旧率——按全部固定资产计算的折旧率。

企业通常采用分类折旧率分类计提固定资产折旧。

【例4-11】企业某项固定资产原值20 000元，净残值率5%。预计使用年限为10年。则：

$$固定资产年折旧率=\frac{1-5\%}{10}\times 100\%=9.5\%$$

$$固定资产月折旧率=9.5\%\div 12=0.792\%$$

$$固定资产月折旧额=20\ 000\times 0.792\%=158.4\ (元)$$

（二）工作量法

工作量法是按固定资产所完成的工作量，计提折旧额的方法。这种方法适用于专用设备如：运输设备、建筑设备等。计算公式如下：

(1) 按行驶里程计算折旧的公式：

$$单位里程折旧额=\frac{固定资产原值\times(1-净残值率)}{规定的总行驶里程}$$

$$月折旧额=月内实际行驶里程\times 单位里程折旧额$$

(2) 按工作小时计算折旧的公式：

$$每小时折旧额=\frac{固定资产原值\times(1-净残值率)}{规定的总工作小时}$$

$$月折旧额=月内实际工作小时\times 每小时折旧额$$

(3) 按台班计算折旧的公式：

$$每台班折旧额=\frac{固定资产原值\times(1-净残值率)}{规定的总台班数}$$

$$月折旧额=月内实际完成工作台班数\times 每台班折旧额$$

【例4-12】某企业车队有卡车一辆，原值120 000元，规定总行驶里程60万公里，预计净残值率5%，当月行驶4 000公里。

$$单位里程折旧额=\frac{120\ 000\times(1-5\%)}{600\ 000}=0.19\ (元)$$

$$月折旧额=4\ 000\times 0.19=760\ (元)$$

采用工作量法计提折旧其优点是计算简单，并使折旧与固定资产使用结合起来，缺点是只考虑固定资产有形磨损，未考虑无形磨损对固定资产的影响。

（三）双倍余额递减法

双倍余额递减法是按直线折旧率的两倍计算折旧额的方法，采用这种方法计算固定资产折旧额，使用初期的每年折旧额要大于使用后期的每年折旧额，呈逐年递减趋势。加速了资本投资的收回，又称为加速折旧法，计算公式如下：

固定资产年折旧额 = 固定资产账面净值 × 双倍直线折旧率

$$双倍直线折旧率 = \frac{1}{预计使用年限} \times 2 \times 100\%$$

在计算直线折旧率时不扣除净残值。

【例 4－13】 企业某项固定资产原值为 5 000 元，预计使用年限为 5 年，净残值率 5%。计算折旧额如下：

折旧率 = 2/5 × 100% = 40%

第一年折旧额 = 5 000 × 40% = 2 000（元）

第二年折旧额 =（5 000 － 2 000）× 40% = 1 200（元）

其余各年以此类推。需要注意的是，由于采用双倍余额递减法计提折旧时，没有考虑净残值，在固定资产使用年限届满时，固定资产账面净值会不等于预计的净残值，为简化核算，制度规定采用双倍余额递减法计提折旧的固定资产应当在报废前两年改用平均年限法计提折旧。

在实际工作中采用双倍余额递减法计提折旧，通常是按年列表计算折旧额，作为计提折旧的原始凭证。折旧计算表格式如表 4－1 所示。

表 4－1 **折旧计算表**（双倍余额递减法）

年度	固定资产年初净值（元）	年折旧率	年折旧额（元）	累计年折旧额（元）	固定资产年末净值（元）
	1	2	3 = 1 × 2	4	5 = 1 － 3
1	5 000	40%	2 000	2 000	3 000
2	3 000	40%	1 200	3 200	1 800
3	1 800	40%	720	3 920	1 080
4	1 080		415	4 335	665
5	665		415	4 750	250

表中第四、五两年应提折旧额是按平均年限法计算的，其年折旧额为：

年折旧额 =（1 080 － 250）÷ 2 = 415（元）

（四）年数总和法

年数总和法又称合计年限法，也是加速折旧法的一种。它是以年数总和为基础，按尚可使用年数逐年递减计提折旧的方法。计算公式如下：

$$年折旧率 = \frac{折旧年限 - 已使用年限}{使用年限逐年数字之和} \times 100\%$$

$$= \frac{折旧年限 - 已使用年限}{1 + 2 + 3 + \cdots\cdots + n} \times 100\%$$

$$= \frac{折旧年限 - 已使用年限}{折旧年限 \times （折旧年限 + 1） \div 2} \times 100\%$$

年折旧额 =（固定资产原值 - 预计净残值）× 年折旧率

【例 4－14】 企业某项固定资产原值 5 000 元，预计使用 5 年，净残值率为 4%，采用年数总和法计提折旧，列表如表 4－2 所示。

表 4－2　　折旧计算表（年数总和法）

年度	原值减净残值（元）	年折旧率	年折旧额（元）	累计折旧额（元）	固定资产净值（元）
	1	2	3 = 1 × 2	4	5
					5 000
1	4 800	5/15	1 600	1 600	5 000
2	4 800	4/15	1 280	2 880	3 400
3	4 800	3/15	960	3 840	2 120
4	4 800	2/15	640	4 480	1 160
5	4 800	1/15	320	4 800	520

固定资产到期报废时，固定资产的账面净值 200 元，正好等于预计的净残值。

三、固定资产的折旧范围

根据《企业会计制度》的规定，下列固定资产应当计提折旧：房屋和建筑物、在用的机器设备、仪器仪表、运输工具、工具器具；季节性停用、大修理停用的固定资产；融资租入合经营租赁方式租出的固定资产。下列固定资产不计提折旧：房屋、建筑物以外的未使用、不需用固定资产；以提足折旧继续使用的固定资产；按规定单独估计作为固定资产入账的土地。

与《企业会计制度》相比，固定资产准则扩大了固定资产计提折旧的范围，规定除"已提足折旧继续使用的固定资产"和"按规定单独估价作为固定资产入账的土地"不提折旧外，企业应对所有固定资产计提折旧。固定资产准则之所以将"未使用、不需用的固定资产"也纳入折旧计提范围，目的在于：企业对未使用，不需用固定资产计提折旧，有利于促使企业充分利用固定资产，及时处置不需用固定资产。

四、固定资产折旧的总分类核算

为了核算固定资产的折旧，企业应该置“累计折旧”科目，该科目是“固定资产”科目的备抵科目，贷方登记按期计提的折旧额借方登记减少固定资产时的冲减的折旧。期末余额在贷方反映累计提取的折旧额。“累计折旧”科目，只进行总分类核算，无须进行明细核算，需要查明某项固定资产的已提折旧，可以根据固定资产卡片上所记载的该项固定资产原值，折旧率和实际使用年限等资料进行计算。

在实际工作中，折旧的计算是通过编制折旧计算表进行的。在上月份应计提折旧额基础上考虑上月份固定资产变动情况进行调整。计算公式如下：

本月应提折旧额 = 上月计提折旧额 + 上月增加固定资产应提折旧额 - 上月减少固定资产应提折旧额

【例 4 - 15】某企业在当年 10 月份根据固定资产使用情况，编制折旧计算表（如表 4 - 3 所示）。

表 4 - 3　　固定资产折旧计算表

年　月　　单位：元

使用部门	固定资产项目	上月折旧额	上月增加固定资产		上月减少固定资产		本月折旧额	分配费用
			原价	折旧额	原价	折旧额		
A 车间	厂房	3 000					3 000	制造费用
	机器设备	15 000					15 000	
	其他设备	1 000					1 000	
	小计	19 000					19 000	
B 车间	厂房	3 000					3 000	
	机器设备	12 000	100 000	500			12 500	
	小计	15 000	100 000	500			15 500	
C 车间	厂房	2 000					2 000	
	机器设备	14 000			40 000	1 000	13 000	
	小计	16 000					15 000	
厂部管理部门	房屋建筑物	1 200					1 200	管理费用
	运输工具	1 800					1 800	
	小计	3 000					3 000	

根据计算表编制会计分录：

借：制造费用——A车间　　19 000

　　　　　——B车间　　15 500

　　　　　——C车间　　15 000

　　管理费用　　3 000

　　贷：累计折旧　　52 500

第五节　固定资产的后续支出

固定资产的后续支出是指固定资产投入使用后，企业为确保固定资产持续正常使用或增加固定资产使用价值而发生的支出，如固定资产的修理支出、改建支出等。固定资产的后续支出，其处理原则为：支出符合固定资产确认条件的，计入固定资产成本；支出不符合固定资产确认条件的，计入当期损益。

一、资本化的后续支出

固定资产交付使用后，企业为了满足生产发展的需要可能会对固定资产进行改建或扩建。更新改造后的固定资产或延长了使用寿命或实质性地降低了产品成本、提高了产品质量、增加了产品数量，增加了固定资产的使用价值。企业进行固定资产更新改造发生的支出，符合资本化确认的条件应计入固定资产成本。

固定资产改扩建支出资本化后，会改变该项固定资产的原始价值、使用寿命及有关经济利益的预期实现方式，影响到原有的折旧方法。所以，当固定资产发生可资本化的后续支出时既改扩建期间，应停止计提折旧。

固定资产开始改扩建时，应将固定资产的原始价值、已提折旧和减值准备转销，固定资产的账面价值、发生的改扩建支出都计入“在建工程”科目，改扩建中如有被替换的设备，应将被替换部分的账面价值从“在建工程”科目中转出。工程完工并达到预定可使用状态时，再从“在建工程”科目转入“固定资产”科目。并重新开始计提折旧。

【例4－16】某企业为扩大生产规模，决定对一条生产线进行改造。该条生产线原值为468 800元、已提折旧140 640元、已提减值准备

28 160元、共发生改造支出240 000元，其中：应付职工薪酬80 000元，以银行存款支付160 000元。改造中被替换设备账面价值14 000元（原值20 000元、已提折旧6 000元），生产线改造完毕交付使用。账务处理如下：

（1）按账面价值转入“在建工程”：

账面价值＝468 800－140 640－28 160＝300 000（元）

借：在建工程　　300 000
　　累计折旧　　140 640
　　固定资产减值准备　　28 160
　　贷：固定资产　　468 800

（2）发生改造支出：借：在建工程　　240 000
　　贷：应付职工薪酬　　80 000
　　　　银行存款　　160 000

（3）转出被替换设备账面价值：

借：营业外支出　　16 380
　　贷：在建工程　　14 000
　　　　应交税费——应交增值税（进项税转出）　　2 380

已经处置的固定资产尚未提足折旧，应按账面价值（净值）和适用的增值税率计算不得抵扣的增值税。被替换设备的净值和不能抵扣的增值税一并转入“营业外支出”。本例进项税转出额＝14 000×17%＝2 380（元）

（4）工程完工交付使用：

改造后固定资产原值＝300 000＋240 000－14 000＝526 000（元）

借：固定资产　　526 000
　　贷：在建工程　　526 000

二、费用化的后续支出

固定资产交付使用后，由于故障或部分机件的严重磨损会丧失部分使用功能。为了保证生产经营活动的顺利进行，企业需要经常对使用中的固定资产进行维护和修理。但日常维修只能使固定资产已经丧失的功能得到恢复而并不增加固定资产的使用价值，企业为维护固定资产的正常运转和使用发生的各项支出不符合资本化的条件，应在发生时计入期间费用。一般情况下，企业生产车间和行政管理部门发生的修理费计入“管理费用”科目；企业专设销售机构使用的固定资产修理支出计入“销售费用”科目。

需要注意的是：企业发生的更新改造支出如果不能满足固定资产的确认条件，在发生时也应计入当期损益。

第五章 5

制造企业产品成本核算原理

第一节　制造企业生产过程与产品成本形成过程

一、生产费用和产品成本

制造企业的基本经济活动是生产并销售工业产品。与其他企业比较，生产工业产品是制造企业特有的经济活动。企业要生产产品，就要发生各种生产耗费。如在生产中发生的材料物资的耗费、机器设备的耗费以及人工的耗费等。因此，制造企业的产品生产过程，同时也是资产的耗费过程。对这一过程所进行的会计核算也包括两方面的内容，一方面是对耗费的核算；另一方面是对所生产的产品的成本的核算。

制造企业在产品的生产过程中发生的各种耗费被称为生产费用，根据会计准则中的费用分类原则，生产费用中并不包括企业在一般管理活动中发生的费用、销售产品活动中发生的费用以及取得和使用资本所发生的费用。制造企业会计将对生产费用的核算和对产品生产成本的核算称为成本核算。

制造企业成本核算的任务是：对生产费用进行合理的确认和正确的

计量，并对产品成本进行准确计算。

二、产品成本项目和生产费用要素

生产费用归集进入产品成本的方式是不同的。原则上说，主要的生产费用比较容易分辨，生产哪些产品而发生的费用可以采用直接计入产品成本的方式。其他的生产费用采用间接计入（即统一归集后再分配计入）产品成本的方式。这种生产费用归集进入产品成本的方式决定了我们应当要设置一些专门的产品成本项目如“直接材料”、“直接人工”、“燃料动力”、“废品损失”等。还要设置一些综合的产品成本项目以容纳那些不适宜直接计入产品成本的内容，这种综合性的项目一般称为“制造费用”。

在生产费用归入产品成本的过程中，因各类费用的经济性质不同，划分归集的方法也有所不同，必须分别进行分配和归集。生产费用按其经济性质的不同可分为材料费、燃料动力费、工资费、折旧费等，把生产费用按照经济性质不同所做的这种分类称为将生产费用按照费用要素分类。

三、制造企业的产品生产组织

制造企业的产品生产组织分为两类生产部门：一类生产部门进行商品产品生产，这类生产被称为基本生产；另一类生产部门为基本生产提供生产条件，如供电、供气、供水、提供生产工具、模具及维修服务等，这类生产称为辅助生产。每类生产以车间为基本生产单位，车间的设置和安排根据生产类型的工艺性质或技术性质来决定。

在产品的生产过程中，各个生产部门（车间）的协作关系也要取决于产品的工艺特点。由于各生产车间的生产技术、设备不同，生产加工的产品也不同，要根据生产车间的工艺特点、设备特点和产品的工艺特点安排各个车间进行各种产品的生产加工。工艺和结构简单的产品，经过一个生产车间的加工可以被制成成品，而工艺结构复杂的产品一般要经过几个生产车间的连续加工，才能被制成成品。在产品完成一个生产车间的生产或加工工序后，若尚未制成成品，处于这种生产加工阶段的产品被称做半成品。

随着专业化分工趋势的强化，产品生产过程中的一些工艺过程可能需要其他企业的协助。这时，产品会被送往其他企业进行加工，被称做委托外单位加工产品。在外单位加工完成后，再返回本企业继续进行生产加工。

辅助生产的组织方式类似于基本生产的组织方式。如生产工具、模具的生产车间根据各车间的生产设备和技术特点生产相应的工具或模具。一般来说，根据产品生产的不同需要，工具、模具的生产可能是单独一件工具或模具的生产，也可能是多件工具或模具的生产。而供电、供气或供水等辅助生产车间，生产的对象单一，生产组织相对简单。供电车间只提供电力、供气车间只生产蒸气等等。提供维修服务的辅助生产车间与上述两类辅助生产不同，它并不生产实物，而是为生产车间和管理部门提供劳务。

第二节　制造企业的成本计算对象

制造企业会计的主要目标是核算成本。于是，首要的一个问题就是解决究竟需要计算“什么东西”的成本。前已述及，制造业生产的对象包括作为商品的产品，即商品产品，还包括基本生产所必需的水、电、气和劳务等；而产品还可以根据其不同的加工程度分为完工的产品（即产成品）和半成品。于是，我们要计算的是商品产品的成本还是辅助生产产品的成本；是某一件产品的成本还是多件或一批产品的成本；是完工的产成品的成本还是某种半成品的成本。制造业成本计算工作首先要根据企业所生产的产品的生产特点以及企业成本管理的具体要求来确定我们要计算“什么东西”的成本，即以什么作为成本计算的对象。

制造企业的生产特点可分为生产产品的工艺特点以及生产组织特点两方面。

一、生产工艺特点

按照产品生产工艺过程的特点，可以分为单步骤生产和多步骤生产两种类型。单步骤生产，是指生产工艺不能间断的生产类型，或者由于生产场所的限制不便于分散在几个不同地点进行的生产。这类生产的生产周期较短，通常只需经过一个生产车间就能完成产品的生产，而不需要由几个生产工艺不同的车间协作完成。例如：铸件的熔铸、玻璃制品的生产、发电等都属于这种类型的生产。多步骤生产，是指由生产工艺可以间断的几个相对独立生产步骤组成的生产。它的生产过程可以分别在不同的时间、不同的地点进行；一般应该通过几个生产车间的协作，才能完成生产。这种类型的生产可以进一步分类为连续式的多步骤生产和装配式的多步骤生产。前者是指产品实体要连续地经过几个生产车间加工才能制成成品，如机械零件制造、纺织等。后者指产品实体系由若干部分组装而成，各个部分由几个生产车间分别加工，待各个部分（零部件）生产完工后，再进行组装（装配）而成为成品。这一类生产如机器或汽车的整机生产、自行车生产等。

二、生产组织特点

（一）生产组织类型与特点

按生产的组织特点分类，可以分为大量生产、分批生产和单件生产三种类型。大量生产，是指不断地重复生产同一种产品。在这种生产的企业或车间里，生产产品的品种少，而且稳定。例如冶金、纺织、酿酒、造纸等生产，都是这种类型的生产。分批生产，是指按照规定的产品批别和数量进行的生产。在这种生产的企业或车间中，生产产品的品种较多，而且这种生产往往是分批地重复。例如，某些机械零件的配套生产、模具或器具的配套生产，都是这种类型的生产。这种生产组织的分批，一般是按合同、订单来确定的。单件生产，是指按照使用单位的要求，生产个别的、性质特殊的产品，如大型机械、造船等。

（二）成本管理要求

除了上述生产特点影响成本计算对象的确定之外，成本管理的不同要求也会影响成本计算对象的确定。

首先，生产组织类型不同，成本计算的对象就会不同。在大量生产的情况下，由于产品生产连续不断地进行，大量生产着同一品种的产品，因而管理上一般只要求按照产品的品种计算产品成本。在分批生产的情况下，一批产品往往同时完工，因而有可能按照产品的批别归集费用，计算这批产品的成本。而且，一批产品往往是根据一个客户的一张订单安排的。因此，管理上一般只要求计算这批产品的成本。在单件生产情况下，生产的对象是一单独的对象，成本核算的对象当然也是这一单独产品的成本。

其次，生产工艺过程不同，成本计算对象也会不一样。在单步骤生产的情况下，生产工艺过程不可能或者不需要划分为几个生产步骤，因此，只要求按照产品品种计算产品成本。在多步骤生产的情况下，生产工艺过程是由几个可以间断的、分散在不同地点进行的生产步骤所组成的，为了控制整个生产过程，在成本管理上可能不仅要求按照产品品种计算成本，而且还要求按照生产步骤计算各个阶段完工的半成品的成本，或者要求计算组成成品的各种零部件的成本。

可见生产工艺过程的不同对于产品成本计算的影响是：单步骤生产只要求按照产品品种计算成本；多步骤生产则还可以要求按生产步骤计算产品成本。这说明生产工艺过程的不同从客观上影响着成本计算对象的确定。同时还必须注意到，影响成本计算对象的并非只是产品工艺过程这样一个客观因素，生产组织的特点以及管理要求也影响着成本计算对象的确定。

综上所述，根据生产特点和管理要求，确定制造业的成本计算对象一般会有下面三种结果：

1. 以产品的品种为成本计算对象。在这种情况下，我们计算的是一定品种一定数量的产品成本。

2. 以一批产品为成本计算对象。在这种情况下，我们计算的是这批产品的成本。

3. 以产品的生产步骤为成本计算对象。在这种情况下，我们不仅要计算各种产品的成本，而且要计算出各阶段完工半成品成本或各零部件成本。

第三节 制造企业成本核算的基本原理

根据以上两节关于制造企业产品生产组织、成本计算对象的确定原则以及生产费用分配和归集的一般原则，制造企业组织产品成本核算应当设置“基本生产成本”账户和“辅助生产成本”账户，分别用来归集生产商品产品发生的生产费用和进行辅助生产发生的费用。发生生产费用记在账户借方，计算出完工产品成本通过账户的贷方转出。还应当设置“制造费用”账户，发生费用记入该账户借方，费用被分配到各个成本计算对象后通过该账户贷方转出。“基本生产成本”账户和“辅助生产成本”账户应当按成本计算对象分设明细账。有时，还需要按照生产车间为“基本生产成本”账户分设明细账。

例如：某制造企业有两个基本生产车间，第一车间生产 A、B 两种产品，第二车间生产 C 产品；另有一生产模具的辅助生产车间，生产 1 号、2 号两种模具；还有一专门提供电力的辅助生产车间。这个企业的生产成本明细账就可以设置为：

基本生产成本——第一基本生产车间——A 产品
——B 产品
——第二基本生产车间——C 产品
辅助生产成本——模具车间——1 号模具
——2 号模具
——供电车间

“制造费用”账户须按车间分设明细账。这样设置明细账的原因是由于制造业一般按生产费用的发生地点对生产费用进行归集。在上述例子中，“制造费用”明细账户应设置为：

制造费用——第一基本生产车间
——第二基本生产车间
——模具车间
——供电车间

从上面设置制造费用明细账的例子中，我们发现了一个重要情况：供电车间的成本核算虽然设了“辅助生产成本”和“制作费用”两个账户，但我们前面已说明，供电车间的产品是单一的电力。于是我们自然主张：在这类生产单一产品的辅助生产车间可以不必设置制造费用账户，而将费用直接计入“辅助生产成本”账户。

基本生产账户的明细分类账户应使用多栏式明细分类账，按照成本项目设置专栏，如“直接材料”、“直接人工”、“燃料和动力”、“废品损失”以及“制造费用”等。采用直接计入方式计入产品成本的各类生产费用，直接计入“基本生产成本”或“辅助生产成本”各明细账户的相应成本项目内。在前述例子中，为生产 A、B 或 C 产品而发生的材料费用应该分别计入“基本生产成本——第一基本生产车间——A 产品、B 产品”以及“基本生产成本——第二生产基本车间——C 产品”各明细账户的“直接材料”项目内。生产上述三种产品的生产工人工资分别计入相应的“直接人工”项目内。类似地，辅助生产账户的明细分类账户应使用多栏式明细分类账，按照成本项目设置专栏，如“直接材料”、“直接人工”、“燃料和动力”、“废品损失”以及“制造费用”等。在上例中，生产 1 号模具、2 号模具而发生的材料费，应分别计入“辅助生产成本——模具车间——1 号模具、2 号模具”明细账户的“直接材料”项目内。

采用间接计入产品成本的各类生产费用，如固定资产折旧费、车间管理人员的工资以及生产车间一般耗用的材料费用等，要先记入“制造费用”账户，使各项费用在这个账户中进行归集。因此，制造费用明细账户也应当使用多栏式账，按照“一般耗用材料”、“车间管理人员工资”、“设备折旧费”、“房屋建筑物折旧费”、“物料消耗”、“设备维修保养费”、“照明费”、“车间办公费”等设置专栏。归集完毕之后，再把它们分配到各个成本对象中去。换句话说，这些间接计入的费用先在制造费用账户中归集，归集完毕之后，再分配结转到各“基本生产成本”明细账户或“辅助生产成本”明细账户中去，从而完成将生产费用向各成本对象归集的过程。

第四节　各类要素费用的核算方法

一、材料费的核算

（一）材料费的控制方法

生产过程中耗用的材料按用途可分为两类，一类是生产产品耗用，另一类是生产车间一般耗用。在会计核算中要以材料领用凭证作为消耗材料业务会计核算的原始凭证，以此来保证材料费用核算的合法性。对材料费进行会计控制的基本手段是生产领用材料要办理限额领料的批准手续。为了准确而严格地控制材料消耗，对产品耗用的材料以及经常使用的一般耗用的材料要制定消耗定额，根据消耗定额来控制材料的消耗量。材料领用和消耗业务，要用“限额领料单”来办理领料手续。

“限额领料单”一般是由生产调度部门根据产品生产合同单和产品的材料消耗定额核定编制的，作为材料费用的一个关键的控制手段。它是仓库和车间按计划限额控制发料、领料的一个凭证，因此它必须是分别按每种材料和用途来编制的。材料库与生产车间都以此作为发出材料和领用材料的手续，月末汇总出实发材料数量，据以进行发出材料核算和材料费用核算。

表 5－1　　　　　　　　　　　　**限 额 领 料 单**

领料车间：第一基本生产车间　　　　　　　　　　　　　　　　　　凭证编号：×××

生产用途：和产调度单×号　　　　　　200×年×月　　　　　　　　发料仓库：一号库

材料类别	编号	材料名称及规格	计量单位	限额	实际领用量	单价（元）	
有色金属	××	10mm 紫铜棒	公斤	100	99.4	500	
领料日期	实发数量	领料人签字	发料员签字	限额结余	退料		
					日期	退料数量	责任人签字
×××	80	×××	××	20			×××
×××	10	×××	×	10	×××	0.4	×××
			××		实际耗用情况		
×××	5	×××	×	5	数量	单价	成本
×××	4.4	×××		0.6			
			××				
			×				
			××				
			×				
合计	99.4			0.6	99.0	500	49 500

供应部门签章：　　　　　　　　　　　生产部门签章：　　　　　　　　　　　财务部门签章：

在生产过程中，对于超过限额的领料，必须严格控制。在追查并核实超过限额的原因和超额数量之后，经过生产部门和财务部门的批准，凭书面批准文件才可办理超限额领料。

限额领料单制度是实际工作中能够有效控制材料消耗量的一个重要会计控制手段。必须明确的是，限额是一种计划的形式。计划与实际之间的差异是客观存在的。因此，在实际工作中，严格执行限额领料单控制的情况下，当一批产品生产完工或一个生产阶段的生产完工后，仍然可能存在剩余的材料。这些剩余材料已经办理了领料手续，但并没有被消耗，一般放置在生产车间。为了准确地进行材料费用核算，这些没有被消耗的材料数量应该从已办理领用手续的材料数量中减掉，为此应办理“退料手续”。但考虑到这些剩余材料以后或下批生产还要耗用以及搬运造成的人力物力的消耗，材料实物并不需要动用人力物力搬运退库，而只需办理一个退料手续便可以完成材料实际消耗量的修正。这种退料手续被形象地称之为“假退料”。

（二）材料费计入各成本费用账户的过程

根据上述领料凭证，凡是构成产品实体或有助于产品实体形成并能直接确定归属对象的材料费，均应直接计入各生产成本明细账的“直接材料”项目之中。对于几种产品共同耗费的不能直接确定归属对象材料费，要选择适当的标准分配计入各生产成本明细账的“直接材料”项目之中。标准的选择应注意它的“比例性”。所谓“比例性”就是所选择的标准应用各个成本计算对象负担的费用保持正比例的关系。此外，标准的选择还应遵循简便的原则，选作分配标准的资料应当比较容易获得。现举例说明如下：

【例 5－1】某制造企业第一基本生产车间生产 A、B 两种产品，本月这两种产品共同耗用原材料紫铜棒 99 千克，每千克成本 500 元。按两种产品的生产量和消耗定额，A 产品生产 40 件，每件材料消耗定额 1.875 千克；B 产品生产 50 件，每件材料消耗定额 0.5 千克。要求按 A、B 两种产品定额消耗量比例将这两种产品共同消耗的材料费，在两种产品之间进行分配。

①待分配材料费：

99 ×500 =49 500（元）

②分配标准：

A 产品定额耗用量：40 ×1.87 =75（千克）

B 产品定额耗用量：50 ×0.5 =25（千克）

合计：100（千克）

③分配率：

材料费用分配率：$\frac{49\ 500}{100}$ =495（元/千克）

④分配额：

A 产品分配材料费：495 ×75 =37 125（元）

B 产品分配材料费：495 ×25 =12 375（元）

合计：49 500（元）

这个分配方法称为“定额比例法”。

至于生产车间一般耗用的材料，应首先归集进入发生地的车间“制造费用”明细账的“原材料”项目中，待制造费用归集完毕后，连同其他间接计入产品成本的费用一同分配计入各产品生产成本明细账的“制造费用”项目。

续【例 5－1】，如果第一基本生产车间生产管理耗用紫铜棒 0.5 千克，成本 250 元；供电车间设备维护耗用紫铜棒 0.5 千克，成本 250 元。连同上述 A、B 产品的耗料情况，编制会计分录为：

借：基本生产成本——第一基本生产车间——A 产品
37 125
——B 产品
12 375
辅助生产成本——供电车间　　250

制造费用——第一基本生产车间　　250
贷：原材料——有色金属——紫铜棒　　50 000

二、工资费用的核算

（一）工资的控制和计算

制造企业的工资费用采用考勤记录和产量记录进行控制。考勤记录是登记生产工人和车间管理人员出勤或缺勤情况的记录。它是计算确定工资的基本原始依据，一般由兼职的考勤员逐日登记，月末统计出每人的出勤和缺勤情况，作为计算工资的依据。产量记录是登记生产工人在出勤时间内完成产量和使用工时的原始记录。它是计算计件工资的依据，也是统计产量和工时的依据。考勤资料和产量资料是工资费用控制的原始资料。

制造企业采用计时工资制的，按考勤记录和每个工段或车间管理人员的月标准工资及各种津贴、补贴合计计算，作为月工资费用的总额；采用计件工资制的，按产量记录和单位产品工资额计算每种产品的月工资额。

根据国家的有关规定，除上述工资费用之外，制造业还应按工资额的一定比例提取职工福利费、职工养老保险金等工资附加费。其中按工资的 14% 提的职工福利费也应计入生产过程的工资费用。

（二）工资费用计入产品成本的不同方式

直接从事产品生产的工人工资，在实行计件工资制度下按产量和单件工资额计算的计件工资可以直接与相应的产品对应，直接计入该产品成本明细账的“直接人工”项目。在计时工资制度下，如果只生产一种产品，也可以将生产工人工资与产品直接对应，从而直接计入该产品成本明细账的“直接人工”项目；在一个基本生产车间同一个月内生产多种产品的情况下，还需要根据生产记录，采用适当的方法进行分配，然后再将分配到各种产品成本的工资额计入该产品成本明细账的“直接人工”项目。

从事车间管理工作的管理人员工资，其工资支出的效果不能与产品直接对应，因此在计入方式上采用间接计入。先将这部分工资在该车间“制造费用”明细账中的“工资费用”项目进行归集，然后再分配计入到产品成本明细账中去。

【例 5－2】承【例 5－1】。某制造业有两个基本生产车间，第一车间生产 A、B 两种产品，第二车间生产 C 产品；另有一生产模具的辅助生产车间生产 1 号、2 号两种模具；还有一专门提供电力的辅助生产车间。本月第一车间的生产工人计时工资共 20 000 元，车间管理人员工资 5 000 元；第二车间试行计件工资制，共生产合格 C 产品 400 件，单位计件工资 20 元，该车间管理人员工资 3 000 元。供电车间生产车间工人及管理人员工资共计 11 000 元。生产模具的辅助生产车间本月生产工人工资共计 5 000 元，该车间管理人员工资 2 000 元。

对于第一基本生产车间的 20 000 元生产工人工资，按在产记录在 A、B 两种产品之间进行分配。A 产品生产 40 件，耗用工时 7 000 个；B 产品生产 50 件，耗用工时 5 500 个。按工时的比例分配，结果是 A 产品分配工资 11 200 元，B 产品 8 800 元。第二车间生产的 C 产品工资额共计 400×20＝8 000 元；生产模具的辅助生产车间，根据两种模具所用的工时比例，计算得 1 号模具应分配工资 3 000 元，2 号模具应分配工资 2 000 元。

上述各个生产车间的管理人员工资应先计入车间的制造费用明细。而电力车间情况有所不同，由于它生产单一产品——电力，因此管理人员工资也无须分配，可直接计入产品成本。

综上所述，工资费计入产品成本的会计分录为：

借：基本生产成本——第一基本生产车间——A 产品　11 200
　　　　　　　　　　　　　　　　　　——B 产品　8 800
　　　　　　　　——第二基本生产车间——C 产品　8 000
　　辅助生产成本——模具车间——1 号模具　3 000
　　　　　　　　　　　　　　——2 号模具　2 000
　　　　　　　　——供电车间　11 000
　　制造费用——第一基本生产车间　5 000
　　　　　　——第二基本生产车间　3 000
　　　　　　——模具车间　2 000
　贷：应付职工薪酬　54 000

三、燃料动力费的核算

制造企业生产过程中可能要消耗各类燃油、煤、燃气和电力。如果企业设置了动力车间，这些燃料动力费用形成动力车间的生产费用，在将辅助生产费用向受益部门分配的时候分配到各个基本生产车间，然后再分配到生产车间所生产的各种产品；如果企业没有设置动力车间，这些燃料动力费就要直接计入各种产品的成本或各个车间的生产费用。

还以前面的【例5－2】为例，如果本月生产A、B产品分别消耗燃油1 000升和1 500升，单价2元，这些费用要被直接计入A、B产品的基本生产成本明细账的“燃料和动力”项目；又设本月电力车间耗电20 000度，单价0.6元，这些电力费，应计入电力车间辅助生产成本明细账的“电费”项目。编制会计分录为：

借：基本生产成本——第一基本生产车间——A产品　　2 000

——B产品　　3 000

贷：应付账款——应付××公司燃油款　　5 000

借：辅助生产成本——电力车间　　12 000

贷：应付账款——应付电力公司电费　　12 000

四、固定资产折旧费的核算

制造企业生产过程中的各项生产费用中，固定资产折旧费是重要的一项。它包括厂房的折旧和生产设备的折旧以及管理设备的折旧。

厂房的折旧以及管理设备的折旧按其作用而论，应该归为产品的生产费用，但这些费用与企业所生产的产品很难建立起一一对应的关系。因此，我们并不试图把这部分费用与产品一一对应起来。设备的折旧与厂房的折旧费与产品之间的关系也不相同，有些设备是通用的，它们与产品也没有一一对应的关系；而有些设备是专用的，它们与产品之间的对应关系容易确立。

尽管如此，成本计算的原则还是统一处理固定资产的折旧费与产品之间的关系，把折旧费作为间接计入生产成本的费用。提取折旧费时，先按折旧费发生地点在车间的制造费用明细账中进行归集。待分配制造费用的时候，固定资产的折旧费才最终进入产品成本。

五、其他生产费用的核算

除了材料费、工资费、燃料动力费、固定资产折旧等基本要素费用之外，在生产过程中还会发生其他一些费用，如低值易耗品的摊销、车间办公的费用、水费、支付外单位的修理费以及其他的一些零星发生的费用。

这些费用与基本的要素费用相比，数额较少，没有必要去进行繁琐的分配。因此在费用发生时首先把它们归集到发生地的车间制造费用账户中去，将来分配制造费用时再将它们计入产品成本。

第五节　辅助生产费用的分配

当生产过程的要素费用归集完毕之后，计算产品成本的程序将进入下一个阶段。这个阶段的任务选择将辅助生产车间的生产费用转移分配到基本生产车间的产品成本中去。这项工作分两种情况：

第一种情况，对于生产工具、模具、模型的那一类辅助生产，生产费用形成工具、模具或模型的生产成本。商品产品的生产过程需要使用这些工具、模具或模型，这些工具、模具或模型被消耗的同时，它们的成本一次或逐步地转移到商品产品的成本中去。

第二种情况，对于供电、供气、供水或提供修理劳务的一类辅助生产，它所提供的产品或劳务是单一的，应当按照使用这些电、气和劳务的情况分配辅助生产费用。我们把使用辅助生产车间提供的产品或劳务的部门称为受益部门，把使用辅助生产车间提供的产品或劳务的数量称为受益数量。因此，这一类辅助生产费用的分配原则是按照受益数量向各个受益部门分配费用，这就是这一节主要的内容——辅助生产费用的分配。

我们用一个具体的例子来说明辅助生产费用的分配方法。

【例 5－3】 某制造企业有供电、供气和修理三个辅助生产车间，200×年×月，各车间的生产费用和提供的产品、劳务情况如表 5－2 所示。

根据上述情况把三个辅助生产车间的生产费用分配到基本生产车间及其所生产的产品成本中去。

表 5－2　　某企业三个车间生产费用、产品、劳务情况

	生产费用	辅助生产车间相互提供产品、劳务								产品或劳务总量
		供电车间	供气车间	修理车间	A 产品	B 产品	第一基本生产车间	C 产品	第二基本生产车间	
供电车间	20 000 元		8 000 度	2 000 度	10 000 度	7 000 度	2 000 度		1 000 度	30 000 度
供气车间	11 000 元			16 000 立方米			20 000 立方米	50 000 立方米	10 000 立方米	96 000 立方米
修理车间	24 000 元	400 工时	200 工时				500 工时		100 工时	1 200 工时
合计	55 000 元									

第一种分配方法——代数分配法。

在分配辅助生产费用时，需要用到辅助生产车间所生产的产品或所提供劳务的单位成本，如每度电的成本、每立方米蒸汽的成本等。但是由于辅助生产车间之间相互提供产品或劳务，导致辅助生产的实际成本不简单地等于直接归集到各辅助生产车间的费用数，给分配工作带来一定困难。可以借用解代数方程的方法，设：每度电的成本为 x，每立方米蒸气的成本为 y，每个工时劳务的成本为 z。从而建立代数方程组：

$$20\,000+400z=30\,000x$$

$$11\,000+8\,000x+200z=96\,000y$$

$$24\,000+2\,000x+16\,000y=1\,200z$$

解出：$x=1$，$y=0.25$，$z=25$

即电每度 1 元，蒸气每立方米 0.25 元，修理劳务每个工时 25 元。

可据此编制分配表如表 5－3、表 5－4 所示。

表 5－3　　（一）交互分配

辅助生产车间	直接归集的费用（元）	交互分配的费用							交互分配后的实际费用（元）
		用量单位	电力车间		供气车间		修理车间		
			用量	金额（元）	用量	金额（元）	用量	金额（元）	
电力车间	20 000	度			8 000	8 000	2 000	2 000	20 000
供气车间	11 000	立方米					16 000	4 000	20 000
修理车间	24 000	工时	400	10 000	200	5 000			15 000
合计	55 000			10 000		13 000		6 000	55 000

表 5－4　　（二）对外分配

辅助生产费用	用量单位	A 产品		B 产品		C 产品		第一基本生产车间		第二基本生产车间		合计（元）
		用量	金额（元）	用量	金额（元）	用量	金额（元）	用量	金额（元）	用量	金额（元）	
电力费	度	10 000	10 000	7 000	7 000			2 000	2 000	1 000	1 000	20 000
蒸气费	立方米					50 000	12 500	20 000	5 000	10 000	2 500	20 000
修理费	工时							500	12 500	100	2 500	15 000
合计（元）			10 000		7 000		12 500		19 500		6 000	55 000

代数分配法科学、合理，费用分配得准确。可以作为分配辅助生产费用的基本方法。在实际工作中，会计人员对布列和求解代数方程可能不熟练，使得这种方法不能推广到每一个辅助生产费用分配的场合。

第二种分配方法——一次交互分配法。

分配辅助生产费用也可采用下面的分配方法。这种方法分两步进行，第一步进行辅助生产车间之间的交互分配：按照直接归集的费用计算，仍用【例 5-3】进行说明，各产品或劳务的单位成本为：

$$电力费单位成本=\frac{20\ 000元}{30\ 000度}=0.6667元/度$$

$$蒸汽费单位成本=\frac{11\ 000元}{96\ 000立方米}=0.1146元/立方米$$

$$修理劳务单位成本=\frac{24\ 000元}{1\ 200工时}=20元/工时$$

据此编制交互分配表如表 5-5 所示。

表 5-5　　　　（一）交互分配

辅助生产车间	直接归集的费用（元）	交互分配的费用							交互分配后的实际费用（元）
		用量单位	电力车间		供气车间		修理车间		
			用量	金额（元）	用量	金额（元）	用量	金额（元）	
电力车间	20 000	度			8 000	5 333.33	2 000	1 333.33	21 333.34
供气车间	11 000	立方米					16 000	1 833.33	18 500.00
修理车间	24 000	工时	400	8 000	200	4 000			15 166.66
合计	55 000			8 000		9 333.33		3 166.66	55 000

第二步将交互分配后的实际费用对外分配：

$$电力费单位成本=\frac{21\ 333.34元}{20\ 000度}=1.0667元/度$$

$$蒸气费单位成本=\frac{18\ 500元}{80\ 000立方米}=0.23125元/立方米$$

$$修理劳务单位成本=\frac{15\ 166.66元}{600工时}=25.277元/工时$$

可据此编制辅助生产费用分配表如表 5-6 所示。

表 5-6　　　　（二）辅助生产费用对外分配

辅助生产费用	用量单位	A 产品		B 产品		C 产品		第一基本生产车间		第二基本生产车间		合计（元）
		用量	金额（元）	用量	金额（元）	用量	金额（元）	用量	金额（元）	用量	金额（元）	
电力费	度	10 000	10 666.43	7 000	7 466.90			2 000	2 133.34	1 000	1 066.67	21 333.34
蒸气费	立方米					50 000	11 562.50	20 000	4 625.00	10 000	2 312.50	18 500.00
修理费	工时							500	12 638.90	100	2 527.76	15 166.66
合计（元）			10 666.43		7 466.90		11 562.50		19 397.24		5 906.93	55 000.00

这种方法将各辅助生产车间生产产品或劳务的费用先在辅助生产车间之间进行一次交互分配，再将交互分配后的费用对外分配。与代数分配法相比，分配方法直观易懂，不能理解和掌握代数方程解法的会计人员也可使用。但同时我们也看到了这种方法最终分配的结果与代数分配法相比有些差额，这实际上正反映了这种方法在交互分配时按照直接归集的费用计算没有考虑交互分配产品和劳务而出现的误差。不难理解，误差的大小取决于交互分配产品和劳务占辅助生产车间提供的全部产品和劳务的比重。交互分配部分的比重越大，则误差越大；反之，则误差越小。

第三种方法——直接分配法。

如果辅助生产车间之间相互之间不提供产品或劳务，或者相互之间虽然提供产品劳务，但数量较少。按照之前的分析，这时由于误差较小可以不进行交互分配而直接进行对外分配。这样可以明显地减少对费用进行计算分配的工作量。仍用【例 5－3】来说明（见表 5－7）。

$$电力费单位成本=\frac{20\ 000\ 元}{20\ 000\ 度}=1\ 元/度$$

$$蒸气费单位成本=\frac{11\ 000\ 元}{80\ 000\ 立方米}=0.1375\ 元/立方米$$

$$修理劳务单位成本=\frac{24\ 000\ 元}{600\ 工时}=40\ 元/工时$$

表 5－7　　　　直接分配法

辅助生产费用	用量单位	A 产品		B 产品		C 产品		第一基本生产车间		第二基本生产车间		合计（元）
		用量	金额（元）	用量	金额（元）	用量	金额（元）	用量	金额（元）	用量	金额（元）	
电力费	度	10 000	10 000	7 000	7 000			2 000	2 000	1 000	1 000	20 000
蒸气费	立方米					50 000	6 875	20 000	2 750	10 000	1 375	11 000
修理费	工时							500	20 000	100	4 000	24 000
合计（元）			10 000		7 000		6 875		24 750		6 375	55 000

在完成计算分配后，可编制分配辅助生产费用的会计分录（以上述代数分配的数额为例）：

交互分配：

①借：辅助生产成本——电力车间　　10 000
　　贷：辅助生产成本——修理车间　　10 000
②借：辅助生产成本——供气车间　　13 000

贷：辅助生产成本——电力车间　　　　　　　　8 000
　　　　　　　　——修理车间　　　　　　　　5 000

③借：辅助生产成本——修理车间　　　　6 000
　　贷：辅助生产成本——电力车间　　　　　　　　2 000
　　　　　　　　——供气车间　　　　　　　　4 000

对外分配：

①借：基本生产成本——第一基本生产车间——A 产品
　　　　　　　　　　　　　　　　　　10 000
　　　　　　　　　　　　　　　　——B 产品
　　　　　　　　　　　　　　　　　　7 000
　　制造费用——第一基本生产车间　　　2 000
　　　　——第二基本生产车间　　　1 000
　　贷：辅助生产成本——电力车间　　　　　　　20 000

②借：基本生产成本——第二基本生产车间——C 产品
　　　　　　　　　　　　　　　　　　12 500
　　制造费用——第一基本生产车间　　　5 000
　　　　——第二基本生产车间　　　2 500
　　贷：辅助生产成本——供气车间　　　　　　　20 000

③借：制造费用——第一基本生产车间　　　12 500
　　　　——第二基本生产车间　　　2 500
　　贷：辅助生产成本——修理车间　　　　　　　15 000

对于供电、供气、供水或提供修理劳务这一类辅助生产，月末辅助生产费用分配完毕后，各辅助生产账户的余额为零。辅助生产账户余额的这个特征与这一类辅助生产的生产特征是相一致的。

第六节　制造费用的分配

在辅助生产费用分配完毕之后，企业为生产产品而发生的全部生产费用集中记录在三类账户中，一是基本生产成本各账户，二是制造费用各账户，三是辅助生产成本中未完工的工具、模具等已发生并且完成归集的生产费用。这时，计算产品成本的程序将进入下一个阶段：我们应该把基本生产车间的制造费用账户中归集完毕的费用转到各基本生产成本明细账户中去，以完成生产费用的归集过程。

需要指出的是，这一阶段制造费用的分配，必须在辅助生产费用分配完毕之后方可进行，顺序不可颠倒。道理很清楚：辅助生产费用的分配要分配计入各制造费用明细账，而制造费用的分配在制造费用（间接计入费用）归集完毕后才能进行。

基本生产车间的制造费用应该在本车间所生产的各种产品之间进行分配。在基本生产车间只生产一种产品的情况下，制造费用应全部转入这种产品的生产成本明细账，不需要进行分配，在基本生产车间生产多种产品的情况下制造费用应采用适当的分配方法计入各种产品成本。

分配制造费用的方法很多，通常采用的方法有许多，如按生产各种产品的工时比例分配或按生产工人工资比例分配，也可按各种产品消耗的机器工时比例分配，等等。

一、生产工人工时比例法

这是按照各种产品所用生产工人实际工时的比例分配制造费用的方法。按照生产工时比例分配制造费用，可以将劳动生产率与产品负担的费用水平联系起来，使分配结果比较合理。生产工时是分配间接计入费用常用的分配标准之一，因而必须严格地组织产品生产工时的统计工作。

【例 5-4】 假设某制造业第一基本生产车间生产 A、B 两种产品。本月该车间制造费用 96 000 元，按生产工人工时比例分配，根据秤资料统计，本月 A 产品生产工时 7 600 工时，B 产品生产工时 4 400 工时。分配计算如下：

$$制造费用分配率=\frac{96\ 000}{7\ 600+4\ 400}=8\ （元/工时）$$

A 产品应分配制造费用 = 7 600 × 8 = 60 800（元）

B 产品应分配制造费用 = 4 400 × 8 = 35 200（元）

根据上述分配结果编制会计分录：

借：基本生产成本——第一基本生产车间——A 产品　60 800

——B 产品　35 200

贷：制造费用——第一基本生产车间　96 000

二、直接人工比例法

这是按照计入各种产品成本的生产工人实际工资的比例分配制造费

用的方法，由于各产品成本明细账的直接人工项目中已记录着该种产品本月生产工人实际工资额，因而采用这一分配方法十分便利。但是采用这一方法，要求各种产品生产的机械化程度应该相差不多，否则由于机械化程度高的产品工资费用相对较少，负担的制造费用也少，会影响费用分配的合理性。这是因为制造费用中包括不少与机械使用有关的费用，例如机器设备的折旧费、修理费、租赁费和保险费等；产品生产的机械化程度高，应该较多地负担这类费用而不应少负担。

如果生产工人工资就是按照生产工时比例分配计入各种产品成本的（本章第四节），那么，按照生产工人工资比例分配制造费用，实质上就是按照生产工人工时比例分配制造费用。

三、机器工时比例法

这是按照生产各种产品所用机器设备运转时间的比例分配制造费用的方法。这一方法适用于产品生产的机械化程度较高的车间。因为在这种车间的制造费用中，与机器的设备使用有关的费用比重较大，而这一部分费用与机器设备的运转时间有着密切的联系。采用这一方法的企业必须有完善的管理基础，可以提供各种产品所用机器工时的准确原始记录。

由于制造费用包括各种性质和用途的费用，为了提高分析结果的合理性，也可以先对制造费用加以分类。例如分为与机器设备使用有关的费用和管理组织生产而发生的费用等几类，分别采用适当的方法进行分配。如前者按机器工时比例分配，后者按生产工时比例进行分配，等等。

在完成了制造费用的分配之后，各生产车间制造费用明细账余额都应该成为零。但也存在一些特殊的情况，在这些情况下月末制造费用明细账仍留有余额。例如，在季节性生产的制造业中，由于原材料分季节供应，使得企业的产品生产显现明显的季节性。在没有产品生产的季节，生产车间不进行产品生产，因而没在生产产品的直接费用发生。但仍然要进行车间管理工作，因此部分车间管理的费用如管理人员工资，厂房及管理设备的折旧费、设备维修费、车间办公费等仍有发生，形成制造费用。由于这一阶段没有产品，因此制造费用的分配也就没有合理的依据。这一阶段的制造费用月末也不分配，仍以借方余额留在账户中，待到将来产品投入生产后，再按某种方法在本车间所生产的各种产品之间进行分配。

第七节 生产费用在完工产品与在产品之间分配

经过以上几节对生产费用的反复归集和分配，当月生产产品的生产费用已经通过多种途径、多个步骤，全部归集到各产品的基本生产成本明细账中。这些费用按照“直接材料”、“直接人工”、“燃料动力”、“制造费用”等各个成本项目分项列示，清楚地反映出这个月生产各种产品的生产费用的构成情况。至此，距离产品成本计算的完成只差一个步骤：将生产费用在完工产品与在产品之间进行分配。我们现在就进入产品成本计算程序最后的这个阶段。

与前面进行的各项归集分配工作相比，这一分配环节的分配工作更为艰巨。这是因为，我们面临的任务是将期初在产品成本与本期归集的生产费用这两项费用的和，分配为两个部分，即本期完工产品成本和期末在产品成本，但是对我们来说后二者都是未知的，而且两者还是相互依赖的，这就使我们的分配工作非常困难。

这一节所说的在产品，是指在某一生产加工过程尚未完工的产品，即所谓狭义的在产品；相对于狭义的在产品，广义在产品还要包含已完成某些阶段生产加工过程，但尚未制成完工成品的半成品。

一、几种特殊情形下的分配方法

由上面的说明，我们知道在生产成本明细账中记录的生产费用由月初在产品成本和本月归集的生产费用这两部分组成。而我们的任务是将它们分配为本月完工产品成本及月末在产品成本两部分。上述四个量的关系是：

月初在产品成本＋本月归集的生产费用＝本月完工产品成本＋月末在产品成本

在以下几种情形下，可以很简便地确定“本月完工产品成本”。

情形一：月末没有在产品或在产品数量很小。工艺简单并且工艺周期短的产品生产，当产品投入生产后，很快就制成成品，因此，月末一般没有在产品，或者月末仅有少量的在产品。既使不计算这些在产品成本，对完工产品成本的影响也很小，可以忽略。于是，在这种条件下，我们可以认为（或近似地认为）各月月末在产品成本是零。根据上面的等式，本月完工产品成本就等于本月归集的生产费用。

情形二：月末虽有在产品，但月末在产品数量稳定。在这种情形下，月末在产品成本虽不是零，但其数量稳定。因此，我们近似地认为：各月月末在产品数量是不变的，因而各月月末在产品成本是相同的。根据上面的反映产品成本等式，本月完工产品成本就等于本月归集的生产费用。这个方法的基本依据是可以近似地认为各月月末在产品数量不变。但近似地认为相等不是严格意义上的相等，为了防止由于在产品数量的逐渐变化而积累误差，一般应该在每年年末做一次在产品实地盘点。根据盘点结果，确定年末在产品的数量。年末在产品数量与年初在产品数量的差额所造成的本年度完工产品成本计算的误差，要按比例进行调整。

【例 5-5】某生产车间甲产品期末在产品数量稳定。年初实际盘点的在产品数量 100 件，在产品成本确定为 54 000 元。本年前 11 个月，每月月末都按 100 件在产品进行生产费用分配。12 月末，实地盘点该种产品在产品数量为 90 件，于是年末在产品数量按 90 件计算，在产品成本为：

$$54\ 000 \times \frac{90}{100} = 48\ 600 \text{（元）}$$

据此计算出 12 月份完工产成品的成本。

情形三：商品产品中材料费所占比重很大，而且材料在生产开始时已全部投入。

在这种情形下，月末在产品中的材料成本已经完整归集，另一方面，这类产品成本组成特点是材料费用所占比重很大，对于尚未完工的在产品而言，由于其他的生产费用尚未完全归集进入，从而材料费用所占比重更大。因此，可以近似地将材料成本作为在产品的成本。计算完工产品成本时，只需准确地盘点完工产品及在产品数量，归集时，直接材料项目的成本按在产品数量与完工产品数量的比例分配，在产品的直接材料项目成本即为月末在产品成本，从而可以确定本月完工产品成本。

【例 5-6】某生产车间乙产品成本中原材料成本比重较大。并且原材料在生产开始时一次全部投入。某月月末，经实地盘点，完工产成品 240 件，在产品 60 件。月初在产品成本及本月归集的生产费用如表 5-8 所示。

表 5-8　　乙产品生产成本明细账

摘　　要	直接材料	直接人工	制造费用	合计
月初在产品成本（40 件）	40 050			40 050
本月归集的生产费用	259 950	15 000	45 000	319 950
小计	300 000	15 000	45 000	360 000
月末在产品成本（60 件）	60 000			
本月完工产品成本（240 件）	240 000	15 000	45 000	300 000

$$直接材料分配率=\frac{40\ 050+259\ 950}{240+60}=\frac{300\ 000}{300}=1\ 000$$

在产品成本 = 在产品直接材料成本 = 1 000 × 60 = 60 000（元）

完工产成品成本 = 360 000 − 60 000 = 300 000（元）

分配结果已列示于生产成本明细账中。

情形四：在产品成本按定额成本或计划成本确定。

在成本定额管理比较健全的企业，有着完整的在产品的定额成本资料。类似地，在计划成本制度比较健全的企业，有着完整的在产品计划成本资料。经过多年管理工作积累的经验以及获得的数据，这些定额资料或计划资料经过反复修订，接近实际。在具备这种管理基础的企业里，可以按照期末在产品的定额成本或计划成本确定期末在产品成本，从而依据完工产品成本与期末在产品成本之间的数量关系计算出完工产品成本。

有些人认为，这种利用定额成本或计划成本来计算完工产品成本的方法是不正确的。理由是会计原则是应当根据实际发生的成本费用来计算产品成本，不应以定额成本、计划成本或估计成本作为完工产品成本。

但仔细分析一下我们会发现，这里提出的方法是以定额成本或计划成本作为期末在产品成本，而不是以定额成本、计划成本作为完工产品成本。众所周知，我们遵循不能以定额或计划代替实际的原则是因为实际与定额、计划会有差异，而会计核算的客观性原则要求我们必须反映出这种差异。按照这个观点分析我们提出的方法，会发现：当我们按照定额成本或计划成本确定月末在产品成本之后，完工产品成本等于期初在产品与本期生产费用之和减去以定额成本或计划成本确定的期末在产品成本，实际成本与定额成本或计划成本的差异被包含在完工产品成本中。因此，按照这种方法核算的完工产品成本完全符合会计上的客观性原则，是一种正确的成本核算方法。

二、约当产量法

将归集的生产费用在完工产品与期末在产品之间进行分配，如果没有前一段所述的特点，就不能使用前一段所述的各种简易计算方法。于是我们必须去找寻比较一般的方法。约当产量法便是最为普遍的一种方法。

（一）约当产量法的要点

约当产量法的要点是将月末在产品数量按照完工程度折算为相当于完工产品的数量，即所谓在产品的约当产量。这意味在承担某项生产费用的意义下，在产品以其约当产量与完工产品等同地承担该项费用。

（二）约当产量法的计算基础

不同产品的不同工艺特点决定的材料投料方式不同，我们将其大致分为两类，一类是在产品投入生产时材料就一次全部投入；另一类是随着产品加工的进程均衡地投入。因此，产品生产费用中的直接材料费用列入产品成本的方式也就相应地分成两类，一是在产品投入生产时直接材料费用全部计入生产成本；二是直接材料费用随着产品的加工进度均匀地计入产品成本。并且我们近似地认为直接人工、制造费用等项目的生产费用都是随着产品的加工程度均匀地计入产品成本的。这就为使用约当产量法提供了计算的基础。

（三）在产品约当产量的确定

在产品约当产量 = 在产品数量 × 在产品完工程度

其中，在产品数量要经过对在产品进行实物盘点来确定。在产品的完工程度原则上采用简便易行方法近似确定。属于简单生产的产品，我们假定生产加工过程是均衡的，处在各个加工阶段的在产品数量近似相同。因此，全部在产品的完工程度可平均按 50% 计算。

对于连续式复杂生产工艺生产的产品，产品需经过若干工序才能制成产成品。这时，在产品的完工程度必须按照工序分别测定。当然每个工序完工程度的测定方法也是近似的，在一道工序中尚未完工的在产品，这道工序的完工程度我们按照平均50%计算。而已完工的工序，我们可按照各工序的定额工时与完工产品的定额工时的比例来测定完工程度。

【例5－7】 某产品须经过三道工序才能制成成品。三道工序的定额工时依次为2.5、1和1.5工时。月末盘点在产品数量，第一工序尚未完工产品80件；第二工序尚未完工产品60件；第三工序尚未完工产品100件。计算各工序在产品完工程度及在产品约当产量。

$$第一工序在产品完工程度=\frac{2.5\times50\%}{2.5+1+1.5}=25\%$$

第一工序在产品约当产量＝ 80×25% ＝20（件）

$$第二工序在产品完工程度=\frac{2.5+1\times50\%}{2.5+1+1.5}=60\%$$

第二工序在产品约当产量＝ 60×60% ＝36（件）

$$第三工序在产品完工程度=\frac{2.5+1+1.5\times50\%}{2.5+1+1.5}=85\%$$

第三工序在产品约当产量＝100×85% ＝85（件）

三道工序在产品约当产量合计为：

25＋35＋85＝146（件）

（四）用约当产量法将生产费用在完工产品与在产品之间进行分配

1. 直接材料费用的分配按材料投入方式的不同分为以下两种情况：

（1）材料在产品投产时一次全部投入。这时，在产品与完工产品应等同地负担直接材料费：

$$单位完工产品应分配的直接材料费=\frac{直接材料费合计}{完工产品数量+在产品数量}$$

完工产品应分配的直接材料费＝完工产品数量×单位完工产品应分配的直接材料费

在产品应分配的直接材料费＝在产品数量×单位完工产品应分配的直接材料费

（2）材料随产品的加工过程均衡投入。这时，在产品按其约当产量与完工产品等同地分配直接材料费

$$单位完工产品应分配的直接材料费=\frac{直接材料费合计}{完工产品数量+在产品约当产量}$$

完工产品应分配的直接材料费＝完工产品数量×单位完工产品应分配的直接材料费

在产品应分配的直接材料费＝在产品约当产量×单位完工产品应分

配的直接材料费

2. 直接人工费的分配。

$$\text{单位完工产品应分配的直接人工费}=\frac{\text{直接人工费合计}}{\text{完工产品数量}+\text{在产品约当产量}}$$

完工产品应分配的直接人工费 = 完工产品数量 × 单位完工产品应分配的直接人工费

在产品应分配的直接人工费 = 在产品约当产量 × 单位完工产品应分配的直接人工费

3. 制造费用的分配。

$$\text{单位完工产品应分配的制造费用}=\frac{\text{制造费用合计}}{\text{完工产品数量}+\text{在产品约当产量}}$$

完工产品应分配的制造费用 = 完工产品数量 × 单位完工产品应分配的制造费用

在产品应分配的制造费用 = 在产品约当产量 × 单位完工产品应分配的制造费用

【例 5 -8】 某生产车间生产的产品，材料在该产品投入生产时就一次全部投入。月初在产品成本及本月发生的生产费用合计为直接材料 300 000 元，直接人工 120 000 元，制造费用 80 000 元。月末实际盘点，完工产品 240 件，在产品 160 件，在产品完工程度平均为 50%（见表 5 -9）。

在产品约当产量 = 160 × 50% = 80（件）

表 5 -9　　乙产品生产成本明细账

摘　　要	直接材料	直接人工	制造费用	合计
期初在产品成本及本月生产费用合计	300 000	120 000	80 000	500 000
完工产品 240 件成本	180 000	90 000	60 000	330 000
在产品 160 件成本	120 000	30 000	20 000	170 000

①单位完工产品应分配的直接材料费 $=\frac{300\ 000}{240+160}=750$（元），

完工产品应分配的直接材料费 = 240 × 750 = 180 000（元）；

在产品应分配的直接材料费 = 160 × 750 = 120 000（元）。

②单位完工产品应分配的直接材料费 $=\frac{120\ 000}{240+80}=375$（元），

完工产品应分配的直接材料费 = 240 × 375 = 90 000（元）；

在产品应分配的直接材料费 = 80 × 375 = 30 000（元）；

③单位完工产品应分配的直接材料费 $=\frac{80\ 000}{240+80}=250$（元），

完工产品应分配的直接材料费 $=240\times250=60\ 000$（元）；

在产品应分配的直接材料费 $=80\times250=20\ 000$（元）。

于是，经过上述分配，乙产品 240 件完工产品成本为 330 000 元，各成本项目构成情况见明细账，在产品 160 件成本为 170 000 元。

如果把上例中的材料投入方式改为：材料按产品的生产加工程度均衡投入。则在材料费用的分配方法上应改变为：

单位完工产品应分配的直接材料费 $=\dfrac{300\ 000}{240+80}=937.50$（元），

完工产品应分配的直接材料费 $=240\times937.50=225\ 000$（元）；

在产品应分配的直接材料费 $=80\times937.50=75\ 000$（元）。

于是，在这种投料方式下，分配结果如表 5－10 所示。

表 5－10　　　　乙产品生产成本明细账

摘　要	直接材料	直接人工	制造费用	合计
期初在产品成本及本月生产费用合计	300 000	120 000	80 000	500 000
完工产品 240 件成本	225 000	90 000	60 000	375 000
在产品 160 件成本	75 000	30 000	20 000	125 000

三、产品成本形成过程中的会计控制方法——实地盘存制

我们从上面完工产品成本的核算过程清楚地看到，期末完工产品以及在产品的实地盘存是一个关键环节。显而易见，如果完工产品数量或在产品数量盘点不准确，就不可能准确地核算出产品实际成本。

严密的产品实地盘存制度应包含这样几项基本内容：核对生产通知单与材料消耗记录、生产记录，落实产品的投产量、耗用材料数量、合格的完工产品数量、废品数量及在产品数量，并落实废品的责任人；车间内的完工半成品验收制度和领用制度；产品完工转出车间的转出记录制度。

产品实地盘存制度的执行人应该是生产车间的管理人员。由车间主任或段长、车间核算员、质量检验员组成工作组。首先核对某种产品或某批产品的生产通知单，对比材料领用记录，对比生产记录和产品收存、领发记录，推算各工位的完工产品数量、在产品数量；然后进行实地盘点。发现短缺应追查原因，并落实责任人的责任。

产品的实地盘存每月月末进行一次，月中可根据实际情况不定期地进行盘存。例如，当一批产品全部完工之时，要对这批产品的实际数量

进行及时盘点。盘点的各项记录要经责任人、负责人及经办人签字，整理后归入车间产品成本资料档案。它也是企业资产实物盘点基础资料的一个重要组成部分。

产品生产是制造业的核心业务，确保产品数量的准确无误是确保制造企业会计信息真实可靠的一个重要环节。

6

第六章

制造企业产品成本核算方法

第一节 品 种 法

一、概述

产品成本计算的品种法，是按照产品品种计算产品成本的一种方法。它适用于大量的，并且生产工艺为单步骤简单生产的产品成本计算。它的特点是按产品品种计算成本，在多步骤连续加工的复杂生产情况下，如果管理上并不要求分步骤计算产品成本，那么也可以按品种法计算产品成本。

品种法是成本计算方法中最重要的一种方法也是最基本的一种方法。本书将要讲述的分批法、分类法、分步法、定额法以及实际工作中采用的其他各种成本计算方法，都是在品种法的基础上衍生出来的方法。其中，分批法和分类法是对品种法的成本计算对象作了归并或分解而形成的成本计算方法；分步法是对各个加工阶段的产品反复多次使用品种法而形成的成本计算方法；而定额法则是将定额制度引入品种法而形成的成本计算方法。

在采用品种法计算产品成本的企业或车间里，成本计算对象即是所生产的各种产品的成本，需要按所生产产品的品种开设生产成本明细账。账内按“直接材料”、“直接人工”、“制造费用”等成本项目设置专栏。归集生产费用时，直接计入的材料费、工资费等将直接计入各品种的生产成本明细账中相应成本项目专栏；间接计入的费用先在制造费用账户归集再由制造费用账户分配计入到各品种的生产成本明细账的“制造费用”项目专栏。

月末，须采用一定的方法将月初在产品成本及本月归集的生产费用在月末在产品和本月完工产品之间进行分配。计算出本月完工产品总成本和本月完工产品单位成本。

如果在一个企业或一个车间中，所生产的产品是大量生产，生产工艺特点是单步骤简单生产，并且只安排生产单一品种产品，这时所有的生产费用都可以直接计入该产品的生产成本明细账；如果这种生产期末也没有在产品，满足上述各项条件的品种法被称为简单法。供电、供热、供水等辅助生产车间所采用的成本计算方法就是简单法。

二、品种法举例

【例 6－1】 假定某制造企业的一个基本生产车间大量生产 A、B 两种产品。其生产工艺过程是单步骤生产。根据生产特点及管理要求，采用品种法计算 A、B 两种产品的成本。

这个企业还设有供电和机修两个辅助生产车间，为基本生产车间提供生产所需的电力及修理劳务。

（一）为组织成本核算，需开设下列各账户

1. 基本生产成本——A 产品
　　　　　　　　——B 产品

在各账户中设“直接材料”、“直接人工”、“燃料动力”、“制造费用”等成本项目，设置专栏。

2. 辅助生产成本——供电车间
　　　　　　　　——机修车间
3. 制造费用——基本生产车间

（二）生产费用资料

2003 年 10 月生产部门下述的限额领料单通知，全月生产 A 产品 240 件，B 产品 400 件，两种产品实体均由某种规格的钢制板材形成。

月末材料领用汇总表显示A、B两种产品共耗用钢制板材100张，这些材料均是在产品投入生产时一次全部投入，钢制板材的实际单位成本3 000元。A产品单位消耗定额为50千克，B产品单位消耗定额10千克，本月这个基本生产车间生产工人工资共计120 000元，A产品实际生产工时6 000工时，B产品实际生产工时2 000工时，本月生产A、B两种产品共耗用电力20 000度，辅助生产车间转移到本车间的电力单位成本为1.5元/度。此外，本月基本生产车间的各项间接计入费用共计80 000元，已经在制造费用明细账中归集完毕。

（三）在产品成本资料

2003年10月初，A、B两种产品的基本生产明细账中的余额情况如表6-1、表6-2所示。

表6-1　　A产品基本生产明细账

摘要	直接材料	燃料和动力	直接人工	制造费用	合计
9月末在产品数量62件					
9月末在产品成本	57 800	5 000	20 000	15 000	97 800

表6-2　　B产品基本生产明细账

摘要	直接材料	燃料和动力	直接人工	制造费用	合计
9月末在产品数量100件					
9月末在产品成本	19 000	1 745	13 000	5 800	39 545

三、品种法的成本计算过程

（一）归集直接计入费用

前一章已述及，产品生产过程中发生的直接材料、直接人工、燃料动力等各项生产费用是直接计入费用，因为我们已经在生产成本明细账中为这几项生产成本开设了专栏，为直接将上述各项生产费用计入各种产品成本提供了必要的条件。

1. 原材料费分配计入A、B两产品成本。根据资料，首先按定额比例法分配A、B两种产品共同耗用的原材料——钢制板材。

定额耗用量：A产品：240×50=12 000（千克）

B产品：400×10=4 000（千克）

合计：16 000（千克）

$$分配率=\frac{300\times100}{16\ 000}=1.875\ （元/千克）$$

A 产品消耗的材料费 =12 000×1.875 =22 500（元）

B 产品消耗的材料费 =4 000×1.875 =7 500（元）

于是，按这个分配方案将材料费，计入 A、B 两种产品的在产成本明细账中的“直接材料”项目。会计分录为：

借：基本生产成本——A 产品　　22 500
　　　　　　　　——B 产品　　7 500
　贷：原材料——××钢制板材　　30 000

2. 燃料动力费分配计入 A、B 两产品成本。根据资料，本月生产 A、B 两种产品共发生电力费 20 000×1.5 =30 000 元，决定按两种产品生产工时的比例分配。

$$分配率=\frac{30\ 000}{6\ 000+2\ 000}=3.75\ （元/工时）$$

A 产品分配的材料费 =6 000×3.75 =22 500（元）

B 产品分配的材料费 =2 000×3.75 =7 500（元）

于是，按这个分配方案将电费计入 A、B 两种产品的生产成本明细账中“燃料和动力”项目。会计分录为：

借：基本生产成本——A 产品　　22 500
　　　　　　　　——B 产品　　7 500
　贷：辅助生产成本——供电车间　　30 000

3. 工资费分配计入 A、B 产品成本。根据资料，本月生产的 A、B 两种产品共发生直接生产人员工资（工人工资）120 000 元，决定按 A、B 两种产品的生产工时进行分配。

$$分配率=\frac{120\ 000}{6\ 000+2\ 000}=15\ （元/工时）$$

A 产品应分配工人工资 =6 000×15 =90 000（元）

B 产品应分配工人工资 =2 000×15 =30 000（元）

于是，按这个分配方案将生产工人工资计入 A、B 两种产品的生产成本明细账中“直接人工”项目。会计分录为：

借：基本生产成本——A 产品　　90 000
　　　　　　　　——B 产品　　30 000
　贷：应付职工薪酬　　120 000

（二）归集间接计入费用

根据【例 6－1】资料，生产 A、B 产品的基本生产车间本月共发生管理人员工资、固定资产折旧费、修理费以及车间办公费等80 000元。这些生产费用已经在发生之时按照费用发生地点归集到了这个基本生产车间的制造费用明细账中。现在，按照生产工人工时比例将这些费用在本车间生产的 A、B 两种产品之间进行分配。

$$分配率=\frac{80\ 000}{6\ 000+2\ 000}=10\ (元/工时)$$

A 产品应分配制造费用 = 6 000 × 10 = 60 000（元）

B 产品应分配制造费用 = 2 000 × 10 = 20 000（元）

按这个分配方案，将制造费用计入 A、B 两种产品的生产成本明细账中“制造费用”项目。

会计分录为：

借：基本生产成本——A 产品　　　　60 000

　　　　　　　　——B 产品　　　　20 000

　贷：制造费用——基本生产车间　　　　80 000

至此，基本生产车间的生产费用已向 A、B 两种产品归集完毕。

（三）生产费用在完工产品与在产品之间进行分配

月末，进行 A 产品和 B 产品的实地盘点。盘点结果是 A 产品完工合格品 200 件，在产品 100 件，在产品平均完工程度 50%；A 产品另有 2 件废品，属于不可修复废品，已将其残料作价 800 元入材料库。B 产品完工合格品 360 件，在产品 140 件，在产品平均完工程度为 50%。

现将 A、B 两种产品期初在产品成本和本月归集的生产费用情况，列示如表 6－3、表 6－4 所示。

表 6－3　　　　A 产品基本生产明细账

摘　　要	直接材料	燃料和动力	直接人工	制造费用	合计
月初在产品成本	57 800	5 000	20 000	15 000	97 800
归集直接材料费	225 000				225 000
归集电费		22 500			22 500
归集生产工人工资			90 000		90 000
分配制造费用				60 000	60 000
废品残料入库	800				800
合计	282 000	27 500	110 000	75 000	494 500
完工产品成本	188 000	22 000	88 000	60 000	358 000
月末在产品成本	94 000	5 500	22 000	15 000	136 500

注：A 产品月末完工产品 200 件、在产品 100 件

表 6－4　　**B 产品基本生产明细账**　　单位：元

摘　　要	直接材料	燃料和动力	直接人工	制造费用	合计
月初在产品成本	19 000	1 745	13 000	5 800	39 545
归集直接材料费	75 000				75 000
归集电费		7 500			7 500
归集生产工人工资			30 000		30 000
分配制造费用				20 000	20 000
合计	94 000	9 245	43 000	25 800	172 045
完工产品成本	67 680	7 740	36 000	21 600	133 020
月末在产品成本	26 320	1 505	7 000	4 200	39 025

注：B 产品月末完工产品 360 件、在产品 140 件

采用约当产量法将 A、B 两种产品的月初在产品成本和本月生产费用在完工产品和在产品之间进行分配。

1. A 产品：

在产品约当产量 = 100 × 50% = 50（件）

（1）单位完工产品直接材料成本 $=\dfrac{282\ 000}{200+100}=940$（元/件）

完工产品直接材料成本 = 940 × 200 = 188 000（元）

在产品直接材料成本 = 940 × 100 = 94 000（元）

注意：在计算单位完工产品直接材料成本时，采用 200 件完工产品与 100 件在产品等同地参与材料费用的分配，原因是在我们假设的这个生产过程中，原材料在生产一开始就全部投入，使得在产品在分配材料费时等同于完工产品。

（2）单位完工产品的燃料动力成本 $=\dfrac{27\ 500}{200+50}=110$（元/件）

完工产品燃料动力成本 = 200 × 110 = 22 000（元）

在产品燃料动力成本 = 50 × 110 = 5 500（元）

（3）单位完工产品直接人工成本 $=\dfrac{110\ 000}{200+50}=440$（元/件）

完工产品直接人工成本 = 200 × 440 = 88 000（元）

在产品直接人工成本 = 50 × 440 = 22 000（元）

（4）单位完工产品制造费用 $=\dfrac{75\ 000}{200+50}=300$（元/件）

完工产品制造费用 = 200 × 300 = 60 000（元）

在产品制造费用 = 50 × 300 = 15 000（元）

汇总 A 产品完工产品成本资料如表 6－5 所示。

表 6－5　　**A 产品完工产品成本资料**　　单位：元

成本项目 / 完工产品成本	直接材料成本	燃料和动力成本	直接人工成本	制造费用	合计
总成本 200 件	188 000	22 000	88 000	60 000	358 000
单位成本	940	110	440	300	1 790

2. B 产品：

在产品约当产量 = 140 × 50% = 70（件）

（1）单位完工产品直接材料成本 $=\dfrac{94\ 000}{360+140}=188$（元/件）

完工产品直接材料成本 = 188 × 360 = 67 680（元）

在产品直接材料成本 = 188 × 140 = 26 320（元）

（2）单位完工产品的燃料动力成本 $=\dfrac{9\ 245}{360+70}=21.5$（元/件）

完工产品燃料动力成本 = 21.5 × 360 = 7 740（元）

在产品燃料动力成本 = 21.5 × 70 = 1 505（元）

（3）单位完工产品直接人工成本 $=\dfrac{43\ 000}{360+70}=100$（元/件）

完工产品直接人工成本 = 100 × 360 = 36 000（元）

在产品直接人工成本 = 100 × 70 = 7 000（元）

（4）单位完工产品制造费用 $=\dfrac{25\ 800}{360+70}=60$（元/件）

完工产品制造费用 = 60 × 360 = 21 600（元）

在产品制造费用 = 60 × 70 = 4 200（元）

汇总 B 产品完工产品成本资料如表 6－6 所示。

表 6－6　　**B 产品完工产品成本资料**　　单位：元

成本项目 / 完工产品成本	直接材料	燃料和动力	直接人工	制造费用	合计
总成本 360 件	67 680	7 740	36 000	21 600	133 020
单位成本	188	21.50	100	60	369.50

至此，我们就完成了使用品种法计算 A 产品、B 产品成本的全部过程。

第二节　分　批　法

一、分批法概述

计算产品成本的分批法，是以产品批别为成本计算对象计算产品成本的一种方法。这种方法适用于小批订货的生产或单件订货的生产，如小批量的型号规格或花色品种较多的产品生产或大型产品的制造。

小批订货的生产，由于其生产量较小，一般在短时间内即可完成。这种批量产出的产品特点是型号规格或品种较多，很难按其中的各种产品作为对象来归集分配生产费用；从管理上看，一批产品往往是一个客户的订货，合同中往往只约定这批产品的货款、订货日期。因此，只要能为这批产品提供确切的成本资料就完全满足管理的要求。由于制造业每月月末要计算财务状况和经营成果，一批订货，倘若到月末尚未全部完工，由于此时并不能交货也不能取得收入，因此我们就将整个这批产品作为在产品，等到其全部完工后再确定完工产品成本并进行损益的核算。大型产品生产周期往往超过一年，在全部完工之前，根据管理上的需要决定是否要分期确认大型产品的收入和成本。成本核算的任务是以这一大型产品作为一单独的成本核算对象，归集各项费用。在大型产品全部完工前，一般不提出核算其在产品成本的要求。

二、分批法举例

以下我们举例说明用“分批法”对小批订货生产进行成本核算的过程。

【例 6－2】 某制造企业接受客户两个订货单：005 号订货单的货物为专用机械零件一批共 10 件，其中，H1 型 2 件、J1 型 3 件、H2 型 1 件、K2 型 4 件，合同价值共 57 000 元。008 号订货单的货物为专用模具一套共 6 件，其中 M1 型模具 3 件、M2 型模具 1 件、M3 型模具 2 件、合同价值共 183 000 元。这些机械零件和模具均要经过企业的几个不同的生产车间连续加工才能完成，属于连续式复杂生产的工艺类型，但生产组织方式为小批生产，并且管理上只要求提供某一订单的生产成本。

（一） 开设账户

企业为上述两批产品开设基本生产账户为：
基本生产成本——005 号订货单
基本生产成本——008 号订货单

（二） 生产费用资料

2003 年 10 月第一基本生产车间加工 005 号和 008 号订货单的产品发生的直接计入费用如表 6－7 所示。

表 6－7

	005 号	008 号
直接材料费	15 000 元	45 000 元
分配的直接人工费	4 000 元	12 000 元

第一基本生产车间 2003 年 10 月制造费用共 130 000 元，分配给 005 号订货单产品 13 000 元，分配给 008 号订货单产品 40 000 元。

2003 年 10 月，第二基本生产车间加工 005 号和 008 号订货单的产品发生的直接计入费用如表 6－8 所示。

表 6－8

	005 号	008 号
直接材料费	3 000 元	
分配的直接人工费	6 000 元	22 000 元

第二基本生产车间 2003 年 10 月制造费用共 150 000 元，分配给 005 号订货单产品 6 000 元，分配给 008 号订货单 25 000 元。

辅助基本生产车间——供电车间向基本生产车间提供电力，本月 005 号订货单产品受益电力 2 000 度，单价 0.8 元/度；008 号订货单产品受益电力 6 000 度，单价 0.8 元/度。

（三） 登记基本生产成本明细账

基本生产成本明细账如表 6－9、表 6－10 所示。

表 6－9　　基本生产明细账——005 号订货单

摘　　要	直接材料	燃料和动力	直接人工	制造费用	合计
第一基本生产车间材料费	15 000				15 000
第一基本生产车间工人工资			4 000		4 000
第一基本生产车间制造费用				13 000	13 000
第二基本生产车间材料费	3 000				3 000
第二基本生产车间工人工资			6 000		6 000
第二基本生产车间制造费用				6 000	6 000
供电车间电费		1 600			1 600
合　　计	18 000	1 600	10 000	19 000	48 600
完工产品成本	18 000	1 600	10 000	19 000	48 600

表 6－10　　基本生产明细账——008 号订货单

摘　　要	直接材料	燃料和动力	直接人工	制造费用	合计
第一基本生产车间材料费	45 000				45 000
第一基本生产车间工人工资			12 000		12 000
第一基本生产车间制造费用				40 000	40 000
第二基本生产车间工人工资			22 000		22 000
第二基本生产车间制造费用				25 000	25 000
供电车间电费		4 800			4 800
合　　计	45 000	4 800	34 000	65 000	148 800
月末在产品成本	45 000	4 800	34 000	65 000	148 800

注：供电车间为 005 号订货单产品提供的电力费：2000 × 0.8 = 1 600（元）

供电车间为 008 号订货单产品提供的电力费：6000 × 0.8 = 4 800（元）

（四）计算月末完工产品成本和在产品成本

月末实地盘点，005 号订货单产品已全部完工；008 号订货单产品完工程度约为 80%，根据成本管理的要求，将核算 005 号订货单的完工产品成本，而 008 号订货单记录的生产费用全部作为在产品成本（见表 6－11）。

表 6-11　　005 号订货单完工产品成本资料　　单位：元

成本项目 / 完工产品成本	直接材料	燃料和动力	直接人工	制造费用	合计
005 号订单总成本	18 000	1 600	10 000	19 000	48 600

第三节　分　步　法

一、概述

产品成本计算的分步法，是按照产品生产步骤计算产品成本的一种成本计算方法。它适用于大量多步骤复杂生产的产品成本计算，例如冶金、纺织、造纸以及大量生产的机械制造等。在这类企业中，产品生产可以分为若干个生产步骤连续地进行生产或者将组成产品的零部件分别独立地进行生产，例如纺织企业可以分为纺纱、织布、染整等生产步骤；造纸企业可分为制浆、制纸、包装等步骤；机械企业可以分为铸造、加工（加工又分为粗加工、精加工）、装配等步骤或是锻造（毛坯）、机械加工（冷加工）、焠火（热自理）、磨光等步骤；而且一台机械由多个零部件组装而成，每个零部件可以独立地、分别安排生产。这种生产类型的企业里，成本管理工作往往不仅要求按照产品品种计算成本，而且还要求按照生产步骤分别计算各个步骤的完工的产品成本，即各生产步骤完工半成品成本，用以考核和分析各种产品的成本情况或者为了在核算对外销售完工半成品的利润时与收入进行配比。

在采用分步法计算产品成本时，产品成本明细账应按照生产步骤和产品品种设立。在产品按照生产步骤设立，而完工产品成本按产品品种反映。

容易看出，分步法的产品成本明细账的设置情况与产品的实际生产步骤是一致的。不仅如此，各步骤的产品成本明细账的账务结转过程与实际生产过程中产品的转移过程也基本上同步。这正是会计核算反映制造业生产过程的典型表现。尽管如此，我们仍明确指出：产品成本计算过程与产品的实际生产过程并不完全相似。这是因为产品成本的计算程序受到成本管理的影响以及成本计算方法的影响。一方面，以成本管理的要求来说，产品成本明细账设置的分步与实际的生产步骤的安排不完全一致。如为了简化成本计算工作可以只对管理上有必要分步计算成本的生产步骤单独设立产品成本明细账，单独计算成本，而管理上不要求单独计算成本的生产步骤，则可与其他生产步骤设立生产产品成本明细账合并计算成本。例如，在按生产步骤设立生产车间的企业里，一般说来，分步计算成本也就是分车间计算成本。如果企业生产规模小，管理上不要求分车间计算成本，则可以将一种产品在几个车间的生产合并为一个步骤计算成本。相反，如果企业生产规模很大，一个生产车间内还可以划分为几个生产步骤，管理上又要求分步骤计算成本，这时，在车间内也需分步骤设立生产成本明细账。因此，分步计算成本与分车间计算成本有时并不相同。另一方面，成本计算的程序与产品的生产过程也存在差别，有的成本计算过程与生产过程极为相似。例如，按照逐步结转分步法计算产品成本，当产品完成一个生产步骤的生产而转移到下一生产步骤或进入半成品库后，该步骤的产品成本明细账中归集记录的成本也会同步地（但一般集中在月末进行）结转到下一生产步骤的生产成本明细账中或结转为库存半成品成本。而当产品最终生产完工验收入库，产品成本的计算也最终形成完工产品的成本而结转完工产成品成本；而若按照平行结转分步法计算产品成本成本则与产品的生产过程不同步。当生产过程完成了某一生产步骤，产品转移到下一步骤继续加工或转入半成品库时，这一步骤生产成本明细账中归集的产品成本并不进行相应的结转。而在月末，只将本月已全部完工的产品的成本结转为完工产品成本。

由于大量多步骤生产的产品往往需要数月才能陆续完工，因此，采用分步法计算产品成本，计入各种产品、各生产步骤成本明细账中的生产费用，大多要采用适当的分配方法在月末完工产品和月末在产品之间进行分配，才能计算出各种产品、各生产步骤完工半产品和在产品成本；然后按产品品种结转各步骤完工产品成本。

根据成本管理对于各生产步骤成本资料结转方式的不同要求，各生产步骤的成本结转分为“逐步结转”和“平行结转”两种。因此，成本计算的分步法也就分为“逐步结转分步法”与“平行结转分步法”两种。

二、逐步结转分步法

在采用分步法的大量生产而且多步骤连续式复杂生产的制造业中，由于下列需要，成本管理要求提供各个生产步骤的半成品成本资料：第一，各生产步骤的半成品不仅由本企业进一步加工，而且还经常作为商品产品对外销售。例如，钢铁企业的生铁、钢锭，纺织企业的棉纱等就是如此。为了与作为商品的完工半成品的销售收入配比，需要计算这些半成品的成本。第二，有一些半成品，为本企业多种产品所耗用。例如，造纸业的纸浆、机械零件制造业的铸件等就是如此，为了分别计算各种产品的成本，就要求计算这些半成品的成本。第三，在企业内部管理中，还需要分别按各个生产步骤来考核成本水平。例如，在实行责任中心制度的企业中，为了考核预算指标执行情况，需要考核各生产车间（单位）的生产成本。逐步结转分步法就是为了能够分步计算半成品成本而设计的一种分步法。

运用逐步结转分步法计算各生产步骤产品成本时，上一步骤的半成品成本，要从上一步骤的生产成本明细账转入下一步骤的生产成本明细账中，以实现逐步计算半成品成本和计算最后完工的产品成本的目的。在这个结转过程中，产品成本的结转要反映半成品实物的结转情况。作为实物的半成品在完成一个生产步骤的生产加工之后有两种处理方式，一种是将上一步骤完工的半成品转入半成品库，当下一生产步骤对这一产品的半成品继续加工时，再从半成品库中领出；二是将上一步骤完工的半成品，直接转入下一生产车间继续加工，不进入半成品库。与之相应，第一种情况下，上一步骤的完工半成品成本要先由上一步骤生产成本明细账中转入“自制半成品”明细账，下一步骤领出半成品时，再从“自制半成品”明细账转入下一步骤的生产成本明细账；而第二种情况则只需将完工半成品的成本由上一步骤生产成本明细账直接转入下一步骤生产成本明细账，分别如图 6－1、图 6－2 所示。

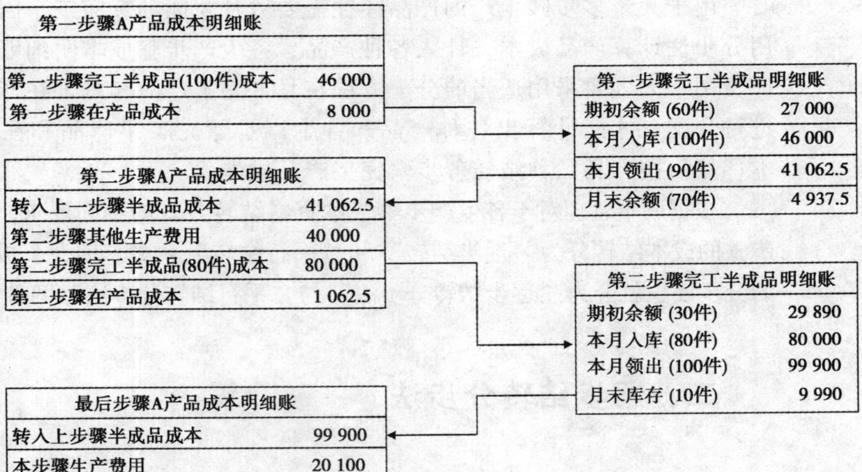

图 6－1　完工半成品进入半成品库

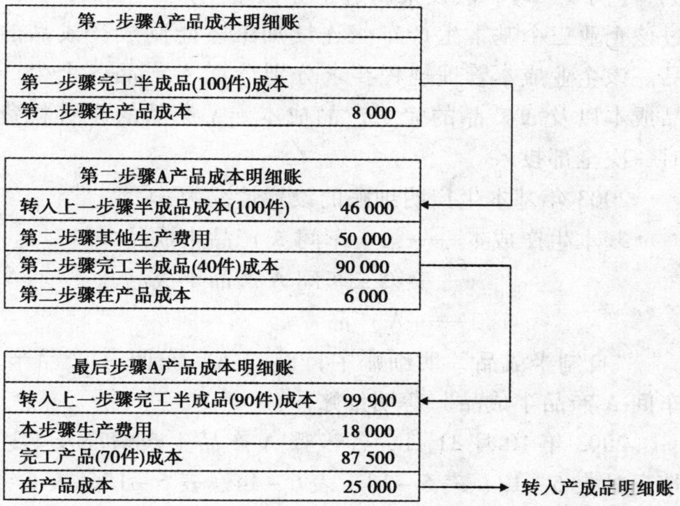

图 6－2　完工半成品直接转入下一生产车间

每月月末，包括耗用上一步骤半成品成本在内的各项生产费用在各步骤产品成本明细账中归集以后，如果既有本步骤完工半成品，又有加工中的在产品的话，则应将各步骤的生产费用采用适当的分配方法在其完工半成品与在产品（狭义在产品）之间进行分配。以便算出完工半成品成本。经过逐步结转，在最后一个步骤的产品成本明细账中，即可算出产成品的成本。由此可以看出，逐步结转分步法实际上是品种法多次接连的应用。即在采用品种法计算上一步骤的半成品成本以后，按照下一步骤的耗用数量转入下一步骤成本；下一步骤再一次采用品种法归集所耗用半成品的费用和本步骤发生的生产费用，计算其半成品成本；如此逐步结转，直至最后一个步骤算出产成品成本。

在实现成本结转的过程中，逐步结转分步法对结转半成品成本的成本项目记录方式又可分为“综合结转”与“分项结转”两种。

（一）综合结转

这种结转记录方式，是将各步骤生产成本明细账中的完工半成品成本，不划分各个成本项目，以综合成本的形式转入“自制半成品”明细账或直接转入下一步骤生产成本明细账中的专设“半成品”（或“原材料”）项目中。注意，这里所说的下一步骤生产成本明细账中的“半成品”（或“原材料”）项目，是登记上一步骤结转过来的半成品的综合成本的项目。

我们用一个例子说明这种分步法的结转过程。

【例 6-3】 假设某制造企业大量生产 A 产品，A 产品是一种须经过该企业三个基本生产车间连续加工才能制成产成品的工艺复杂的产品。该企业成本管理规程要求分别计算 A 产品各个生产步骤完工半成品成本以及 A 产品的完工产品成本。A 产品的原材料费用在产品投产时一次全部投入。

2003 年基本生产明细账的设置情况为：

基本生产成本——第一车间 A 产品半成品

——第二车间 A 产品半成品

——A 产品

“自制半成品”明细账中，设“第一车间 A 产品半成品”、“第二车间 A 产品半成品”等明细账户。

2003 年 10 月 31 日，各步骤 A 产品生产情况及上述各账户的余额情况见表 6-12、表 6-13、表 6-14、表 6-15、表 6-16。

表 6-12　　第一车间 A 产品半成品成本明细账

摘　要	产量（件）	直接材料	直接人工	制造费用	合计
月初在产品成本	60	6 000	3 000	3 000	12 000
本月生产费用	540	84 000	37 000	37 000	158 000
合计		90 000	40 000	30 000	170 000
转出完工半成品成本	500	75 000	35 000	27 500	137 500
月末在产品成本	100	15 000	5 000	2 500	22 500

表 6-13　　第二车间 A 产品半成品成本明细账

摘　要	产量（件）	半成品	直接人工	制造费用	合计
月初在产品成本	100	28 000	4 800	3 600	36 400
本月生产费用			40 000	30 000	70 000
上一步骤转入半成品成本	500				
合计					
转出完工半成品成本	520				
月末在产品成本	80				

表 6-14　　第三车间 A 产品半成品成本明细账

摘　要	产量（件）	半成品	直接人工	制造费用	合计
月初在产品成本	50	15 800	7 500	6 100	29 400
本月生产费用			46 000	26 000	72 000
上一步骤转入半成品成本	520				
合计					
转出完工半成品成本	500				
月末在产品成本	70				

表 6-15　　自制半成品——第一车间 A 产品半成品

摘　要	数量	成本
月初库存	100	30 500
本月入库	500	
本月出库	500	

表 6-16　　自制半成品——第二车间 A 产品半成品

摘　要	数量	成本
月初库存	80	34 600
本月入库	520	
本月出库	520	

用综合结转方法核算 A 产品各步骤半成品成本及完工产品成本如下：

1. 将第一车间完工的 500 件 A 产品半成品成本转入自制半成品明细账。

借：自制半成品——第一车间 A 产品半成品　　137 500

　　贷：基本生产成本——第一车间 A 产品半成品　　137 500

把这项业务登记“自制半成品——第一车间 A 产品半成品”明细账，该明细账情况变为表 6-17。

表 6-17　　自制半成品——第一车间 A 产品半成品

摘　要	产量	成本
月初库存	100	30 500
本月入库	500	137 500
合计	600	168 000
加权平均单位成本		280

2. 计算转入第二生产车间的“第一车间 A 产品半成品”500 件的成本为：

280 × 500 = 140 000（元）

结转成本的会计分录为：

借：基本生产成本——第二车间 A 产品半成品　　140 000

　　贷：自制半成品——第一车间 A 产品半成品　　140 000

将此项业务登记“基本生产成本”明细账以及“自制半成品”明细账后，第二车间 A 产品半成品成本明细账如表 6-18 所示。

表 6-18　　第二车间 A 产品半成品成本明细账

摘　　要	产量（件）	半成品	直接人工	制造费用	合计
月初在产品成本	100	28 000	4 800	3 600	36 400
本月生产费用			40 000	30 000	70 000
上一步骤转入半成品成本	500	140 000			140 000
合计	600	168 000	44 800	33 600	246 400
转出完工半成品成本	520	145 600	41 600	31 200	218 400
月末在产品成本	80	22 400	3 200	2 400	28 000

3. 计算出第二车间的完工 A 产品半成品 520 件，总成本 218 400 元，结转到“自制半成品——第二车间 A 产品半成品”明细账，会计分录为：

借：自制半成品——第二车间 A 产品半成品　　218 000

　　贷：基本生产成本——第二车间 A 产品半成品　　218 000

将此项业务登记“自制半成品——第二车间 A 产品半成品”明细账，该明细账情况变为表 6-19。

表 6-19　　自制半成品——第二车间 A 产品半成品

摘　　要	数量	成本
月初库存	80	39 600
本月入库	520	218 400
合计	600	258 000
加权平均单位成本		430

4. 计算转入第三生产车间的“第二车间 A 产品半成品”520 件的成本为：

430×520 = 223 600（元）

结转成本的会计分录为：

借：基本生产成本——A 产品　　223 600

　　贷：自制半成品——第二车间 A 产品半成品　　223 600

将此项业务登记“基本生产成本明细账”以及“自制半成品”明细账后，第三车间 A 产品成本明细账如表 6-20 所示。

表 6－20　　第三车间 A 产品半成品成本明细账

摘　　要	产量（件）	半成品	直接人工	制造费用	合计
月初在产品成本	50	15 800	7 500	6 100	29 400
本月生产费用			46 000	26 000	72 000
上一步骤半成品成本转入	520	223 600			223 600
合计	570	239 400	53 500	32 100	325 000
转出完工半成品成本	500	210 000	50 000	30 000	290 000
月末在产品成本	70	29 400	3 500	2 100	35 000

5. 至此，计算出完工 A 产品 500 件总成本为 290 000 元，成本资料汇总如表 6－21 所示。

表 6－21　　A 产品完工产品成本资料　　单位：元

成本项目 / 摘要	原材料	直接人工	制造费用	合计
总成本（200 件）	210 000	50 000	30 000	290 000
单位成本	420	100	60	580

自制半成品明细账余额如表 6－22、表 6－23 所示。

表 6－22　　自制半成品——第一车间 A 产品半成品

摘　　要	数量	成本
月初库存	100	30 500
本月入库	500	137 500
本月出库	50	140 000
月末库存	100	28 000

表 6－23　　自制半成品——第二车间 A 产品半成品

摘　　要	数量	成本
月初库存	80	39 600
本月入库	520	218 400
本月出库	520	223 600
月末库存	80	34 400

如果一个生产步骤完工后，完工半成品直接转入下一生产步骤，不进入半成品库，则综合结转分步法的成本核算过程如下：

1. 将第一车间完工的 500 件 **A** 产品半成品成本转入“第二车间 **A** 产品半成品”成本明细账：

借：基本生产成本——第二车间 **A** 产品半成品　　137 500

　　贷：基本生产成本——第一车间 **A** 产品半成品　　137 500

把这项业务登记“基本生产成本——第一车间 **A** 产品半成品”和“基本 **A** 产品半成品”明细账后，该明细账情况变为表 6－24。

表 6－24　　第二车间 A 产品半成品成本明细账

摘　　要	产量（件）	半成品	直接人工	制造费用	合计
月初在产品成本	100	28 000	4 800	3 600	36 400
本月生产费用			40 000	30 000	70 000
上一步骤转入半成品成本	500	137 500			137 500
合计	600	165 500	44 800	33 600	243 900
转出完工半成品成本	520	143 440	41 600	31 200	216 240
月末在产品成本	80	22 060	3 200	2 400	27 660

2. 计算出第二车间的 A 产品半成品 520 件总成本 216 000 元，结转到“基本生产成本——A 产品”成本明细账，会计分录为：

借：基本生产成本—A 产品　　216 000

　　贷：基本生产成本——第二车间 A 产品半成品　　216 000

将此项业务登记“基本生产明细账”后，第三车间 A 产品成本明细账变为表 6－25。

表 6－25　　第三车间 A 产品半成品成本明细账

摘　　要	产量（件）	半成品	直接人工	制造费用	合计
月初在产品成本	50	15 800	7 500	6 100	29 400
本月生产费用			46 000	26 000	72 000
上一步骤转入半成品成本	520	216 240			216 240
合计		232 040	53 500	32 100	317 640
转出完工半成品成本	500	203 500	50 000	30 000	283 500
月末在产品成本	70	28 540	3 500	2 100	34 140

3. 至此，计算出完工 A 产品 500 件总成本 283 500 元，成本资料如表 6－26 所示。

表 6－26　　**A 产品完工产品成本资料**　　单位：元

成本项目 完工产品成本	原材料	直接人工	制造费用	合计
总成本（500 件）	203 500	50 000	30 000	283 500
单位成本	407	100	60	567

从以上综合结转分步法的计算过程可以很清楚地看到：如果某一步骤完工半成品先入半成品库，下一步骤继续对该半成品加工时须从半成品库中领出，成本核算应当反映入库和出库的过程。由于半成品库初期初库存的影响，入库半成品的单位成本一般与出库半成品的单位成本不同。出库半成品的数量与入库的半成品的数量也可以不同，如果上一步骤的完工半成品不经过半成品库，直接进入下一生产步骤继续加工，这时上一步骤的完工半成品成本直接转入一下步骤的基本生产明细账。

综合结转的特点：

第一，核算比较简便。按综合半成品成本结转完工半成品成本，无论是登记自制半成品明细账，还是登记基本生产成本明细账，都比较简便。

第二，便于进行各生产部门的成本考核。在综合结转的方式下，成本资料中的本部门完工半成品与相邻工序发生的成本分别记录在不同的成本项目中，因此可以清楚地划分开，有利于考核分析各生产部门的成本预算执行情况以及评价各成本中心的责任。

第三，完工产品成本构成中，原材料这一项目的内容实际上是综合成本，包含着除最后一个生产步骤以外其余各生产步骤的直接材料、直接人工以及间接计入成本核算对象的各项费用。因此，完工产品成本资料不能反映完工产品成本的真实构成情况。这是综合结转分步法的一个重大缺陷。

为了克服综合结转分步法的这一缺陷，人们想了很多的办法。最有效的一个就是对完工产品成本中的综合半成品成本项目进行成本还原。

成本还原的基本原理是：从最后一个生产步骤的成本资料开始，把各步骤耗用上一步骤半成品的综合成本进行分解，还原为“原材料”、“直接人工”、“制造费用”各项，从而得到按原始（真实）成本项目反映的完工产品成本资料。这里的关键问题是，依据什么进行半成品综合成本的分解？比较合理的分解依据是本月各生产步骤生产的完工半成品的成本结构。

以上例（完工半成品进入半成品库的情况）资料演示综合半成品成本的还原过程，如表 6－27、表 6－28 所示。

表 6－27　　完工产成品成本还原计算表

A 产品　　单位：元

项目	产量（件）	第二车间半成品	第一车间半成品	原材料	直接人工	制造费用	合计
还原前完工产成品成本	500	210 000			50 000	30 000	290 000
本月第二车间完工半成品成本	520		145 600		41 600	31 200	218 400
第二车间半成品成本还原值		-210 000	140 000		40 000	30 000	
按第二车间成本项目还原	500		140 000		90 000	60 000	290 000
本月第一车间完工半成品成本	500			75 000	35 000	27 500	137 500
第一车间半成品还原值			-140 000	76 364	35 636	28 000	
按第一车间成本项目还原	500			76 364	125 636	88 000	290 000

$$第二车间半成品成本还原率=\frac{210\ 000}{218\ 400}=0.9615384$$

$$第一车间半成品成本还原率=\frac{140\ 000}{137\ 500}=1.0181818$$

表 6－28　　还原后完工产品成本资料

A 产品　　单位：元

成本项目 / 完工产品成本	产量（件）	原材料	直接人工	制造费用	合计
完工产品总成本	500	76 364	125 636	88 000	290 000
完工产品单位成本		152.73	251.27	176	580

我们看到，经过成本还原的 A 产品完工产品成本资料按照其原始的成本构成情况反映出各成本项目构成。尽管成本还原的原理是依据本月各步骤完工产品成本结构，是一种近似的分解，但对于一般的成本管理要求来说，其准确程度是足够的了。

（二）分项结转

这种结转记录方式，是将各步骤生产成本明细账中的完工半成品成本，按照“直接材料”、“直接人工”、“制造费用”等成本项目分别转入“自制半成品”明细账或转入下一步骤生产成本明细账的对应项目中的结转方法。

仍然以刚才计算成本的那个例子来说明分项结转分步法的结转过程。

2003 年 10 月 31 日，各步骤 A 产品生产情况及各账户余额情况大部分与综合结转分步法时的情况相同，期初成本资料稍有变化，在以下分别说明。

1. 将第一车间完工的500件A产品半成品成本转入自制半成品明细账：

借：自制半成品——第一车间A产品半成品　　137 500

　　贷：基本生产成本——第一车间A产品半成品　　137 500

把这项业务登记入“自制半成品——第一车间A产品半成品”明细账（注：月初库存是本例提供的资料），登记后的情况为表6-29。

表6-29　　自制半成品——第一车间A产品半成品

摘　要	产量（件）	原材料	直接人工	制造费用	合计
月初库存	100	16 770	7 630	6 100	30 500
本月入库	500	75 000	35 000	27 500	137 500
合计	600	91 770	42 630	33 600	168 000
加权平均单位成本		52.95	71.05	56	180

2. 计算转入第二生产车间的“第一车间A产品半成品”500件的成本，如表6-30。

表6-30　　转入第二生产车间的成本资料　　单位：元

成本项目	产量（件）	原材料	直接人工	制造费用	合计
第一车间A产品半成品成本	500	76 475	35 525	28 000	140 000

结转成本的会计分录为：

借：基本生产成本——第二车间A产品半成品　　140 000

　　贷：自制半成品——第一车间A产品半成品　　140 000

将此项业务登记“基本生产成本”明细账以及“自制半成品”明细账后，第二车间A产品半成品明细账为表6-31（注：期初资料是本例中提供的）。

表6-31　　第二车间A产品半成品成本明细账

摘　要	产量（件）	原材料	直接人工	制造费用	合计
月初在产品成本	100	15 000	12 000	9 400	36 400
本月生产费用			40 000	30 000	70 000
上一步骤半成品成本转入	500	76 475	35 525	28 000	140 000
合计	600	91 475	87 525	67 400	246 400
转出完工半成品成本	520	79 275	78 495	60 630	218 400
月末在产品成本	80	12 200	9 030	6 770	28 000

注：这里，上一步骤转来的半成品成本中的直接人工和制造费用在转入第二车间之前已全部投入，在分配完工半成品成本及月末在产品成本时，二者等同地承担这部分费用。

“自制半成品—第一车间 A 产品半成品”明细账为表 6－32。

表 6－32　　自制半成品——第一车间 A 产品半成品

摘　要	数量（件）	原材料	直接人工	制造费用	合计
月初库存	100	16 770	7 630	6 100	30 500
本月入库	500	75 000	35 000	27 500	137 500
合计	600	91 770	42 630	33 600	168 000
加权平均单位成本		152.95	71.05	56	280
本月出库	500	764 75	35 525	28 000	140 000
月末库存	100	15 295	7 105	5 600	28 000

3. 计算出第二车间的完工 A 产品半成品 520 件，总成本 218 400 元，结转到“自制半成品——第二车间 A 产品半成品”明细账，会计分录为：

借：自制半成品——第二车间 A 产品半成品　　218 400

　　贷：基本生产成本——第二车间 A 产品半成品　　218 400

将此项业务登记到“自制半成品——第二车间 A 产品半成品”明细账，该明细账为表 6－33（月初库存成本是本例中提供的资料）。

表 6－33　　自制半成品——第二车间 A 产品半成品

摘　要	数量（件）	原材料	直接人工	制造费用	合计
月初库存	80	16 465	13 115	10 020	39 600
本月入库	520	79 275	78 495	60 630	218 400
合计	600	95 740	91 610	70 650	258 000
加权平均单位成本		159.60	152.70	117.70	430

4. 计算转入第三车间的“第二车间 A 产品半成品”520 件的成本为表 6－34。

表 6－34　　转入第三车间成本资料　　单位：元

成本项目	数量（件）	原材料	直接人工	制造费用	合计
第二车间 A 产品半成品成本	520	82 992	79 404	61 204	223 600

结转成本的会计分录为：

借：基本生产成本——A 产品　　223 600

　　贷：自制半成品——第二车间 A 产品半成品　　223 600

将此项业务登记“基本生产成本”明细账以及“自制半成品”明细账后，第三车间A产品半成品成本明细账为表6-35（月初库存成本是本例提供的资料）。

表6-35　　第三车间A产品半成品成本明细账

摘　要	产量（件）	原材料	直接人工	制造费用	合计
月初在产品成本	50	6 000	12 000	11 400	29 400
本月生产费用			46 000	26 000	72 000
上一步骤半成品成本转入	520	82 992	79 404	61 204	223 600
合计	570	88 992	137 404	98 604	325 000
转出完工半成品成本	500	78 070	124 404	87 526	290 000
月末在产品成本	70	10 922	13 000	11 078	35 000

注：上一步骤转来的半成品成本中的直接人工和制造费用在转入第三车间之前已全部投入。在分配完工产品成本与月末在产品成本时，完工产品与在产品应等同地分担这部分费用。

将这项业务登记“自制半成品——第二车间A产品半成品”明细账后，账户情况为表6-36。

表6-36　　自制半成品——第二车间A产品半成品

摘　要	数量（件）	原材料	直接人工	制造费用	合计
月初库存	80	16 465	13 115	10 020	39 600
本月入库	520	79 275	78 495	60 630	218 400
合计	600	95 740	91 610	70 650	258 000
加权平均单位成本		159.60	152.70	117.70	430
本月出库	520	82 992	79 404	61 204	223 600
月末库存	80	12 748	12 206	9 446	34 400

按分项逐步结转分步法计算出的完工A产品500件的成本资料为表6-37。

表6-37　　完工产品成本资料

A产品　　单位：元

成本项目 / 完工产品成本	产量（件）	原材料	直接人工	制造费用	合计
完工产品总成本	500	78 070	124 404	87 526	290 000
完工产品单位成本		156.14	248.81	175.05	580

通过分项结转分步法的成本计算过程清楚地看出，分项结转方法最突出的一个优点就是在完工产成品成本资料中可以清楚准确地反映各成本项目的原始的、真实的构成情况，无需进行成本还原。但分项结转方法也有明显的缺点：一是各步骤完工半成品资料按成本项目分别反映，这在核算半成品入库、出库以及计算加权平均半成品单位成本时计算工作量很大，十分繁琐。二是分项结转时按成本项目分项登记产品成本明细账，这样一来上一生产步骤转来的半成品成本与本步骤发生的生产费用被混合在一起，给成本计算工作带来不便，因为在将生产费用在完工半成品及月末在产品之间进行划分时，上一步骤转来的生产费用与本步骤发生的生产费用应该以不同的比例在完工半成品和月末在产品之间进行分配，而分项结转分步法在结转时却将上一步骤转来的生产费用与本步骤生产费用合并在一起；另一方面也给成本管理工作带来不便，成本管理工作往往需要考核各生产车间发生的生产成本的定额执行情况，而分项结转却使上一步骤转来的生产费用与本步骤发生的生产费用合并而不易区分。

总结逐步结转分步法的两种具体结转方式，我们发现综合结转分步法比较简捷，而且便于为成本考核提供分步骤、分阶段的成本资料。综合结转形成的综合半成品成本可以通过“成本还原”的方法还原其原始的成本项目结构。因此，综合结转分步法是一种实用的成本计算方法。

三、平行结转分步法

（一）平行结转分步法的特点

在采用分步法的大量多步骤生产的企业中，有的企业各步骤所产半成品的种类很多，但并不需要计算半成品成本（例如机械行业）。为了简化和加速成本计算工作，在计算各步骤成本时，不计算各步骤所产半成品成本，也不计算各步骤所耗用上一步骤的半成品成本。而只需计算本步骤发生的各项生产费用以及这些费用之中应计入产成品成本的“份额”。将相同产品的各步骤成本明细账中的这些“份额”平行结转、汇总，即可计算出该种产品的完工产成品成本。这种结转各步成本的方法，称为平行结转分步法，也称不计算半成品成本的分步法。

这种结转各步骤成本的核算程序如图 6－3 所示。

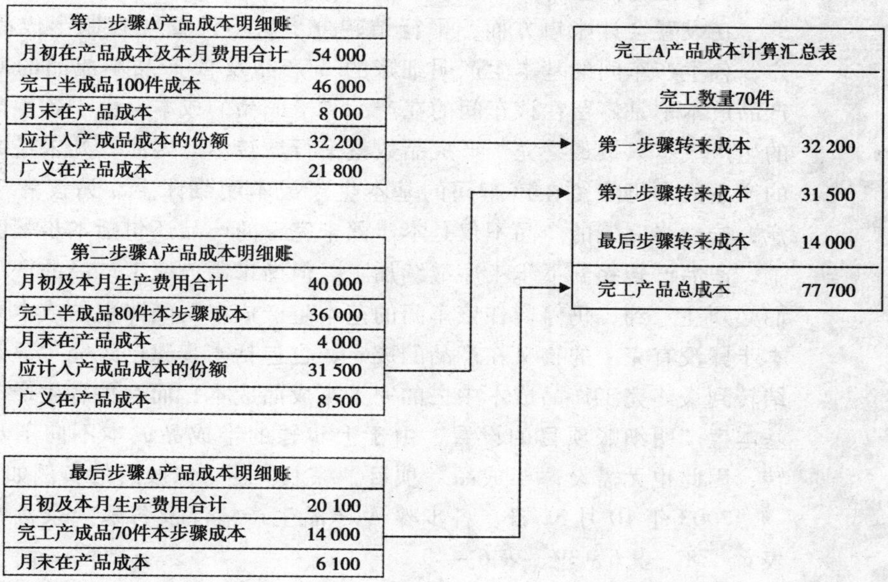

图 6-3　结转各步骤成本的核算程序

从上面的结转程序图可以看出，各生产步骤不计算、不逐步结转半成品成本，而只是计算本步骤完工半成品应分配的本步骤发生的生产费用。到月末，才按本月实际完工的产品数量，将各步骤生产成本中应计入完工产成品成本的“份额”，平行地从各步骤产品成本明细账中转出，转入完工产品的成本计算表中，从而完成完工产成品的成本计算。

因此，采用这一方法，不论半成品是在各生产步骤之间直接转移，还是经由半成品库收发，都不设置“自制半成品”明细账，产品成本不通过该账户核算。

我们曾经注意过产品成本核算程序与产品生产程序的相似性。采用这一方法，产品成本的结转程序与产品在各个生产加工步骤的运动程序并不一致。当一部分产品已经完成了某一生产步骤的加工工序转入下一生产步骤之后，为生产加工该产品而发生的生产费用并不因产品的转移而结转到下一步骤的生产成本明细账中，仍停留于原来的成本明细账中。直到月末，才按这部分产品中完工产品数量计算出应结转的“份额”，直接转入完工产成品成本中去。

（二）平行结转分步法的过程

我们用一个实例说明平行结转分步法的核算过程。为了便于与逐步结转分步法进行比较，我们特意将描述逐步结转分步法核算过程时采用的实例，经过少量的修改，用来描述平行结转分步法的核算过程。

在设置会计账户方面，平行结转分步法不设置“自制半成品”账户，各生产车间的基本生产明细账的A产品及A产品半成品的期初在产品成本不是停留在该车间的在产品和半成品的成本，由于各生产步骤的生产成本只按最终完工产成品数量平行地转出，因此，凡未最终完工的产品成本仍停留在该车间的基本生产成本明细账上。请读者千万注意，未最终完工的产品不仅是本步骤未完工的产品还包括本步骤已经完工，产品已转移到下步工序继续加工，但尚未制成完工产品的产品！我们必须注意到，仍停留在该车间的基本生产成本明细账上的成本既包括本步骤没有完工的狭义在产品的成本，也包括本步骤已经完工只是没有结转到最终完工产品成本中去的完工半成品成本；而有关各生产车间的基本生产明细账项目的设置，由于上步骤的半成品成本不向下步骤结转，因此也无需设“半成品”项目。综上所述，修改后的实例如下：

2003年10月31日，各步骤A产品生产情况及各账户余额情况见表6－38、表6－39、表6－40。

表6－38　　第一车间A产品半成品成本明细账

摘　要	直接材料	直接人工	制造费用	合计
月初在产品成本	30 480	11 160	11 160	52 800
本月生产费用	84 000	37 000	27 000	148 000
合计	114 480	48 160	38 160	200 800

表6－39　　第二车间A产品半成品成本明细账

摘　要	直接材料	直接人工	制造费用	合计
月初在产品成本		4 800	3 600	8 400
本月生产费用		40 000	30 000	70 000
合计		44 800	33 600	78 400

表6－40　　第三车间A产品成本明细账

摘　要	直接材料	直接人工	制造费用	合计
月初在产品成本		7 500	6 100	13 600
本月生产费用		46 000	26 000	72 000
合计		53 500	32 100	85 600

各车间产品产量情况是：月初第一车间存有在产品60件，第二车间存有在产品100件，第三车间存有在产品50件。假设上一

步骤加工完成的半成品不经半成品库而直接转移至下一生产车间。本月第一车间投产A产品540件，本月第一车间陆续产出500件完工半成品转至第二生产车间；第二生产车间陆续产出520件完工半成品转至第三生产车间。而最终由第三生产车间产出完工产成品500件。

根据前述平行结转分步法的成本计算程序可知，未最终完工的A产品的成本分别记录于第一、第二、第三生产车间的基本生产成本明细账中。这些半成品成本或在产品成本都是于本生产车间发生的。本例中，我们曾假设不设置半成品库，如果设置半成品库，则半成品库中存放的完工半成品的生产成本也仍然记录在产出这些半成品的生产车间的基本生产成本明细账中而不做转移。我们将这些虽已投入生产但尚未最终完工的半成品和在产品（无论存入在生产车间还是半成品库中）称为“广义在产品”。

下面描述平行结转的核算过程：

1. 第一生产车间将500件完工产成品的第一车间完工半成品成本结转至完工产品成本计算表。按约当产量法，第一生产车间500件完工半成品成本核算情况如下：

第一车间A产品半成品成本明细账的月初在产品成本是以下几部分产品的成本：第一车间月初在产品60件；第二车间月初在产品100件；第三车间月初在产品50件。其中，第二车间及第三车间月初在产品共150件是已经完成第一车间全部加工工序的在产品。因此，在划分第一车间月末完工半成品成本和月末在产品成本的计算中，这150件在产品应按完工半成品对待。

现在按约当产量法进行成本项目的费用分配（见表6－41、表6－42）。

$$①单位完工半成品直接材料项目成本=\frac{114\ 480}{150+500+100}=152.64（元）$$

$$完工半成品500件直接材料项目成本=152.64\times500=76\ 320（元）$$

$$②单位完工半成品直接人工项目成本=\frac{48\ 160}{150+500+100\times50\%}=68.8（元）$$

$$完工半成品500件直接人工项目成本=68.8\times500=34\ 400（元）$$

$$③单位完工半成品制造费用项目成本=\frac{34\ 700}{150+500+100\times50\%}=49.57（元）$$

$$完工半成品500件制造费用项目成本=49.57\times500=24\ 785（元）$$

表 6-41　　第一车间 A 产品半成品成本明细账

摘　要	直接材料	直接人工	制造费用	合计
月初在产品成本	30 480	11 160	11 160	52 800
本月生产费用	84 000	37 000	27 000	148 000
合计	114 480	48 160	38 160	200 800
转出完工产品 500 件的半成品成本	76 320	34 400	24 785	135 505
月末在产品成本	38 160	13 760	13 375	65 295

表 6-42　　完工产成品 500 件的第一车间 A 产品半成品成本　　单位：元

成本项目 / 完工半成品成本	直接材料	直接人工	制造费用	合计
第一车间 A 产品半成品 500 件	76 320	34 400	24 785	135 505

2. 第二车间将 500 件完工产成品在第二车间发生的完工半成品生产费用结转是完工产品成本计算表。第二车间的成本计算要经过两个环节：

首先，计算出第二车间完工半成品 520 件的本车间生产成本；其次，按完工产品数量 500 件将完工半成品中 500 件的成本核算出来，转入完工产品成本计算表。

第二车间 A 产品半成品成本明细账中的月初在产品成本是本车间月初在产品 100 件和第三车间月初在产品 50 件，这两部分在产品的成本。其中，第三车间月初在产品 50 件已经完成；第二车间的全部完工，在划分第二车间月末完工半成品和月末在产品成本的计算中，这 50 件在产品应按完工半成品对待。

现在按约当产量法进行各成本项目的费用分配（见表 6-43、表 6-44）。

①单位完工半成品直接人工项目成本 $=\dfrac{44\ 800}{50+520+80\times 50\%}$ $=73.44$（元）

完工半成品 520 件直接人工项目成本 $=73.44\times 520$ $=38\ 188.80$（元）

②单位完工半成品制造费用项目成本 $=\dfrac{33\ 600}{50+520+80\times 50\%}$ $=55.08$（元）

完工半成品 520 件制造费用项目成本 $=55.08\times 520$ $=28\ 641.60$（元）

表 6-43　　第二车间 A 产品半成品成本明细账

摘　　要	直接材料	直接人工	制造费用	合计
月初在产品成本		4 800	3 600	8 400
本月生产费用		40 000	30 000	70 000
合计		44 800	33 600	78 400
完工 520 件半成品成本		38 188.80	28 641.60	66 830.40
本车间月末在产品成本		6 611.20	4 958.40	11 569.60
转出完工产品 500 件的半成品成本		36 720.00	27 540.00	64 260.00
未转出的完工半成品 20 件成本		1 468.80	1 101.60	2 570.40
月末广义在产品成本		8 080.00	6 060.00	14 140.00

表 6-44　　完工产成品 500 件的第二车间 A 产品加工费　　单位：元

成本项目 / 完工半成品成本	直接材料	直接人工	制造费用	合计
第二车间 A 产品半成品 500 件		36 720	27 540	64 260

3. 第三车间将 500 件完工产成品在第三车间发生的生产费用结转至完工产品成本计算表，如表 6-45、表 6-46。

表 6-45　　第三车间 A 产品半成品成本明细账

摘　　要	直接材料	直接人工	制造费用	合计
月初在产品成本		7 500	6 100	13 600
本月生产费用		46 000	26 000	72 000
合计		53 500	32 100	85 600
转出完工产品 500 件的半成品成本		50 000	30 000	80 000
月末在产品成本		3 500	2 100	5 600

表 6-46　　完工产成品 500 件的第二车间 A 产品加工费　　单位：元

成本项目 / 完工半成品成本	直接材料	直接人工	制造费用	合计
第三车间 A 产品半成品 500 件		50 000	30 000	80 000

将第一、第二、第三车间转出的应计入A产品完工产成品500件成本的“份额”全部结转到“完工产品成本计算”表，如表6－47。

表6－47　　A产品完工产品成本汇总计算表　　单位：元

成本项目 / 各车间成本	直接材料	直接人工	制造费用	合计
第一车间半成品成本	76 320	34 400	24 785	135 505
第二车间半成品成本		36 720	27 540	64 260
第三车间半成品成本		50 000	30 000	80 000
完工产品总成本	76 320	121 120	82 325	279 765
完工产品单位成本	152.64	242.24	164.65	559.53

由上面平行结转分步法的计算过程可以看出，平行结转分步法具有以下特点：

第一，各生产车间可以同时计算产品成本，平行汇总计入产成品成本，不必逐步结转半成品的成本，这样就避免了因为需要等待上步骤成本的结转而可能给成本核算工作带来的延误；

第二，能够直接提供按原始成本项目反映的完工产品成本资料，不必进行成本还原，因而能够简化和加速成本计算工作；

第三，但这种成本计算方法不能提供各个步骤的半成品成本资料；

第四，在产品的成本在最终完工之前不随着产品实物的转移进行结转，因而账面的成本结存数与产品实物的实际存量不一致。因而不能为各生产步骤在产品的实物管理提供账面资金资料；

第五，各生产车间生产成本明细账账面记录的生产费用均为本生产车间生产该种产品发生的费用，便于以各生产车间为责任中心的责任成本的分析考核。

因此，我们可以得出结论：平行结转分步法一般适宜在半成品种类较多，逐步结转半成品成本的工作量较大，而管理上又不要求提供各步骤半成品成本资料的情况下采用。而且在采用平行结转分步法计算产品成本时，应加强各步骤在产品数量核算，以便为成本计算提供准确的数量资料。

第四节　分　类　法

一、分类法的特点

在一些制造企业中，其产品的品种、规格繁多，如果按照产品的品种、规格来归集生产费用，计算产品成本，成本计算工作量将极为繁重。但这类产品的特点是不同品种、规格的各种产品形成实体的原材料都是相同的；而且产品的种类虽多，但各种产品的加工工艺相同。这类产品的特点为我们设计一种合理的产品成本计算方法提供了可能。即我们可以将品种、规格繁多的产品按其用料、工艺或生产场所进行分类，将品种、规格繁多的产品划分成为数不多的几类，使得每一类内的产品其所用材料、加工工艺、生产场地等基本方面都是相同的。由于同一类内的各种产品具有上述共性，我们可以按照产品的类别设立基本生产明细账，以产品类别作为归集生产费用的对象。首先计算出各类产品成本；然后再对每一类中的各种规格和型号的产品确定合理的分配标准，将每一类产品的生产成本在同类的各种产品之间进行分配，从而计算出各种产品的成本。

同一类产品内各种产品之间分配费用的标准，可以采用各种产品的材料消耗定额、定额费用、成品的重量等。原则上，选择分配标准时，应考虑分配标准是否与产品制造成本呈正相关。各个成本项目可以采用同一分配标准分配，也可以按成本项目的性质，对各成本项目选择不同的分配标准进行分配，以使分配结果更加合理。例如，原材料费可按原材料定额费用或定额消耗比例分配，而其他费用项目可按定额工时的比例分配等等。为了简化分配工作，也可以将分配标准折算成相对固定的系数，按照固定的系数分配同类产品内各种产品的成本。例如，某类产品共有 12 个品种，选择材料定额消耗量作为分配各成本项目成本的标准。这 12 个品种产品的材料定额消耗量见表 6－48。

表 6-48　　A 类产品材料定额消耗量

产品品种 / 消耗定额	A_1	A_2	A_3	A_4	A_5	A_6	A_7	A_8	A_9	A_{10}	A_{11}	A_{12}
主要原材料消耗定额（公斤）	0.5	1.1	1.2	1.5	0.7	0.8	0.9	1.4	1.0	0.2	0.3	0.4
单件产品原材料定额消耗量的比重(系数)	0.05	0.11	0.12	0.15	0.07	0.08	0.09	0.14	0.10	0.02	0.03	0.04

如果 2003 年 10 月份车间“基本生产成本——A 类产品”明细账核算出的完工 A 类产品（12 种，共 3085 件）“直接材料”项目成本共计 222 900 元，则我们可以按上表中得到的“系数”分配直接材料项目的成本，计算出 A 类产品中各种产品的“直接材料”项目成本如表 6-49、表 6-50。

表 6-49　　A 类产品产量情况

产品品种 / 产量	A_1	A_2	A_3	A_4	A_5	A_6	A_7	A_8	A_9	A_{10}	A_{11}	A_{12}
产量（件）	400	200	240	270	300	375	100	50	180	500	220	250

$$\text{直接材料成本分配率}=\frac{222\,900}{\sum A_i \text{各产品产量}\times\text{该产品原材料定额消耗量的比重(系数)}}=1\,000(\text{元})$$

表 6-50　　A 类产品完工产品成本计算表　　单位：元

产品种类 / 产量及成本项目	产量（件）	直接材料	直接人工	制造费用	合计
A_1 0.05	400	20 000			
A_2 0.11	200	22 000			
A_3 0.12	240	28 800			
A_4 0.15	270	40 500			
A_5 0.08	300	21 000			

续表

产品种类 \ 产量及成本项目	产量（件）	直接材料	直接人工	制造费用	合计
A_6 0.08	375	30 000			
A_7 0.09	100	9 000			
A_8 0.14	50	7 000			
A_9 0.10	180	18 000			
A_{10} 0.02	500	10 000			
A_{11} 0.03	220	6 600			
A_{12} 0.04	250	10 000			
A 类产品总成本		222 900			

用同样的方法或类似的方法我们也可以对 A 类产品的“直接人工”、“制造费用”项目的成本进行分配。

在确定系数时，也可以在同类产品中选择一种产量相对较大、生产稳定或规格适中的产品作为“标准产品”，把这种产品的分配标准额的系数定为 1；其他各种产品的分配标准额与标准产品相比，求出其他产品的分配标准额与标准产品的分配标准额的比例，即系数。系数一经确定，应相对稳定，不宜频繁变化。在分类法中，按照系数分配同类产品中各种产品成本的方法，叫“系数法”。

仍以前例进行说明。A 类产品中 A_6 产品作为标准产品，将其系数定为 1，同类中其他产品的系数按消耗原材料的定额情况核定，假定 2003 年 A 类完工产品的直接人工项成本共计 97 518.75 元，制造费用项目成本共计 41 793.75 元，均按“系数”分配到各种产品中去，分配计算情况如表 6 – 51。

表 6－51

产品种类	系数	产量(件)	直接材料(元)	直接人工(元)	制造费用(元)	合计(元)
A_1	0.625	400	20 000	8750	3750	32 500
A_2	1.375	200	22 000	9625	4125	35 750
A_3	1.500	240	28 800	12 600	5400	46 800
A_4	1.875	270	40 500	17718.75	7 593.75	65 812.50
A_5	0.875	300	21 000	9 187.50	3 937.50	34 125
A_6	1.000	375	30 000	13 125	5 625	48 750
A_7	1.125	100	9 000	3 937.50	1 687.50	14 625
A_8	1.750	50	7 000	3 062.5	1 312.50	11 375
A_9	1.250	180	18 000	7 875	3 375	29 250
A_{10}	0.250	500	10 000	4 375	1 875	16 250
A_{11}	0.375	220	6 600	2 887.50	1 237.50	10 725
A_{12}	0.500	250	10 000	4 375	1 875	16 250
A 类产品总成本			222 900	97 518.75	41 793.75	362 212.50

①直接材料成本分配率 $= \dfrac{222\ 900}{\sum A_i \text{ 系中产品产量} \times \text{系数}} = 80$

$\sum A_i$ 产品产量 × 系数 = 2 786.25

②直接人工成本分配率 $= \dfrac{97\ 518.75}{2\ 786.25} = 35$

③制造费用成本分配率 $= \dfrac{41\ 793.75}{2\ 786.75} = 15$

二、分类法的适用范围和应用条件

综上所述，凡是产品的品种、规格繁多，又符合上述分类要求的制造企业里，都可以用分类法计算产品成本。分类法与产品的工艺和生产的组织方式没有直接的关系，因而可以在各种类型的产品生产中应用。最典型的产品生产是电子元器件企业生产各种类别和规格的元器件；灯具厂生产各种型制的灯具；针织厂生产各种规格的织物以及食品厂生产各种规格的饼干、面包等。上述各例尽管生产类型不同，但都可以采用分类法计算企业生产的产品成本。

有一些制造企业，特别是化工企业，在生产过程中对同一原料进行加工，可以生产出几种主要产品，例如原油的提炼，可以炼出各种轻油和重油，这些一同产出且相互依存的产品称为联产品。联产品所用的原料和工艺过程相同，因而最适宜、最可能归为一类，可采用分类法计算成本。这里要明确指出，分类法对于一般的产品生产企业来说，可以采用也可以不采用，对这种企业来说，采用分类法是为了简化产品成本的计算工作。但是，对于生产联产品的企业来说，各种产品的各成本项目的生产费用必须通过分配的方法来确定，因此必须采用分类法，才能计算出各种产品成本。

采用分类法计算产品成本，一类产品当中各种产品的生产费用，都采用分配方法计算确定，因而，领料凭证、各种费用的分配都以产品大类为分配记录对象。从而使得按类归集生产费用和计算一类完工产品成本的计算工作，与“品种法”基本相同。而当一类完工产品成本计算完成后，在一类完工产品中进行各种产品的成本分配便成为关键一环。因此，产品的分类和分配标准（或系数）的确定是否得当，是采用分类法能否成功的关键。

三、副产品的成本计算

一些制造企业中，在主要产品的生产过程中，还会附带生产出一些非主要产品，被称为副产品。例如，生产燃料油的企业，在生产出主要产品燃料油的同时，往往会同时产出沥青，沥青就是这种生产过程的副产品。

如果副产品的价值比重较大，为了正确计算主、副产品的成本，应该将主、副产品视同联产品计算成本。如果副产品价值所占的比重不大，为了简化成本计算工作，可以采用与分类法相似的方法计算成本，即将副产品与主产品合为一类设立产品成本明细账，归集费用、计算成本，然后将副产品按照一定的方法计价，从总成本中减除，以扣除副产品成本以后的成本作为主产品的成本。

还有一些制造企业，在生产过程中会产生废气、废液和废料，即所谓“三废”。“三废”经过加工利用也可能成为副产品，同时会发生费用的投入，因此就应该按照副产品的成本计算原则计算成本。

另有一些制造企业，除了生产主要产品以外，有时还为其他企业提供少量加工、修理等作业。如果这些作业费用比重很小，为了简化成本计算工作，也可以比照副产品的成本计算方法，与主要产品合为一类归集费用，将后按一定的计价方式对这些作出计价，作为这些加工、修理作出的成本，从全部的生产费用中扣除，以其余额作为主要产品成本。

第五节　定额法与成本控制

本书讲述的各种成本计算方法，如品种法、分批法、分步法、分类法都是在产品生产完成后计算产品成本。从会计控制的意义上说这些方法可以起到控制成本的作用，但属于事后控制。本节介绍一种在产品生产之前和产品生产过程中的成本控制方法——定额法。

采用定额法首先要制订单位产品的消耗定额、费用定额，并据以核算单位产品的定额成本。产品的消耗定额、费用定额和定额成本既是日常控制生产耗费的依据，又是月末计算产品实际成本的基础。

上述消耗定额是指：

直接材料定额 = 原材料单价 × 单位产品原材料消耗定额

直接人工定额 = 单位工时工资额 × 单位产品工时消耗定额

其他各类费用定额 = 某类费用单位工时费用定额 × 单位产品工时消耗定额

制定定额成本应当自下而上，首先制定材料定额和工时定额。实践中，由生产部门和技术部门主导，会同企业人力资源部门、生产车间的管理者、直接从事产品生产的技术工人制定定额成本资料。制定定额成本资料的程序应当按照成本项目逐一进行分析：首先，考虑直接材料项目。根据产品的实物结构按照形成产品实体的不同质地的部分列示形成产品实体的各种原材料，再根据产品实物形态、各不同质地的部分重量（或体积）以及市场上供应的各种质地的材料的规格制定用量定额。其次，考虑单位产品的工时消耗定额。按照产品工艺特征划分加工工序，对各个工序编码排序并详细地描述各工序的操作特征（使用设备的型号、设备功率调整水平、进刀速度等）和技术要求（金属密度、几何规格、表面光洁度等）。在这种基础上由企业的技术人员、车间管理人员以及直接从事产品生产的技术工人进行分析论证，确定各个加工工序的工时定额。

上述两个定额要素——材料定额和工时定额被称为用量指标。形成定额的另一类指标是价格指标。直接材料项目定额的价格指标是各种材料（规定品种、规格）的市价，这项定额要素应按照市场价格水平和企业原材料计划成本资料制定定额。直接人工项目定额的价格指标是每小时的工资额（包括基本工资、奖金、由企业承担的各种社会保险费等），也称工资率，这项定额应当由企业人力资源管理部门根据本行业市场工资水平制定。其余成本项目由间接计入产品成本的各项费用构成，费用构成复杂，不同性质的费用其控制原理差别很大。一般来说这类费用项目应该根据以往形成的客观的费用资料，采用因素（计划期的影响因素）法确定其总额，再按照标准工时总额平均分配，最终得出单位工时费用定额（见表 6－52）。

表 6－52　　产品成本定额卡

产品名称：　　工资率标准：20 元　　单位工时费用标准：15 元

直接材料	消耗定额	计划单价		
A				
B				
C				
直接人工	工序工时定额			
工序编号 1				
工序编号 2				
工序编号 3				
工序编号 4				
合计工时定额				

制定定额成本并且用定额成本控制实际费用，使得成本控制有了切实可参照的准绳。制定定额成本，能够使企业的成本控制和考核更加便利、更加有效。加强生产成本的日常控制的基本策略就是对脱离定额差异的日常控制。实际成本与定额成本之间存在差异是必然的，根据差异的方向，习惯上把超过定额的差异称为超支差异或不利差异；而把实际小于定额的差异称为节约差异或有利差异。对差异的认识和评价有不同的观点。传统的观点认为降低消耗以及节约支出是积极的，应当受到鼓励。本书的观点与此不同。制定定额应当力求科学、合理、尽可能地反映实际成本情况。在这种思想的主导下，科学合理的定额应当接近实际，因此差异（无论有利差异还是不利差异）应当越小越好。

具体地说，材料用量差异若超过合理范围是不正常的、有害的。不仅超支差异超过合理范围是有害的，节约差异超过合理的范围也是有害的。因为在用量定额合理的前提之下，发生显著的消耗降低势必影响到产品的质量，对企业是很不利的。因此，采用定额成本法控制成本支出的管理工作切不可鼓励“节约消耗”的行为。材料实际价格偏离定额也是不正常的、有害的。超支差异当然会使成本增高，节约差异超过合理的范围也是有害的，因为在单价定额符合市场价格水平的前提下，实际的采购价格降低势必伴随着材料质量下降，而材料质量下降会诱发一系列负面的影响，不仅用量会产生系统的超支而且会引起人工用量加大甚至引起单位工时费用增加，因此切不可鼓励降低材料采购成本。人工效率产生超支性差异要严密地控制，而我们的管理不会出现人工效率的节约差异。人工价格差异必须用合理的生产组织方式来消除。

脱离定额差异的会计核算。在发生生产费用时，应该为符合定额的费用和脱离定额的差异分别编制定额记账凭证和差异记账凭证，分别登记。

第一，原材料脱离定额差异的核算方法可以采用限额法、切割核算法或盘存法。其中限额法采用限额领料制度（追加用料控制制度和“假退料”制度如前所述）。切割核算法是指对于必须经过切割（即通常所说的下料）才能使用的材料，例如板形材料、柱形材料。这类材料的实际消耗与切割的规划方案有关，科学合理的切割规划会提高所得产品毛坯的数量，不合理的规划切割方案则相反。而制定材料的用量定额时并没有把切割方案纳入定额成本制度。对于这种类型的材料除了采用限额领料法进行控制以外，还采用切割核算法即通过材料切割核算用料差异，控制用料。而所谓盘存法是指对于不宜采用切割核算法控制用量的材料，除了采用限额法以外，还应该按期（班次、工作日）通过盘存的方法核算用料差异。即，根据完工产品数量和在产品盘存数量算出投产产品数量，乘以原材料消耗定额，计算原材料的定额消耗量，根据限额领料单和其他领退料单据以及盘存的余料数量计算实际耗用量，将定额耗用量与实际耗用量对比，计算原材料脱离定额的差异。

第二，生产工时和工资率脱离定额差异的分析应该分为两种情况。在计件工资下，生产工人工资是直接费用，脱离定额差异的核算与原材料脱离定额差异的核算类似。在计时工资形式下，实际工资脱离定额的差异平时不能按照产品直接计算，在月末当实际工资总额确定之后才能计算。

第三，制造费用脱离定额差异的分析与计时工资类似。我们知道，进行差异的分析有两个目的：一是找出差异的内在原因，控制差异的幅度；二是正确地核算产品实际成本、定额成本以及脱离定额差异。前一个目的依赖于对差异原因的科学分析。直接人工本质上是一类变动性成本，即其总量与产品数量成正比例。在采用计时工资制的条件下，生产工人工资之中包含一部分固定性的成本，差异分析应该区别不同性质的成本分别进行。变动成本的差异结构简单，即分为工资率差异和用量差异；固定成本部分差异成分较为复杂，有开支差异和效率差异等。制造费用由变动部分和固定部分构成，差异的分析必须分别进行。通过对差异的分析找到产生差异的基本因素，使差异控制有的放矢。差异会计核算的原理简单，即：

产品实际成本 = 产品定额成本 + 脱离定额差异(正或负)

定额法的主要优点是通过对生产费用脱离定额差异的日常核算来发现和控制可控的差异；可以逐步地积累一套科学可行的成本资料；由于这样形成的定额成本资料科学、可靠，因此使得生产费用在本期完工产品和期末在产品的分配工作不仅科学合理而且简便易行。同时我们应该看到，积累一套科学合理的定额成本资料至少需要两个条件：一是市场价格的稳定性；二是企业生产的稳定性。在市场波动较大且企业尚未创立有竞争力的产品的情况下，定额法没有使用的条件。

定额法计算产品成本举例：

【例 6-4】 某制造企业大量生产 A 产品，采用定额法计算 A 产品的产品成本。根据以往的实际成本情况和差异分析，本月月初新修订的 A 产品定额成本资料如下：

直接材料定额成本资料：A 产品只消耗一种材料，原材料计划单价每千克 200 元，单位 A 产品原材料消耗定额 5 千克，单位产品直接材料成本定额 = 200 × 5 = 1 000 （元）；

直接人工定额成本资料：工资率 20 元，单位产品工时消耗定额 10 个工时，单位产品直接人工定额 = 20 × 10 = 200 （元）；

制造费用定额成本资料：制造费用单位工时费用定额 36 元，单位产品制造费用定额 = 36 × 10 = 360 （元）；

该企业库存原材料采用计划成本核算，当月原材料成本差异率为超支差异 1%。

A 产品生产情况：原材料在生产开始时一次全部投入，月末按照约当产量法确定完工产品成本和月末在产品成本。在产品的平均约当系数为 50%。

2010 年 10 月的月初 A 产品在产品 150 件，按照定额成本和约当产量法计算的在产品成本。本月投产 A 产品 1 000 件，领用并消耗材料 5 050千克，直接材料成本 = 200 × 5 050 = 1 010 000 元；生产统计全月生产 A 产品耗用生产工人工时 10 880 小时，分配直接人工成本 = 20 × 10 880 = 217 600 （元）；生产 A 产品的基本生产车间全月共归集制造费用750 000元，统计生产产品的工人工时共计 20 000 小时。A 产品分配制造费用 （750 000/20 000） × 10 880 = 408 000 （元）。月末，完工 A 产品 1 050 件已经过验收入成品库，月末留在生产车间的在产品 100 件 （见表6 - 53）。

定额法计算产品成本举例中生产费用归集计入基本生产明细账的会计分录：

借：生产成本——基本生产成本——A 产品（定额成本） 1 000 000

生产成本——基本生产成本——A 产品（脱离定额差异） 10 000

贷：原材料 1 010 000

借：生产成本——基本生产成本——A 产品（定额成本） 205 000

生产成本——基本生产成本——A 产品（脱离定额差异） 12 600

贷：应付职工薪酬 217 600

其中：直接人工定额成本 $=200\times1\ 000+200\times50\%\times(150-100)$
$=205\ 000$（元）

借：生产成本——基本生产成本——A 产品（定额成本） 369 000

生产成本——基本生产成本——A 产品（脱离定额差异） 39 000

贷：制造费用 408 000

其中：制造费用定额成本 $=360\times1\ 000+360\times50\%\times(150-100)$
$=369\ 000$（元）

消耗材料分摊材料成本差异计入完工产品成本：

应分摊的材料成本差异 $=1\ 000\ 000\times1\%=10\ 000$（元）

借：生产成本——基本生产成本——A 产品 10 000

贷：材料成本差异 10 000

表 6－53 产品成本明细账

产品名称：A 投产量：1 000 件

项目		直接材料	直接人工	制造费用	产品成本
月初在产品（150 件）成本	定额成本	150 000	15 000	25 500	190 500
	定额变动差异	0	0	1 500	1 500
本月生产费用（投产量 1 000 件）	定额成本	1 000 000	205 000	369 000	1 574 000
	脱离定额差异	10 000	12 600	39 000	61 600

续表

项目		直接材料	直接人工	制造费用	产品成本
月初在产品成本与本月投产 1 000 件产品的生产费用合计	定额成本	1 150 000	220 000	396 000	1 766 000
	脱离定额差异	10 000	12 600	39 000	61 600
本月完工产品（1 050 件）成本	定额成本	1 050 000	210 000	378 000	1 638 000
	脱离定额差异	10 000	12 600	17 000	39 600
	定额调整差异	0	0	21 000	21 000
材料成本差异		10 000			10 000
月末在产品成本（100 件）	定额成本	100 000	10 000	18 000	128 000
	定额调整差异	0	0	1 000	1 000

经过成本差异分析，A 产品定额成本中的制造费用定额成本需要调整。月末最新修订的 A 产品定额成本资料制造费用单位定额成本 = 38 × 10 = 380 元，按新修订的定额成本资料计算的月末在产品 100 件定额成本 = 380 × 50% × 100 = 19 000 元，定额调整差异 = 19 000 − 18 000 = 1 000元。

月末 100 件在产品的直接材料成本按定额成本资料计算，100 件在产品的直接材料成本 = 1 000 × 100 = 100 000 元；月末 100 件在产品的直接人工成本按定额成本资料计算，100 件在产品的直接人工成本 = 200 × 50% × 100 = 10 000 元；月末 100 件在产品的制造费用成本按新修订的定额成本资料计算，月末在产品 100 件的制造费用成本 = 380 × 50% × 100 = 19 000 元。

结转完工产品成本：1 050 件完工 A 产品实际成本 = 直接材料成本 + 材料成本差异 + 直接人工成本 + 制造费用成本。

其中：直接材料定额成本 1 050 000 元，脱离定额差异 10 000 元；材料成本差异 10 000 元；直接人工定额成本 210 000 元，脱离定额差异 12 600 元；制造费用定额成本 378 000 元，脱离定额差异 17 000 元，定额调整差异 21 000 元。即，1 050 件完工 A 产品实际成本 =（1 050 000 + 10 000） + 10 000 + （210 000 + 12 600） + （378 000 + 17 000 + 21 000） = 1 708 600 元，或者 = （1 150 000 − 100 000 + 10 000 + 10 000） + （220 000 − 10 000 +

12 600）+（396 000 - 19 000 + 39 000）= 1 708 600 元。

结转完工产品的会计分录：

借：库存商品——A 产品　　1708 600

　贷：生产成本——基本生产成本——A 产品（定额成本）　　1638 000

　　生产成本——基本生产成本——A 产品（脱离定额差异）　　39 600

　　生产成本——基本生产成本——A 产品（定额调整差异）　　21 000

　　生产成本——基本生产成本——A 产品（材料成本差异）　　10 000

第六节　各种成本核算方法的实际应用问题

本章中我们介绍了三种基本的成本核算方法——品种法、分批法、分步法，还介绍了辅助的成本计算方法——分类法以及成本控制的有力工具——定额法，这是几种典型的成本计算方法。而在制造企业的实际成本核算中使用且行之有效的成本计算方法则一般不会像书本中讲得这样单纯和典型。

在实际工作中，一个企业的各个车间，一个车间内生产的各种产品，它们的生产特点和管理要求并不一定相同，因而在一个企业或一个车间中，就有可能同时使用几种不同的成本核算方法。即便是一种产品，在该种产品的各个生产步骤、各种半成品和各个成本项目之间，它们的生产特点和管理要求也不见得一样，因而也有可能把几种成本核算方法结合起来使用。

在一个企业或车间中，同时采用几种成本核算方法的情况是很多见的。前已述及，制造业一般都设有基本生产车间和辅助生产车间，而基本生产车间与辅助生产车间的生产类型往往是不同的。因此采用的成本计算方法一般就不相同。例如，纺织企业的纺纱和织布等基本生产车间一般是多步骤大量生产的生产类型；而供电、供气等辅助生产车间一般是单步骤大量生产类型。因此在这种企业中，基本生产车间可能采用分步法核算产品成本，而辅助生产车间一般采用品种法计算产品成本。

即使基本生产车间与辅助生产车间的生产工艺类型相同，生产的组织方式相同，但却可能因成本管理要求不同而必须采用不同的成本计算方法。当前，竞争日益激烈的市场环境导致企业内部必须不断调整管理策略，提高效率。这势必导致制造企业内部不断地提出新的成本管理要求，以此相适应，成本核算方法也会经常被调整改造。

一个企业或一个车间所生产的各种产品，其生产类型可能不同。例如，木器厂生产各种木器，有的已是定型产品，正在大量生产，可以采用品种法或分步法核算成本；有的则处在试生产阶段，只能小批生产，或者是按订单进行分批生产，这就应采用分批法计算成本。又如玻璃制造企业所生产的各种玻璃器具，生活用具精确度要求不高，只经一个生产工序便可以完工，而工业或计量用具则精度要求较高，需经过多个生产步骤及复杂加工才能完成。因而这两类不同的产品前者可以按品种法计算产品成本，而后者一般要采用分步法核算产品成本。

在计算一种产品的成本时，结合采用几种成本核算方法的情况也是不少的。一种产品的不同生产步骤，由于生产特点和管理要求的不同，可以采用不同的成本核算方法。例如，小批单件生产的机械厂，铸造车间可以采用品种法计算铸件的成本，而加工装配车间则可采用分批法计算各批产品的成本；在铸造和加工装配车间之间，则可采用逐步结转分步法结转铸件的成本；如果在加工和装配车间之间要求分步骤计算成本，而加工车间所产半成品种类较多，又不对外销售，不需要计算半成品成本，那么，在加工和装配车间之间可采用平行结转分步法结算成本。这样说来，这个企业采用的成本计算方法是以分批法为基础，在此基础上综合采用了品种法和分步法；而在分步法中还综合采用了逐步结转分步法和平行结转分步法。

对构成一种产品的各零部件（或半成品）也可以采用不同的成本核算方法。例如，机械厂所产产品的各种零部件，其中不准备对外销售的零部件，不要求单独核算成本；经常外售的标准件以及各种产品的通用件，则应按照这些零部件（或半成品）的生产类型和管理要求，采用适当的成本计算方法单独核算成本。

此外，在一种产品的各个成本项目之间，也有可能会采用不同的成本核算方法。例如：化学工业产品的原材料成本，在成本构成中占的比重较大，而且是直接计入成本，如果是多步骤生产的类型，则应该按产品品种和生产步骤设立基本生产明细账采用分步法核算成本；而其他成本项目，则可采用分类法，按照产品类别设立成本明细账归集费用，然后按照一定的系数分配计算各个产品成本。

任何企业只要与原来所使用的成本核算方法结合使用定额法，就可以把原来以实际成本为基础的成本管理工作，改变为以定额成本作标准，在生产费用的消耗过程中和产品成本的形成过程中揭示用料、用工和费用开支的不科学、不合理甚至违法的情况，实时地控制成本。积累宝贵的成本资料，不断修订成本定额，使得定额成本更加合理科学，用这种方法实现对产品成本的控制。这是成本管理的一个方向。

综上所述，由于制造企业的生产类型复杂，如何选择成本核算方法是一个极为复杂的问题。解决如何选择成本计算方法的问题没有一般适用的答案，只能指出选择成本核算方法的一些一般性原则。

从实际情况看，合理选择制造企业成本核算方法存在两方面问题：一方面，企业里从事成本核算实际工作的会计人员对本企业的产品类型、成本管理、生产工艺、生产组织等方面很熟悉，但却缺乏有关成本会计的理论，没有能力为自己的企业设计出一套合理的成本核算方案，使企业的成本计算存在明显的缺陷，导致成本计算的质量不高。另一方面，研究成本理论和成本计算方法的专业人士，一般来说不可能对某一具体企业的生产情况和生产组织情况有充分的了解，即使被邀请到企业考察或接受委托帮助企业设计成本核算程序和方法，短时间的考察也难以对企业的产品类型、生产工艺、成本管理、生产组织等形成深入的认识。因此，这些专业人士为企业设计的成本核算方案往往不能完全适合企业的实际。综上所述，提高制造企业成本核算质量唯一可行的办法是鼓励在企业从事具体成本核算工作的会计人员系统学习成本会计的理论和方法，掌握成本会计基本理论和基本的、典型的成本计算方法的原理；在实际工作中根据自己企业的实际情况，灵活运用所掌握的理论和原理，设计出既有牢固理论基础，又符合本企业实际情况的、高效的成本核算方案。

7

第七章

包装物和低值易耗品发出的核算

第一节　包装物发出的核算

一、包装物概述

包装物是指为了包装本企业产品，并随同产品出售、出租、出借的包装容器，如：箱、瓶、桶、坛、袋等。制造企业使用的包装物种类较多，通常是按包装物的具体用途进行分类。包括：

生产过程中用于包装产品，作为产品组成部分的包装物。

销售过程中领用并且随同产品出售，不单独计价的包装物。

销售过程中领用并且随同产品出售，单独计价的包装物。

出租或出借给购货单位使用的包装物。

上述包装物属于企业生产经营中的周转材料，应该用“周转材料”会计科目设置账户核算这一类材料物资。企业使用的其他包装材料，如纸、绳、铁丝、铁皮等，应在“原材料”科目下设置“包装材料”明细科目进行核算。企业用于存储、保管产品和材料而并不对外出售的包装物品，应按其价值大小和使用年限长短分别在

“固定资产”和“低值易耗品”科目核算；企业自制包装物，应作为企业产品处理，不属于包装核算的范围。为了会计核算便利，应当在“周转材料”总分类账户中设置“包装物”二级账户对上述包装物进行核算。

包装物数量不多的企业，可不使用“包装物”科目，将其并入“原材料”科目核算。

企业外购、委托外单位加工、自制的包装物，按照原材料外购、委托加工、自制的方法进行核算。

制造企业的包装物主要用来包装本企业的商品。在包装物的使用中，有些包装物在领用后一次全部耗用，有些则可反复周转使用，多次使用后才报废。企业应根据包装物的使用特点组织核算，正确、及时反映包装物的收入、领用、出借、出租、退回、价值摊销、报废以及结存情况。由于包装物经常是周转使用，因此会计核算会比较复杂，必须在“包装物”账户之下分别设置“库存未用包装物”、“库存已用包装物”、“出租包装物”、“出借包装物”、“包装物摊销”五个明细科目。为了避免会计科目的使用过分复杂，在实际工作中我们可以不写总分类账户“周转材料”，直接使用“包装物”账户及其下属的明细账户（下文中我们就采用这种办法）。

二、领用包装物的核算

企业通过外购、自制、委托外单位加工等方式取得的包装物，不论按实际成本计价还是按计划成本计价，均与原材料核算方法相同。本节主要介绍包装物发出的核算。

（一）生产过程领用包装物的核算

生产车间领用包装物，在包装产品后，成为产品实体的组成部分，应计入产品生产成本。

【例 7-1】 某企业的生产车间领用包装物一批，用于包装生产的产品，这批包装物的计划成本为 2 500 元，成本差异率为 1%。会计分录如下：

借：生产成本　　2 525
　贷：包装物　　2 500
　　材料成本差异——包装物　　25

（二）销售过程领用包装物且随同产品出售但不单独计价的包装物核算

随同产品销售但不单独计价的包装物，其回收的价值被包含在“主营业务收入”中，按照配比原则，应将该项包装物的成本作为企业销售商品发生的销售费用。

【例7-2】 某企业为销售商品领用包装物一批，计划成本3 500元，成本差异率为1%，该批包装物随同商品一起出售且不单独计价。会计分录如下：

借：营业费用　　　　3 535
　贷：包装物　　　　3 500
　　材料成本差异——包装物　　35

（三）销售过程领用且随同产品出售并单独计价的包装物核算

包装物随同产品出售但单独计价，实际上是出售包装物，取得收入被计入“其他业务收入”。按配比原则，包装物成本应作为“其他业务成本”核算。

【例7-3】 某企业为销售商品领用包装物一批，计划成本3 000元，材料差异率为1%，该批包装物随同商品一同出售，单独计价4 000元，增值税率17%，款已收到。会计分录如下：

1. 取得出售包装物收入：

借：银行存款　　　　4 680
　贷：其他业务收入　　　　4 000
　　应交税费——应交增值税（销项税额）　　680

2. 结转出售包装物成本：

借：其他业务成本　　　　3 030
　贷：包装物　　　　3 000
　　材料成本差异——包装物　　30

三、出租或出借包装物核算

一些周转使用的包装物，企业一般采用出租或出借的方式将包装物提供给购货方使用。出租包装物取得的租金收入应当作为企业的其他业务收入核算，而出租包装物在使用过程中因磨损而产生的价值消耗以及修理维护包装物的相关支出应当作为出租包装物成本进行核算，与租金收入配比。企业出借包装物是供购货单位无偿使用，没有单独取得收入，出借包装物的成本及相关支出应当作为营业费用核算。

企业为了按时地收回出借或出租的包装物，一般在包装物借出或租出时向借用或租用包装物的购货人收取一定数额的包装物押金，待用户归还包装物时清算退还。企业收取的包装物押金应通过“其他应付款”科目核算。

下面介绍出租或出借包装物的核算。

（一）采用一般的价值摊销方法

企业出租出借的包装物，如果业务不多，一般采用一次或分期摊销的方法对包装物的价值变化进行核算。在（新的）包装物第一次被借出或租出时，将包装物按照其实际成本一次全部摊销，出租包装物的将摊销额借记“其他业务支出”科目，出借的则借记“营业费用”科目。如果出借出租包装物金额较大，也可通过“待摊费用”或“长期待摊费用”科目进行分期摊销。上述方法核算简单，但因出租出借包装物的价值已被全部摊销掉了，所以当这些包装物到期收回时，一般不再将其作为包装物入账核算。因此，企业在采用一次或分期摊销方法对出借出租包装物进行核算时，对收回的出借出租的包装物应加强实物管理，例如可以在备查账中进行登记。

【例 7-4】 某企业发出新的包装物一批，实际成本 20 000 元，出租、出借各占 50%，收取出租、出借押金各收取 12 000 元，应收租金 800 元（不含增值税）从押金中扣除。包装物采用一次摊销法核算。会计分录如下：

1. 发出新包装物时结转成本：

借：其他业务成本　　10 000
　　营业费用　　10 000
　　贷：包装物　　20 000

2. 收到出租、出借包装物押金：

借：银行存款　　24 000
　　贷：其他应付款——存入保证金（单位）　　24 000

3. 到期收回出租、出借的包装物：

包装物采用一次或分期摊销法核算，到期收回出租、出借包装物，不进行库存包装物增加的账务处理，只做退还押金的会计处理。

收回出借的包装物，退还押金：

借：其他应付款——存入保证金（单位）　　12 000

　　贷：银行存款　　12 000

收回出租的包装物，在押金中扣除应收租金和按规定应交的增值税后，余款退回。

借：其他应付款——存入保证金（单位）　　12 000

　　贷：其他业务收入——出租包装物　　800

　　　　应交税费——应交增值税（销项税额）

　　　　　　136（800×17%）

　　　　银行存款　　11 064

逾期未退包装物的，按规定押金应予没收，扣除应交增值税的余额，转作"其他业务收入"；如果没收的是逾期未退包装物加收（即租金已经另收）的押金，应按扣除应交的税金后的余额，转作"营业外收入"。

【例 7-5】 某企业出借包装物一批，收取押金 1 170 元，逾期购货方未退还包装物，收取的押金予以没收。

不含税收入 $=\frac{1\ 170}{1+17\%}=1\ 000$（元）

应交增值税 $=1\ 000\times17\%=170$（元）

会计分录如下：

借：其他应付款——存入保证金（单位）　　1 170

　　贷：其他业务收入　　1 000

　　　　应交税费——应交增值税（销项税额）　　170

出租、出借包装物数量多、金额大、业务频繁的企业，采用一次摊销法、分期摊销法核算出租、出借包装物的成本，会出现大量的账外包装物，使得包装物数量的日常管理控制风险加大。为了改变这种情况，企业可以采用五五摊销法进行核算。五五摊销法是指新包装物在出租、出借时摊销其成本的一半（扣除残料价值），报废时摊销另一半（扣除残料价值）的核算方法。

（二）采用五五摊销法摊销进行出租包装物业务的核算

【例 7-6】 某企业采用五五摊销法对出租包装物进行核算，本月租给甲公司新包装物 100 个，计划单价 20 元，共计 2 000 元，同时收到甲公司用支票交来的包装物押金 2 000 元，租金 468 元。会计分录如下：

（1）领用新包装物用于出租：

借：包装物——出租包装物　　2 000

　　贷：包装物——库存未用包装物　　2 000

（2）出租时摊销包装物成本 50%：

借：其他业务成本　　1 000

　　贷：包装物——包装物摊销　　1 000

在计划成本核算条件下，包装物按计划成本发出后，应分摊包装物成本差异，将包装物成本调整为实际成本，在会计实务中，可以在包装物发出时分摊差异，也可在包装物报废时分摊差异。分摊差异的方法，经确定后不要随意变更，本例采用包装物报废时分摊差异的方法。会计分录如下：

（3）收到租金、押金存入银行：

借：银行存款　　2 648

　　贷：其他业务收入　　400

　　　　应交税费——应交增值税（销项税额）　　68

　　　　其他应付款——存入保证金　　2 000

（4）假设本例中出租给甲公司的那批包装物报废了 5 个，计划成本 100 元，残料可作辅助材料使用作价 8 元。

借：其他业务成本　　42

　　原材料　　8

　　贷：包装物——包装物摊销　　50

借：包装物——包装物摊销　　100

　　贷：包装物——出租包装物　　100

（5）出租给甲公司的包装物被该公司丢失 10 个，没收押金 200 元：

借：其他业务成本　　100

　　包装物——包装物摊销　　100

　　贷：包装物——出租包装物　　200

借：其他应付款——存入保证金　　200

　　贷：其他业务收入　　179.94

　　　　应交税费——应交增值税（销项税额）　　20.06

（6）分配报废和不能收回包装物应负担的成本差异，本月成本差异率为 1%，应负担的成本差异 = （200 + 100） ×1% =3：

借：其他业务成本　　3

　　贷：材料成本差异——包装物差异　　3

（7）收回甲公司退还包装物 20 个，以支票退还押金 400 元：

借：包装物——库存已用包装物　　400

贷：包装物——出租包装物　　400

借：其他应付款——存入保证金　　400

贷：银行存款　　400

（三）采用五五摊销法进行出借包装物业务的核算

【例7-7】 某企业借给乙公司包装物40个，计划单价20元，共计800元，乙公司用支票支付包装物押金每个10元，共计400元，企业采用五五摊销法进行核算，这次出借的包装物是库存已用包装物。会计分录如下：

（1）出借已用的包装物，不用摊销：

借：包装物——出借包装物　　800

贷：包装物——库存已用包装物　　800

（2）收到包装物押金400元：

借：银行存款　　400

贷：其他应付款——存入保证金　　400

（3）出借给乙公司的10个包装物报废，计划成本200元，残料价值15元，出借包装物没有收入，出借包装物摊销额和报废时负担的成本差异应记入"营业费用"账户。

借：原材料　　15

营业费用　　85

贷：包装物——包装物摊销　　100

借：包装物——包装物摊销　　200

贷：包装物——出借包装物　　200

（4）企业本月成本差异率为-1%，分摊报废出借包装物应负担的成本差异。

借：营业费用　　2（红字）

贷：材料成本差异——包装物差异　　2（红字）

（5）企业收回借给乙公司包装物20个，计划成本400元，并用支票退还押金200元。

借：包装物——库存已用包装物　　400

贷：包装物——出借包装物　　400

借：其他应付款——存入保证金　　200

贷：银行存款　　200

按以上方法核算"包装物"科目期末余额为库存未用包装物计划或实际成本，库存已用包装物，出租、出借包装物摊余价值。

第二节 低值易耗品发出的核算

一、低值易耗品的特点

低值易耗品是指单位价值较低，或使用年限较短，不满足固定资产条件的各种用具、设备。如工具、管理用具、玻璃器皿以及在产品生产储存过程中反复使用的包装容器等。

低值易耗品在生产经营过程中的作用同固定资产一样，是劳动资料。可以多次参加生产经营周转而不改变原有的实物形态。其价值会随着实物的不断磨损而逐渐地转移到生产成本及管理费用中去。由于低值易耗品的种类繁多，数量较大，单位价值低，使用期限短，需要经常补充更换，不适宜也没有必要按照固定资产进行管理核算。相反，低值易耗品价值较低和易于损耗的特点却与材料物资颇为相似。因此，在管理方面，用类似管理材料的办法对低值易耗品进行管理和会计核算。

二、低值易耗品的分类

不同的制造企业所用的低值易耗品不完全相同，因而分类也就不完全一样。一般可以分为以下几类：

1. 工具，指直接用于产品生产的各种刀具、量具、夹具和各种辅助工具。

2. 专用工具，指专门用于生产某一种产品，或在某一道工序中使用的工具，如专用模型等。

3. 替换设备，指容易磨损或为生产不同产品需要替换的各种设备，如烧铸钢锭用的模子，轧制钢锭材用的轧辊等。

4. 包装容器，指用于蓄存和保管材料和产品，既不出售也不出借的各种容器。

5. 劳动保护用品，指发给生产工人使用的工作服和各种防护用品。

6. 管理用具，指管理部门和管理人员使用的各种家具用具和办公用具。

7. 其他。

三、低值易耗品的会计核算

低值易耗品管理上的特点类似于材料物资，在会计核算上可以分为采购、入库和库存、领用两个阶段。低值易耗品采购、入库业务的会计核算与材料物资的相应核算完全相同，在这里不再另行叙述。低值易耗品的库存核算也与材料物资相同，可以按实际成本计价核算也可以按计划成本计价核算。在这里也无需详述。

由于低值易耗品具备劳动资料的特点，低值易耗品被领用出库后，其实物形态并非立刻改变，而是在使用过程中逐渐磨损，其价值形态也随之发生相应的变化，直至最后完全消失。因此，低值易耗品的会计核算应当反映出这种价值的渐变过程。在低值易耗品被领用出库后，需要对在用阶段的低值易耗品进行核算，并反映其价值的变化过程，即采用价值摊销的方法将低值易耗品的价值分次计入产品生产成本。

因此，进行低值易耗品核算需要设置“低值易耗品”账户。该账户是资产类账户，借方登记入库的低值易耗品的成本，贷方登记领用的低值易耗品的成本；期末余额在借方，表示库存未用的低值易耗品的成本。

为了分别反映在库保管的低值易耗品和在用低值易耗品的数量、价值，还需要在“周转材料”总账账户下设置“低值易耗品”二级账户，还要在其下设置“在用低值易耗品”、“在库低值易耗品”和“低值易耗品推销”明细分类账户。其中，“在库低值易耗品”账户核算库存低值易耗品，其账户结构如“低值易耗品”账户。“在用低值易耗品”账户登记已出库，正在使用中的低值易耗品的原值，一般按使用部门及低值易耗品种类分类核算。“低值易耗品摊销”账户是一个备抵账户，用来反映和记录在用低值易耗品的价值变化，一般不必分类。为了避免会计科目的使用过分复杂，在实际工作中我们可以不写总分类账户“周转材料”，直接使用“低值易耗品”账户及其下属的明细账户（下文中我们就采用这种办法）。

四、低值易耗品价值的各种摊销方法

（一）一次摊销法

采用这种摊销方法，在领用低值易耗品时，将低值易耗品的全部价值一次摊销到有关成本、费用中去。在这些低值易耗品报废或退出生产或管理过程的时候，再将其残料价值冲销报废当期的低值易耗品摊销额。

【例 7-8】 某制造企业在库低值易耗品采用计划成本计价核算。2003 年 4 月 × 日第一基本生产车间领用刀具一批，计划成本 3 000 元，材料成本差异率 2%。采用一次摊销法核算。

编制会计分录如下：

借：制造费用——第一基本生产车间　　3 060
　贷：低值易耗品——在库低值易耗品　　3 000
　　材料成本差异——低值易耗品　　60

2003 年 10 月 × 日，第二基本生产车间刀具报废一批，残料价值 200 元，已入材料库。当月领用刀具一批，计划成本 2000 元，材料成本差异率 2%。采用一次摊销法核算。

编制会计分录如下：

（1）本月领用刀具一批的会计分录：

借：制造费用——第一基本生产车间　　2 040
　贷：低值易耗品——在库低值易耗品　　2 000
　　材料成本差异——低值易耗品　　40

（2）报废刀具残料回收：

借：原材料　　200
　贷：制造费用——第一基本生产车间　　200

一次摊销法的特点是核算简便，但没有如实反映在用低值易耗品的数量情况以及在用低值易耗品的价值变化过程，这不利于对在用低值易耗品的实物进行控制。同时，将一批低值易耗品的价值一次全部摊销到成本费用中去，也在一定程度上影响成本、费用的均衡性。所以，这种摊销方法只适用于单位价值较低或容易损耗，而且一次领用数量不大的低值易耗品。

（二）分次摊销法

采用分次摊销法，在领用低值易耗品时，将低值易耗品的全部价值一次转入到“待摊费用”账户中去，然后分次摊销。低值易耗品报废时，将其残料价值冲减当期的摊销额。

【例 7－9】 某制造企业库存低值易耗品按计划成本计价核算。2003 年 3 月第一基本生产车间领用工具一批，计划成本 20 000 元，材料成本差异率 2%，计划分 10 次摊销。会计分录如下：

（1）领用时：

借：待摊费用——待摊工具费　　2 040
　　贷：低值易耗品——在库低值易耗品　　2 000
　　　　材料成本差异——低值易耗品　　400

（2）每次摊销时：

借：制造费用——第一基本生产车间　　2 040
　　贷：待摊费用——待摊工具费　　2 040

（3）设在最后一次摊销时，报废工具一批，残料价值 300 元，已入材料库：

借：制造费用——第一基本生产车间　　1 740
　　原材料　　300
　　贷：待摊费用——待摊工具费　　2 040

分次摊销法克服了一次摊销法会导致成本、费用发生显著波动的缺陷，使低值易耗品价值进入成本、费用变得比较均衡。但仍不能反映出在用低值易耗品的价值变化情况，也不利于对在用低值易耗品的实物进行控制。

（三） 五五摊销法

五五摊销法是指在领用低值易耗品时，将低值易耗品计划成本或实际成本从“在库低值易耗品”账户转入“在用低值易耗品”账户，同时将领用的低值易耗品价值的 50% 作为摊销额，摊入有关成本、费用；低值易耗品报废时，再摊销剩余的 50% 价值，同时处理报废低值易耗品的残值，注销摊销额并注销在用低值易耗品价值，分摊材料成本差异。

【例 7－10】 某制造企业库存低值易耗品采用计划成本计价核算。2003 年 5 月第一基本生产车间领用刀具一批，计划成本 8 000 元，材料成本差异率 2%。采用五五摊销法核算。

编制会计分录如下：

（1）低值易耗品出库的会计分录：

借：低值易耗品——在用低值易耗品　　8 000
　　贷：低值易耗品——在库低值易耗品　　8 000

（2）领用时摊销50%价值的会计分录：

借：制造费用——第一基本生产车间　　4 000

　　贷：低值易耗品——在库低值易耗品　　4 000

“五五摊销法”的核算过程反映出了这批在用低值易耗品的原值为8 000元，由于已经摊销了50%的价值，所以利用“在用”和“摊销”两个账户进行对比，可以反映出在用低值易耗品的净值。

上述企业的第一基本生产车间2003年10月报废工具一批，清点后发现报废的这批工具计划成本为5 000元。这批工具价值250元的残料已经入原材料库。本月低值易耗品的材料成本差异2%。

编制会计分录如下：

（1）摊销另外50%的价值计2 500元的会计分录：

借：制造费用——第一基本生产车间　　2 500

　　贷：低值易耗品——低值易耗品摊销　　2 500

（2）回收残料的会计分录：

借：原材料　　250

　　贷：制造费用——第一基本生产车间　　250

（3）注销在用低值易耗品价值并转销摊销额：

借：低值易耗品——低值易耗品摊销　　5 000

　　贷：低值易耗品——在用低值易耗品　　5 000

（4）摊销材料成本差异：

超支差异：$5\ 000 \times 2\% = 100$（元）

会计分录：

借：制造费用——第一基本生产车间　　100

　　贷：材料成本差异——低值易耗品　　100

采用五五摊销法，低值易耗品报废前，在用低值易耗品的账面上一直记录着在用低值易耗品的价值和数量，这有利于对在用低值易耗品进行管理控制，使得在用低值易耗品的种类、数量以及价值状况都有账可查。因此，这种核算方法是一种比较科学、合理的方法。适用于使用期限较长，单位价值较高的低值易耗品。根据管理的要求，在用低值易耗品账户可以按车间、部门分设明细账。

（四）工具室的低值易耗品摊销

为了充分发挥工具类低值易耗品的作用，很多制造企业在企业中设置由专人管理的“工具室”，对企业的通用类工具实行统一保管。使用工具的人员只需办理一个极为简单的借用手续便可以将工具借出使用，不需用时将工具归还工具室，类似于公共图书馆的管理原理。

这种设置工具室的管理制度本质上是根据各类低值易耗品的不同特点而采用的分类管理办法。在用低值易耗品的控制和管理工作由传统的由财务会计机构统一管理转变为由工具室的管理者专职管理。两种管理方式相比，设置工具室的管理办法优点在于：设专人管理在用的工具更能提高工具类低值易耗品的使用效率，也能更有效地控制在用低值易耗品的规模，有利于保障这类资产的安全。工具从材料物资仓库领出，进入工具室即作为在用低值易耗品管理。工具室定期对在用工具进行清理，将已丧失使用价值的工具造册登记后办理报废的会计核算手续。

为了客观地反映这种管理制度，低值易耗品的会计核算应设置“低值易耗品——在用低值易耗品（工具室）”、“低值易耗品——低值易耗品摊销（工具室）”等账户。工具室的低值易耗品的摊销额应按一定分配方案分配到各项成本费用中去，为此还需要一个待分配的费用账户“低值易耗品摊销额”。

下面举例说明“工具室”的会计核算方法。

【例 7-11】 某制造企业设工具室对在用的通月工具实行集中统一管理。2003 年 10 月从物资库中领用新工具一批，计划成本 20 000 元，材料成本差异额 2%。本月清理工具室的在用工具，造册报废一批，该批工具的计划成本 8 000 元，残值作价 1 000 元，残料入材料库。

又已知“低值易耗品——在用低值易耗品（工具室）”账户 2003 年 10 月初余额 388 000 元（计划成本），规定每月按月末在用低值易耗品原值余额的 5% 摊销。

编制会计分录如下：

（1）从物资库中领出工具一批：

借：低值易耗品——在用低值易耗品（工具室） 20 000
　　贷：低值易耗品——在库低值易耗品 20 000

（2）工具室报废工具一批：

借：原材料 1 000
　　贷：低值易耗品摊销额 1 000

借：低值易耗品——低值易耗品摊销（工具室） 8 000
　　贷：低值易耗品——在用低值易耗品（工具室） 8 000

（3）该转报废工具后分摊的材料成本差异：

8 000 × 2% = 160（元）（超支差异）

借：低值易耗品摊销额 160
　　贷：材料成本差异——低值易耗品 160

（4）计算本月工具室工具摊销额并进行摊销月末工具室在用低值易耗品：

计划成本 = 388 000 + 20 000 − 8 000 = 400 000（元）

借：低值易耗品摊销额　　20 000

　　贷：低值易耗品——低值易耗品摊销（工具室）　　20 000

2003 年 10 月，工具室的工具摊销额按过渡性账户“低值易耗品摊销额”的记录统计总额为：20 000 + 160 − 1 000 = 19 160（元）

根据企业拟定的分配方案，工具室工具摊销额由第一基本生产车间负担 20%，第二基本车间负担 10%，模具车间负担 15%，供电车间负担 5%，维修车间负担 50%。据此编制分配表 7 − 1：

表 7 − 1

车间部门	负担率	分配额（元）
第一基本生产车间	20%	3 832
第二基本生产车间	10%	1 916
模具车间	15%	2 874
供电车间	5%	958
维修车间	50%	9 580
合计	100%	19 160

编制会计分录如下：

借：制造费用——第一基本生产车间　　3 832

　　　　　　——第二基本生产车间　　1 916

　　　　　　——模具车间　　2 874

　　辅助成本——供电车间　　958

　　　　　　——维修车间　　9 580

　　贷：低值易耗品摊销额　　19 160

　　　　低值易耗品摊销额　　19 160

8 第八章

产成品业务及产品销售业务的核算

第一节　产成品业务的核算

产成品是指企业已经完成全部生产过程并已验收入库，合乎标准规格和技术条件，可以按照合同规定的条件送交订货单位，或者可以作为商品对外销售的商品产品。企业接受外来原材料加工制造的代制品和为外单位加工修理的代修品，在制造和修理完成并验收入库后，也视同企业的产成品进行管理。

产成品是制造企业生产活动的成果，属于企业存货，更是流动资产的重要组成部分，因此，企业应当加强产成品管理，建立健全产成品内部控制制度，做好产成品的核算工作。

一、产成品收发核算的凭证

为了保证产成品核算及时、正确及产成品实物的安全、完整，企业对产成品的收入和发出，都必须严格按规定填制入库和出库凭证，并以此作为产成品收发和会计核算的依据。

产成品入库凭证主要是产成品入库单，一般由生产车间在产品完工送交产成品库时填制。产成品入库前应送检验部门检验，确认产品质量合格，才能办理入库手续。入库单一般一式三联，一联留在生产车间备查，另两联分别由成品库和企业财务部门据以登记明细分类账和总分类账。产成品入库单的格式如表 8－1：

表 8－1　　产成品入库单

交库单位：　　年　月　日　　凭证编号：

产品编号	产品名称	规格	计量单位	送检数量	检验结果			实收数量		备注
					合格品	次等品	废品	合格品	次等品	

产成品出库凭证，主要是产成品出库单或提货单，由销售部门在销售产品时填制。出库凭证一般一式三联，由成品库核对发货并签章后，除销售部门留下存根一联备查外，其余由成品库和财会部门据以登账，产成品出库单的格式如表 8－2：

表 8－2　　产成品出库单

购货单位：　　年　月　日　　凭证编号：

收货地址：　　结算方式：

运输方式：

产品编号	产品名称	规格	计量单位	数量	单位售价	金额	备注

制单人：（签章）　　仓库保管员：（签章）　　提货人：（签章）

对于退回生产车间返修的产成品，也可以填制产成品出库单，并注明出库返修的原因。

二、产成品收发的总分类核算

为了监督库存产成品的增减变化，反映库存产成品的实际成本，企业应设置“库存商品”科目，（制造业也可设置“产成品”科目），该科目借方登记验收入库产成品的实际成本，贷方登记销售、发出产成品的实际成本，余额在借方，反映库存商品的实际成本。

制造企业的产成品，一般应按实际成本核算，但对于产成品种类比较多、收发业务比较频繁的企业，也可以按计划成本进行核算，采用计划成本进行产成品日常核算，除了设置“库存商品”（产成品）科目外，还应设置“产品成本差异”科目，核算产成品实际成本与计划成本的差异。产成品的收入、发出和销售，平时可以按计划成本核算，月终计算入库产成品的实际成本，并将实际成本与计划成本差异额记入“产品成本差异”科目。产品成本差异应当在发出、销售和结存的产成品之间进行分配，将发出、销售产品成本调整为实际成本。

（一）产成品入库的核算

产成品制造完工经检验合格后，就由生产车间填写“产成品入库单”，交仓库点收数量并登记明细账。月终，根据产成品入库单和成本计算资料编制“产成品入库汇总表”，据以进行产成品入库的核算。产成品入库汇总表的格式如表 8－3。

表 8－3　　产成品入库汇总表

年　月　日

产品名称	计量单位	数 量	总成本	单位成本	备 注
A 产品	件	450	135 000	300	
B 产品	件	260	130 000	500	
合 计			265 000		

根据“产成品入库汇总表”编制会计分录如下：

借：库存商品——A 产品　　135 000

　　　　　——B 产品　　130 000

　贷：生产成本——基本生产成本　　265 000

（二）产成品发出的核算

产成品的发出主要是销售。企业的销售部门在销售产品时，应填制“产成品出库单”交仓库办理产品出库手续并据以登记明细账。月末，根据“产成品出库单”和有关成本资料编制“产品发出汇总表”（自备）并据以进行总分类核算。

为了正确计算企业损益，按照配比原则，企业要将已经销售出去的商品产品的成本，从“库存商品”账户中转出，与商品产品的销售收入配比。为此，应该设置“主营业务成本”科目。该科目为损益类科目，借方登记已售产品的实际成本。贷方登记销售退回产品成本和期末转入“本年利润”

科目的已实现销售的商品产品成本，该科目期末无余额。

企业采用不同的方式销售产品，确认销售收入实现的标志不同，已售产品成本结转的方法也有所不同。

1. 一般结算方式下，产品发出的核算。实际工作中，企业采用一般结算方式销售产品，如：支票结算、托收承付结算等，产品一经发出（办理托收），销售即可确认，已售产品的成本在月末汇总后结转商品销售成本。

【例 8－1】 某企业采用托收承付结算方式销售产品一批，实际成本为 280 000 元，货已发出，并在开户银行办妥托收手续。会计分录如下：

借：主营业务成本　　280 000

　　贷：库存商品　　280 000

2. 分期收款结算方式下，产品发出的核算。根据税法规定，采用分期收款发出商品结算方式销售商品，应以合同约定的收款日期作为销售实现的标志，产品发出时，销售并未实现，其成本不是在产品发出时与销售收入配比。企业应设置“分期收款发出商品”科目，该科目借方登记；分期收款发出商品的实际成本，贷方登记，每期销售实现时，按比率结转为销售成本。

【例 8－2】 某企业销售产品一批，全部价款为 200 000 元，不含增值税，分期收款，按合同约定交付货物的第一期收取 50% 价款，以后两期各收取 25% 价款，该批产品成本为 160 000 元。会计分录如下：

（1）发出产品：

借：分期收款发出商品　　160 000

　　贷：库存商品　　160 000

（2）发出产品后，收到第一期价款：

借：银行存款　　100 000

　　贷：主营业务收入　　100 000

$$\text{应该结转销售成本} = \text{分期收款发出商品总成本} \times \frac{\text{已实现的销售收入}}{\text{全部销售收入}}$$

$$= 160\,000 \times \frac{100\,000}{200\,000} = 80\,000 \text{（元）}$$

借：主营业务成本　　80 000

　　贷：分期收提发出商品　　80 000

（3）第二、第三期每期应付结转的成本为 40 000 元，各期结转销售成本会计分录如下：

借：主营业务成本　　40 000

　　贷：分期收提发出商品　　40 000

3. 委托代销结算方式下，产品发出的核算。企业采用委托代销方式销售产品，只有收到受托单位代销清单时才能确认销售收入的实现，同时结转已售产品成本，企业在发出代销商品时应通过“委托代销商品”科目，该科目借方登记，委托其他单位代销发出商品成本，贷方登记收到代销清单应结转的已售产品成本。

【例8-3】 某企业委托A商店代销甲产品1 000件，单位售价1 000元，不含增值税，单位成本680元。一个月后收到A商品转来代销清单，共售出400件甲产品，有关会计分录如下：

（1）发出委托代销商品：

借：委托代销商品　　680 000

　　贷：库存商品　　680 000

（2）收到代销清单，结转已售产品成本（680×400）：

借：主营业务成本　　272 000

　　贷：委托代销商品　　272 000

确认销售收入和支付代销费用的会计分录在这里没有写出。

三、产成品收发的明细分类核算

为了反映各种产成品的收、发及结存情况，企业应按产成品种类、规格设置明细账，进行明细分类核算。

采用实际成本核算时，由于月末才能计算出产成品成本，所以产成品明细账平时只记数量，不记金额，月末再根据成本计算资料登记完工产成品入库的成本，对于发出和结转销售成本业务而需要进行产成品计价的，可选用先进先出法、加权平均法等计价方法确定产成品实际成本。

第二节　产品销售业务的核算

一、销售业务核算的内容

制造企业的销售业务包括产品销售业务和其他销售业务两大类。产品销售是指企业销售产品，包括产成品、自制半成品及提供的工业性劳务；其他销售是指销售材料、固定资产出租、包装物出租、无形资产转让等。产品销售是工业企业的基本销售业务，又称为主营业务。

产品销售是制造业经营活动的最后一个环节，是企业产品价值的实现过程，在这一过程中，企业一方面将生产出来的产品的所有权转让，另一方面从购买方取得销售收入，以弥补企业的成本费用，因此，产品销售业务核算的主要内容有：确认和记录销售收入、处理销售退回和折让、计算缴纳销售税金、归集营业费用、确定并结转销售成本。

二、销售产品（商品）收入的确认和计量

在《企业会计准则 14——收入》中，将销售收入分为商品销售收入、劳务收入和他人使用本企业资产收入。并分别规定了各种收入的确认原则。

商品包括工业企业生产的产品，商品流通企业购进的商品，销售商品仅指取得货币资产方式的商品销售及正常情况下的以商品抵偿债务的交易。

企业销售商品时，如同时符合以下 4 个条件即确认为收入：

第一，企业已将商品所有权上的主要风险和报酬，转移给购买方。风险主要指商品由于贬值、毁损等造成损失的可能性；报酬主要指商品中包含的未来经济利益。如果随着商品所有权的转移，发生的任何损失均无需企业承担，带来的经济利益也不归本企业所有，则意味着该商品所有权上的风险和报酬已移出该企业。

第二，企业既没有保留通常与所有权相联系的继续管理权，也没有对已售出的商品实施控制。企业将商品所有权上的主要风险和报酬转移给买方后，如仍然保留通常与所有权相联的继续管理权，或仍能对已售出的商品实施控制，则不能确认相应的销售收入。

第三，与交易相关的经济利益能够流入企业。在销售商品交易中与交易相关的经济利益即为销售商品的价格。销售商品的价格能否有把握收回，是确认收入的一个重要条件。如果收回的可能性不大即使收入确认的其他条件均已满足，也不能确认收入。

第四，相关的收入和成本能够可靠地计量。收入能否可靠计量，是确认收入的基本前提，收入不能可靠计量，则无法确认收入，如销售过程中，可能会出现售价变动情况，在新的售价未确定前不应确认收入。根据配比原则，与同一项销售有关的收入和成本应在同一会计期间确

认，如果成本不能可靠计量，既使其他条件均已满足，相关收入也不能确认，收到的价格应确认为一项负债。

企业销售商品应同时满足上述条件，才能确认收入，任何一个条件没有满足，既使收到货款，也不能确认收入。

企业在销售商品过程中，有时会代第三方或客户收取一些款项。如：代取的增值税、代收的代销商品款等。这些代收款一方面增加了企业的资产，另一方面又增加了企业的负债，不是经济利益的流入，不能作为收入核算。

企业在确定销售收入时，现金折扣在实际发生时计入当期财务费用，销售折让在实际发生时冲减当期销售收入。

企业在产品销售过程中还会遇到一些特殊情况，可按以下原则确认收入：

第一，商品需要安装和检验的销售。在这种销售方式下，在安装和检验完毕之前，一般不确认收入。但如果安装程序比较简单，或检验是为最终确定合同价格而必须进行的程序，则可以在商品发出时确认收入。

第二，附有销售退回条件的商品销售。在这种销售方式下，如果企业能按照以往的经验，对退货的可能性作出合理估计的，应在发出商品时，将估计不会退货的部分确认为收入，估计可能发生退货的部分，不确认收入；如果企业不能合理确定退货的可能性，则在售出商品退货期满时确认收入。

第三，企业已经确认的售出商品销售退回，应冲减退回当期的收入。但资产负债表日及以前售出的商品在资产负债表日至财务报告批准报出日之间发生退回的，应按资产负债表日后事项的处理原则处理。

第四，委托代销商品，是企业委托其他销售单位代为销售商品并向受托单位支付手续费的销售方式。在这种方式下，受托方通常应按委托方规定的价格销售，不得自行改变售价，委托方应在收到受托方交付的商品代销清单时确认商品销售收入，受托方则按应收取的手续费确认收入。

第五，分期收款销售，指商品已经发出，贷款分期收回的销售方式，在这种方式下，企业应按合同约定的收款日期分期确认收入。

第六，以旧换新销售，销售方在销售商品时回收与所售商品相同的旧商品，在这种方式下，销售的商品按照商品销售的方法确认收入，回收的商品作为购进商品处理，不能冲减销售收入。

三、商品（产品）销售收入的账务处理

（一）设置的会计科目

1. 销售产品、自制半成品、提供工业性劳务是制造业的主营业务，为核算此项收入，企业应设置“主营业务收入”科目，该科目贷方登记企业实现的销售产品收入，借方登记期末结转到“本年利润”科目的数额，期末无余额。

2. 企业销售商品、提供劳务后，还要计算交纳城市维护建设税、消费税、教育附加等。企业应设置“营业税金及附加”科目，借方登记应交纳的相关税金及附加，贷方登记期末结转到“本年利润”科目的数额，期末无余额。

（二）商品销售实现的核算

企业一般于产品已经发出，同时收取价款或取得收取价款的凭证时，就可以确认收入的实现，但由于销售所采用的结算方式不同，销售收入实现的确认标志不同，核算方法也有所不同，举例说明如下：

1. 企业采用支票、银行汇票、银行本票结算方式销售产品，一般在发出商品时，同时收到转账支票、银行本票、银行汇票，即可确认为销售收入的实现，根据销售结算凭证和银行存款进账单回单联进行销售收入的核算。

【例 8-4】 某企业采用支票结算方式售出 A 产品 100 件，每件售价 400 元，价税合计 46 800 元，已收到转账支票送存银行。会计分录如下：

借：银行存款	46 800	
贷：主营业务收入		40 000
应交税费——应交增值税（销项税额）		6 800

2. 企业采用商业汇票结算方式销售商品，在发出商品时收到购买方交来的商业汇票，即为销售实现。

【例 8-5】 某企业售出 B 产品一批 200 件，每件 100 元，价税合计 23 400 元，收到购货单位转来的商业承兑汇票一张。会计分录如下：

借：应收票据	23 400	
贷：主营业务收入		20 000
应交税费——应交增值税（销项税额）		3 400

3. 企业采用托收承付结算方式销售商品，在按合同规定发出商品，并向银行办妥托收手续后，即可确认销售实现。

【例8－6】 某企业采用托收承付结算方式向外地客户销售A产品500件，每件400元，价税合计234 000元，用银行存款代垫运杂费3 000元，产品已经发出，已向银行办理托收，取得有关凭证。会计分录如下：

（1）开出支票垫付运杂费：

借：应收账款　　3 000

　　贷：银行存款　　3 000

（2）向银行办妥托收手续：

借：应收账款　　234 000

　　贷：主营业务收入　　200 000

　　　　应交税费——应交增值税（销项税额）　　34 000

（3）收到托收的全部款项：

借：银行存款　　237 000

　　贷：应收账款　　237 000

4. 企业采用分期收款结算方式销售商品，到了合同约定的收款日期即可确认销售实现。

【例8－7】 某企业采用分期收款结算方式向甲公司销售商品一批600件，每件单价500元，价税合计351 000元，分三期平均收款，该批产品成本为200 000元。会计分录如下：

（1）发出商品：

借：分期收款发出商品　　200 000

　　贷：库存商品　　200 000

（2）本期收到第一笔货款：

借：银行存款　　117 000

　　贷：主营业务收入　　100 000

　　　　应交税费——应交增值税（销项税额）　　17 000

如到期末收到货款，应记入"应收账款"账户，以后各期会计分录同（2），结转销售成本的会计分录见本章第一节。

5. 企业采用委托代销方式销售商品，在收到代销清单时确认销售收入。

【例8－8】 200×年5月10日，某企业委托某商场代销商品一批，成本为35 000元，售价总额为50 000元，增值税率17%。7月10日企业收到某商场开来的代销清单时开具增值税发票，发票注明：售价12 000元，增值税2 040元，7月15日收到某商场支付的款项。某商场实际销售该批商品的销售收入为15 000元，增值税2 550元。根据协议规定，企业按10%支付手续费。

企业编制会计分录如下：

(1) 发出代销商品：

借：委托代销商品 35 000

贷：库存商品 35 000

(2) 收到商场开出的代销清单：

借：应收账款 14 040

贷：主营业务收入 12 000

应交税费——应交增值税（销项税款） 2 040

(3) 结转已销商品成本：

借：主营业务成本 8 400

贷：分期收款发出商品 8 400

(4) 计算代销手续费（12 000 × 10% = 1 200）

借：营业费用 1 200

贷：应收账款 1 200

(5) 收到代销款项（14 040 - 1 200 = 12 840）

借：银行存款 12 840

贷：应收账款 12 840

某商场编制会计分录如下：

(1) 收到代销商品：

借：受托代销商品 50 000

贷：待销商品款 50 000

(2) 实际销售代销商品：

借：银行存款 14 040

贷：应付账款 12 000

应交税费——应交增值税（销项税款） 2 040

(3) 开出代销清单，收到增值税发票：

借：应交税费——应交增值税（进项税款） 2 040

贷：应付账款 2 040

借：代销商品款 12 000

贷：受托代销商品 12 000

(4) 将代销商品款付给企业，并计算手续费：

借：应付账款 14 040

贷：银行存款 12 840

主营业务收入（其他业务收入） 12 000

6. 企业采用现金折扣方式销售商品，现金折扣是企业为了鼓励客户在赊销期内早日付款而给予的折扣，发生的现金折扣额，购销双方均作为财务费用核算，在会计实务中，现金折扣的核算有总价法和净价法两种。我国会计制度规定应采用总价法。

【例8-9】 某企业5月1日销售商品一批，价款是30 000元，增值税款为51 000元，付款条件为：2/10、1/20、N/30，假设计算时不考虑增值税，会计分录如下：

（1）5月1日销售商品时按总价法确认：

借：应收账款　　35 100

　　贷：主营业务收入　　30 000

　　　　应交税费——应交增值税（销项税款）　　5 100

（2）假设5月9日收到买方付款，给予2%现金折扣600元：

借：银行存款　　34 500

　　财务费用　　600

　　贷：应收账款　　35 100

（3）假设5月18日收到买方付款，给予1%现金折扣300元：

借：银行存款　　34 800

　　财务费用　　300

　　贷：应收账款　　35 100

（4）假设6月1日收到买方付款，则不享受折扣，应全额收款：

借：银行存款　　35 100

　　贷：应收账款　　35 100

（三）其他销售业务的核算

1. 销售折让——商品售出后因质量规格等问题，给予购买方的折让，对于发生的销售折让，一律冲减发生当期的销售收入。

【例8-10】 某企业上月销售商品一批，价款100 000元，增值税17 000元，货到后买方发现商品质量有问题，经协商同意给予销售折让8 000元，会计分录如下：

借：主营业务收入　　8 000

　　应交税费——应交增值税（销项税额）　　1 360

　　贷：应收账款（银行存款）　　9 360

2. 销售退回——商品售出后因质量规格等问题，购买方全部或部分退回，无论何时销售的商品，一律冲减退回当月的销售收入和销项成本。

【例8-11】 某企业8月份销售甲产品一批60件，单价售价100元，单位成本60元。10月份因质量问题退回10件，货款已退回购货方。会计分录如下：

（1）冲减退回四月份销售收入：

借：主营业务收入　　1 000

　　应交税费——应交增值税（销项税额）　　170

　　贷：银行存款　　1 170

（2）冲减销售成本（60×10＝600）：

借：库存商品　　600

　　贷：主营业务成本　　600

第九章 9

制造企业财务会计报告若干项目的分析填列方法

财务会计报告是综合反映企业一定时期财务状况和经营成果的书面文件，是企业会计核算工作的最终成果。企业财务会计报告由会计报表、会计报表附注及财务情况说明书这三个基本部分组成。

企业财务会计报告的作用、分类以及内容和编制方法等，在本丛书会计学基础部分的有关篇章中已有论述，本书不重复。本书是介绍制造企业会计核算内容和方法的，在本章中讲述制造业企业编制财务会计报告的一些特殊问题。

第一节 资产负债表的若干项目的填列方法

一、存货项目

与一般的企业相比，制造企业的特点是从事商品产品生产，因此需要为进行生产而储备相当数量的材料物资，这是存货的一个部分。制造企业所从事的生产往往需要经过一个生产周期才能将投入的材料、人工等制造成为产品，而产品完工之前生产过程中会停留着一定量的已投入而未完工的“在产品”，这也是存货的一个组成部分。制造企业生产完工的产品，即生产成品在完工之后要进入成品仓库，这成为制造业企业存货的第三个部分。制造业的生产经营过程中，经常需要将一部分材料委托其他企业加工，这种已送交其他企业委托其加工尚未收回的材料物资是制造业存货的第四个部分。此外，制造业在经营中也可能有少部分购入而准备直接对外销售的商品，这也是制造业存货的内容。

综上所述，制造企业的存货具有以下几个方面的特点：

1. 种类多。与商品流通企业或其他企业比，制造企业除了外购的商品、物资之外，还有自己生产的产品，生产过程中的在产品及委托加工的物资等。

2. 价值构成复杂。商品流通企业或其他企业的存货价值由外购商品的买价构成。而制造企业的存货价值不仅包括外购商品的买价，而且包括外购商品的运杂费等；存货中的产成品、生产过程的在产品以及委托加工的材料物资各项的价值中不仅包括其中消耗材料物资的价值，而且包含着人工费、固定资产折旧费等。

3. 记录各项存货账户的结构复杂。①制造企业的储备物资按其种类内容又分为在途物资、库存材料物资和委托加工物资，在途物资在“在途物资”账户或“物资采购”账户记录；库存材料物资根据其用途不同，分别在“原材料”、“低值易耗品”或“包装物”账户中记录；在采用计划成本对库存材料物资计价核算的条件下，库存材料物资的价值部分被分为两部分，上述“原材料”等账户记录计划成本，另设“材料成本差异”账户记录实际成本与计划成本之间的差异；委托加工物资在“委托加工物资”账户中记录。②在产品的价值在“基本生产成本”账户和“辅助生产成本”账户记录，在制造企业的一些特殊生产组织方式下（例如季节性生产），“制造费用”账户中也会记录着一部分产品生产成本。已完成某些交工工序，但尚未全部完工的半成品，也可能在“自制半成品”账户中记录。③制造企业的完工成品和少量的从其他企业购入准备直接对外销售的商品在“库存商品”账户记录。

根据这些分析，制造企业资产负债表中存货项目的金额应按下面这些账户的余额分析计算填列。

在库存材料物资按实际成本计价核算的情况下：

存货项目金额 =“在途物资”账户借方余额 +“原材料”账户借方余额 +“包装物”账户借方余额 +“低值易耗品 ”账户借方余额 +“委托加工物资”账户借方余额 +“生产成本”账户借方余额 +“制造费用”账户借

方余额+“自制半成品”账户借方余额 +“ 库存商品”账户借方余额。

而在库存材料物资按计划成本计价核算的情况下：

存货项目金额=“物资采购”账户借方余额+“原材料”账户借方余额+“包装物”账户借方余额+“低值易耗品 ”账户借方余额+“材料成本差额”账户借方余额(或-“材料成本差额”账户借方余额)+“委托加工物资”账户借方余额+“生产成本”账户借方余额+“制造费用”账户借方余额+“ 自制半成品”账户借方余额+“ 库存商品”账户借方余额。

二、长期应付款项目

由于制造企业要进行产品生产，因此有可能发生一些与设备有关的长期债务。其中比较常见的是采用补偿贸易方式引进国外设备所发生的应付引进设备款债务和采用融资租入方式租入设备而发生的应付融资租赁款债务。

（一）补偿贸易

补偿贸易是指从国外引进设备，用该设备生产的产品出口给提供设备的外商，以出口商品的货款抵偿设备价款。

引进进口设备时，按设备的到岸价折合为人民币作为设备款，同时记入“在建工程”和“应付引进设备款”账户；发生的债务利息，一方面记入“应付引进设备款”账户，另一方面根据企业会计准则中关于利息资本化的原则，分清利息归属时期分别记入设备造价或记入当期费用；设备安装完毕投入生产且制成产品后，将产品出口的价格冲抵“应付引进设备款”账户。

（二）融资租赁

融资租赁是指实质上已转移了与资产所有权有关的全部风险和报酬的租赁。租赁关系确立之时，制造企业将租赁设备的资产价值（现值）计入“固定资产”或“在建工程”账户，而按合同规定的付款总额与租赁公司向企业租赁的设备的全部价格并不相同。因为合同规定的付款总额中应包括租赁公司的投资报酬。设租赁公司设定的年投资报酬率为 r，而合同规定租期为 n 年，每年年末支付当年租金。在这种条件下，合同规定的付款总额与租赁公司提供的设备价格之间的数量关系是：

$$设备价款=\frac{付款总额}{n}\times PVIFA\ (r,\ n)$$

其中：

$$PVIFA\ (r,\ n)\ =\frac{1}{1+r}+\frac{1}{(1+r)^2}+\cdots\cdots+\frac{1}{(1+r)^n}$$

$$=1\ 627\ 500\ (元)$$

【例 9－1】 长江公司向东方租赁公司融资租入设备一套。租赁日，租赁公司提供的设备价格 100 万元，租赁期限 10 年，每年年末支付当年租金。东方租赁公司设定的投资报酬率为 10%。

$$付款总额=设备价款\times\frac{10}{PVIFA\ (10\%,\ 10)}=1\ 000\ 0000\times\frac{10}{6.145}$$

$$=1\ 627\ 500\ (元)$$

即合同上应规定租金总额为 1 627 500 元，每年年末支付当年租金 162 750 元。

租金总额与设备价格的差额（本例中为 627 500 元）应计入“未确认融资费用”账户，作为“应付融资租赁款”账户的备抵账户。每期支付当期租金时，摊销未确认融资费用，摊销方法可采用平均摊销法或实际利率摊销法。如表 9－1、表 9－2 所示：

表 9－1　　未确认融资费用摊销计算表

年数	平均摊销法		
	当年摊销额（元）	累计摊销额（元）	未摊销额（元）
1	62 750	62 750	564 750
2	62 750	125 500	502 000
3	62 750	188 250	439 250
4	62 750	251 000	476 500
5	62 750	313 750	313 750
6	62 750	476 500	251 000
7	62 750	439 250	188 250
8	62 750	502 000	125 500
9	62 750	564 750	62 750
10	62 750	627 500	0

表 9－2　　实际利率摊销法

年数	当年摊销（元）	偿还本金（元）	剩余本金（元）	累计摊销（元）
1	100 000.00	62 750.00	937 250.00	100 000.00
2	93 725.00	69 025.00	868 225.00	193 725.00
3	86 822.50	75 927.50	792 297.50	280 547.50
4	79 229.75	83 520.25	708 777.25	359 777.25
5	70 877.75	91 877.25	616 900.00	430 655.00
6	61 690.00	101 060.00	515 840.00	492 345.00
7	51 584.00	111 166.00	404 674.00	543 929.00
8	40 467.40	122 282.60	282 391.40	584 396.40
9	28 239.14	134 520.86	147 870.54	612 635.54
10	14 864.46	147 870.54	0.00	627 500.00
合计	627 500.00	1 000 000.00		

其中：第 1 年摊销＝100×10%＝10（万元）

第 1 年偿还本金＝162 750－100 000 ＝ 62 750（元）

第 2 年摊销＝937 250×10% ＝93 725（元）

第 2 年偿还本金＝162 750－93 725＝69 025（元）

摊销未确认融资费用时，将本年度的未确认融资费用摊销额列入期间费用，同时冲减“未确认融资费用”。期末，资产负债表“长期应付款”项目金额由应付引进设备款和应付融资租赁款两部分组成，其中

应付融资租赁款＝“应付融资租赁款”账户贷方余额－“未确认融资费用”账户借方余额。

于是：资产负债表“长期应付款”项目金额＝“应付引进设备款”账户贷方余额＋（“应付融资租赁款”账户贷方余额－“未确认融资费用”账户借方余额）

三、应收账款、预付账款、应付账款、预收账款项目

根据“权责发生制”企业在经营活动中会有一定的债权、债务发生，为了真实的反映企业的财务状况，《企业会计准则第 30 号——财务报表列报》要求：“财务报表项目除资产减值损失外，都应当以总额列报，资产和负债不能相互抵消”。企业的债权、债务应当分别核算和披露。但企业的会计在核算时会充分利用借贷记账法的特点和账户的结构，通过设置双重性质的账户核算债权、债务。例如，不设置“预收账款”科目，对发生的预收业务通过“应收账款”科目核算，根据科目的余额方向判断债权、债务。

这种核算方法虽然在一定程度上简化了会计核算，但总分类科目的余额可能是债权和债务相抵消后的净额，掩盖了真实的债权、债务关系，影响了会计信息的质量。因此，资产负债表中的债权、债务项目不能根据总分类科目填列，要根据有关的明细科目分析、计算填列。

【例 9－2】 长江公司 2010 年 12 月 31 日有关债权、债务科目余额资料如表 9－3 所示：

表 9－3

科目名称	总分类科目余额	明细科目借方余额	明细科目贷方余额
应收账款	750 000（借方）	800 000	50 000
预付账款	370 000（借方）	400 000	30 000
应付账款	700 000（贷方）	200 000	900 000
预收账款	400 000（贷方）	300 000	700 000

注：1. “应收账款”项目金额＝“应收账款”明细账借方余额＋“预收账款”明细账借方余额
＝800 000＋300 000＝1 100 000（元）

2. “预付账款”项目金额＝“预付账款”明细账借方余额＋“应付账款”明细账借方余额
＝400 000＋200 000＝600 000（元）

3. “应付账款”项目金额＝“应付账款”明细账贷方金额＋“预付账款”明细账贷方余额
＝900 000＋30 000＝930 000（元）

4. “预收账款”项目金额＝“预收账款”明细账贷方余额＋“应收账款”明细账贷方余额
＝700 000＋50 000＝750 000（元）

根据“谨慎性”要求计提的应收款项减值准备，说明企业的资产发生了减损。应收款项应按扣除减值准备的净额在报表中列示。

第二节　利润表的收入项目的分析填列方法

利润表中有主营业务收入项目和其他业务利润项目。本节说明如何划分制造企业的主营业务收入与其他业务收入。

一、主营业务收入与其他业务收入的填列原则

主营业务与其他业务是一个相对的概念，相对于具体一个企业的营业内容。对于制造企业来说，划分主营业务与其他业务的基本原则是：

运用企业的基本生产能力生产的产品的经营业务，为主营业务；其余的经营业务为其他业务。具体说，在制造企业中，销售本企业生产的产品取得的收入为主营业务收入，而不论生产销售的产品是主要产品还是非主要产品。除此以外的其余的经营业务取得的收入为其他业务收入，如销售原辅材料取得的收入、销售购入商品取得的收入、未动用企业基本生产能力为其他单位提供劳务取得的收入、出租固定资产取得的租金收入以及转让无形资产取得的转让收入等。

二、主营业务收入与其他业务收入填入利润表的方式

在一个制造业的企业中，凡属主营业务取得的收入，在编制利润表时，列入主营业务收入项目；凡属其他业务取得的收入，列入其他业务收入账户，与其他业务成本相抵后，将其他业务利润列入利润表的其他业务利润项目。除此以外，还应注意区分企业对外投资取得的收益以及与企业经营无关的收入。

【例9－3】 某制造企业汇总2003年经营情况，将全年的各项收入业务汇总如下：销售本企业生产的产品取得收入3 000万元；销售库存材料取得收入130万元；销售外购商品取得收入120万元；使用本企业基本生产车间的生产能力为其他单位进行产品加工，取得加工收入200万元；本企业运输部门为其他企业提供运输劳务，取得收入50万元；对某合作单位进行股权性投资取得收益100万元；在销售业务中，由于买方延期付款占用了本企业资金而支付的商品汇票40万元。本年度内，企业出租仓库取得租金收入300万元；转让一项专有技术取得转让费收入120万元；另因一客户违约，本企业依照合同法不返还其定金10万元作为收入。

首先将本例中的各项收入分为主营业务收入、其他业务收入以及另外的收入项目。

主营业务收入包括：销售本企业产品取得的收入3 000万元；加工作业收入200万元；共计3 200万元。

其他业务收入包括：提供运输劳务收入50万元；销售库存材料取得收入130万元；销售外购商品取得收入120万元；以及出租仓库的租金收入300万元和转让专有技术取得的转让费收入120万元；共计720万元。

投资收益100万元；客户违约而获得的10万元定金收入应归入营业外收入；收取客户的商业汇票利息40万元，应冲减企业财务费用。

这家企业2003年度利润表中“主营业务收入”项目金额应填到为3 200万元；“其他业务利润”项目金额应根据其他企业收入720万元减去税金、成本后的差额填到100万元；商业汇票利息40万元收入冲减利润表中的“财务费用”项目的金额；而将10万元的定金收入列入“营业外收入”项目。

第三节　现金流量表“购买商品接受劳务支付的现金”项目分析填列方法

《企业会计准则——现金流量表》指南中示范的填列现金流量表的方法，是以资产负债表的年初、年末金额以及利润表的各损益项目的本年累计发生额为基础，参照明细表分类账的有关资料，使用编制“调整分录”的方法推算现金流量表各项目的金额。这种计算方法，受到企业资金循环周转方式的影响。企业经营过程越复杂，资金周转过程就越复杂，从而计算现金流量的算法就越复杂。这个规律在计算经营活动现金流量项目时体现得最为明显。

与其他经营特点相比，制造企业的生产过程使得企业周转方式比商品流通企业的资金周转方式要复杂得多。在计算经营活动现金流量时，制造企业的计算方法比其他类型企业的计算方法复杂得多。

本节主要内容是分析制造企业现金流量表中“购买商品、接受劳务支付的现金”这一经营性现金流出项目计算方法。

一、计算方法

此项目反映企业购买材料、商品，接受劳务支付的价值及支付的增值税。包括：本期购入材料、商品、接受劳务支付的现金，前期购入材料、商品、接受劳务在本期支付的现金，本期预付购料款。计算公式为：

$$\text{购买商品、接受劳务支付的现金} = \text{当期销售成本} + \text{存货增量} + \text{当期增值税进项税} - \text{应付账款（票据）的增量} + \text{预付账款的增量} - \text{当期计入存货中的工资福利及非付现金成本}$$

计算本项目还应注意：① 因存货发生损失而减少的存货应在存货增量中做调整；② 无法支付的应付账款的转销应从应付账款的增量中扣除。

在上式的各项数据中，存货增量可以对比资产负债表存货项目的年初数与期末数的差额而求得；应付账款（票据）的增量与预付账款的增量也可通过这种方式来求得。当期增值税进项税可以从应交增值税明细账中直接获得资料。当期销售成本属于利润表中的现成的资料。欲要完成上式的计算，关键的一个项目就是"当期计入存货中的工资、福利费及非付现金成本"。

我们知道，只有制造企业从事产品生产活动，才会发生将人工、折旧费等费用项目计入产品成本的业务。因此，上述的关键项目恰好反映了制造企业会计核算特征。反过来说，如果考虑其他行业（例如商品流通企业）现金流量表的"购买商品、接受劳务支付的现金"项目，这一项"当期计入存货中的工资、福利费及非付现金成本"的数额就是零！这表明我们已经通过上面的简单计算，计算出了该项目金额。

二、分析填列

在制造企业中，我们可以通过产品成本资料的分析获得"当期计入存货中的工资、福利费及非付现金成本"资料。

（一）分析成本明细账的直接人工项目

无论采用何种成本计算方法，直接计入基本生产成本明细账、辅助成本明细账的直接人工项目成本是当期计入存货中的工资福利费的一部分，可以通过分析计算上述明细账获得这方面资料。

（二）分析制造费用明细账的工资和折旧项目

①制造费用明细账中的工资项目的本期发生额合计是当期计入存货中的工资福利费的另一部分；②制造费用明细账中的折旧费项目的本期发生额合计是当期计入存货的非付现金成本的一部分。

（三）分析辅助生产成本明细账的折旧费项目

辅助生产成本明细账中的折旧费项目的本期项目的本期发生额合计

是当期计入存货中的非付现金成本的另一部分。

上面分析计算出的各项的本期发生额的合计即为“当期计入存货中的工资、福利费及非付现金成本”这一项的金额。

值得做一个强调的是，在上述分析计算中我们遵循了这样一个原则，即“非付现金成本就是固定资产折旧”。

举例说明：

【例 9－4】 某制造企业 2003 年产品销售成本 200 万元；年初资产负债表存货项目余额 1 200 万元，年末该项目余额 1 150 万元；年初应付账款项目余额（货款）105 万元，年末该项目余额（货款）107 万元；本年度取固定资产折旧 80 万元，其中 25 万元分配到期间费用中；本年度支付的工资，分配生产工人工资和车间管理人员工资，连同计提的职工福利费，共计 51 万元。假设除此以外，这个企业本年度没有发生其他影响“购买商品、接受劳务支付的现金”这个项目金额的经济业务。

我们根据这些资料，适用本节所讲的原则，计算确定“购买商品、接受劳务支付的现金”项目的金额。

1. 当期销售成本：200 万元；
2. 存货增量：－50 万元；
3. 应付账款增量：2 万元；
4. 当期计入存货中的工资、福利费及非付现金成本：

（1）计入存货中的工资、福利费：51 万元；

（2）计入存货中的非付现金成本：80－25＝55 万元；

合计：51＋55＝106（万元）。

将这些计算结果代入计算公式，得：

购买商品、接受劳务支付的现金＝200＋（－50）－2－106

＝42（万元）。

附录一 1

制造企业若干会计科目使用说明摘抄

1122 应收账款

一、本科目核算企业因销售商品、产品，提供劳务等经营活动应收取的款项。

企业（保险）按照原保险合同约定应向投保人收取的保费，可将本科目改为“1122 应收保费”科目，并按照投保人进行明细核算。企业（银行、证券）应收取的手续费和佣金，可将本科目改为“1201 应收手续费”科目，并按照债务人进行明细核算。因销售商品、产品，提供劳务等，合同或协议价款的收取采用递延方式、实质上具有融资性质的，在“长期应收款”科目核算，不在本科目核算。

二、本科目应当按照债务人进行明细核算。

三、企业发生应收账款时，按应收金额，借记本科目，按实现的营业收入，贷记“主营业务收入”、“手续费收入”、“保费收入”、“其他业务收入”等科目，按专用发票上注明的增值税额，贷记“应交税费——应交增值税（销项税额）”科目。收回应收账款时，借记“银行存款”等科目，贷记本科目。代购货单位垫付的包装费、运杂费，借记本科目，贷记“银行存款”等科目。收回代垫费用时，借记“银行存款”科目，贷记本科目。

四、企业与债务人进行债务重组，应当分别债务重组的不同方式进行账务处理：

（一）企业收到债务人清偿债务的现金金额小于该项应收账款账面价值的，应按实际收到的现金金额，借记“银行存款”等科目，按重组债权已计提的坏账准备，借记“坏账准备”科目，按重组债权的账面余额，贷记本科目，按其差额，借记“营业外支出”科目。收到债务人清偿债务的现金金额大于该项应收账款账面价值的，应按实际收到的现金金额，借记“银行存款”等科目，按重组债权已计提的坏账准备，借记“坏账准备”科目，按重组债权的账面余额，贷记本科目，按其差额，贷记“资产减值损失”科目。以下债务重组涉及的坏账准备，应当比照此规定进行处理。

（二）企业接受的债务人用于清偿债务的非现金资产，应按该项非现金资产的公允价值，借记“原材料”、“库存商品”、“固定资产”、“无形资产”等科目，按可抵扣的增值税额，借记“应交税费——应交增值税（进项税额）”科目，按重组债权的账面余额，贷记本科目，按应支付的相关税费和其他费用，贷记“银行存款”、“应交税费”等科目，按其差额，借记“营业外支出”科目。

（三）将债权转为投资，企业应按应享有股份的公允价值，借记“长期股权投资”科目，按重组债权的账面余额，贷记本科目，按应支付的相关税费，贷记“银行存款”、“应交税费”等科目，按其差额，借记“营业外支出”科目。

（四）以修改其他债务条件进行清偿的，企业应按修改其他债务条件后的债权的公允价值，借记本科目，按重组债权的账面余额，贷记本科目，按其差额，借记“营业外支出”科目。

五、本科目期末借方余额，反映企业尚未收回的应收账款；期末如为贷方余额，反映企业预收的账款。

1123 预付账款

一、本科目核算企业按照购货合同规定预付给供应单位的款项。

预付款项情况不多的，也可以不设置本科目，将预付的款项直接记入“应付账款”科目的借方。

企业（保险）从事保险业务预先支付的赔付款，可将本科目改为“1123 预付赔付款”科目，并按照受益人进行明细核算。

二、本科目应当按照供应单位进行明细核算。

三、预付账款的主要账务处理：

（一）企业因购货而预付的款项，借记本科目，贷记“银行存款”科目。

（二）收到所购物资时，按应计入购入物资成本的金额，借记“物资采购”或“原材料”、“库存商品”等科目，按可抵扣的增值税额，借记“应交税费——应交增值税（进项税额）”科目，按应付金额，贷记本科目。补付的款项，借记本科目，贷记“银行存款”科目；退回多付的款项，借记“银行存款”科目，贷记本科目。

（三）转销预付的赔付款项时，借记“赔付支出”科目，贷记本科目。

四、本科目期末借方余额，反映企业预付的款项；期末如为贷方余额，反映企业尚未补付的款项。

1231 其他应收款

一、本科目核算企业除存出保证金、拆出资金、买入返售金融资产、应收票据、应收账款、预付账款、应收股利、应收利息、应收保户储金、应收代位追偿款、应收分保账款、应收分保未到期责任准备金、应收分保保险责任准备金、长期应收款等经营活动以外的其他各种应收、暂付的款项。

二、本科目应当按照其他应收款的项目和对方单位（或个人）进行明细核算。

三、企业发生其他各种应收、暂付款项时，借记本科目，贷记有关科目；收回或转销各种款项时，借记“现金”、“银行存款”、“赔付成本”等科目，贷记本科目。

四、本科目期末借方余额，反映企业尚未收回的其他应收款。

1241 坏账准备

一、本科目核算企业应收款项等发生减值时计提的减值准备。

二、坏账准备的主要账务处理：

（一）资产负债表日，企业根据金融工具确认和计量准则确定应收款项发生减值的，按应计提的坏账准备金额，借记“资产减值损失”科目，贷记本科目。本期应计提的坏账准备大于其账面余额的，应按其差额计提；应计提的金额小于其账面余额的差额做相反的会计分录。

（二）对于确实无法收回的应收款项，按管理权限报经批准后作为坏账损失，转销应收款项，借记本科目，贷记“应收账款”、“预付账款”、“应收利息”、“应收分保保险责任准备金”、“其他应收款”、“长期应收款”等科目。

（三）已确认并转销的应收款项以后又收回的，应按实际收回的金额，借记“应收账款”、“预付账款”、“应收利息”、“应收分保保险责任准备金”、“其他应收款”、“长期应收款”等科目，贷记本科目；同时，借记“银行存款”科目，贷记“应收账款”、“预付账款”、“应收利息”、“应收分保保险责任准备金”、“其他应收款”、“长期应收款”等科目。已确认并转销的应收款项以后又收回的，企业也可以按照实际收回的金额，借记“银行存款”科目，贷记本科目。

三、本科目期末贷方余额，反映企业已计提但尚未转销的坏账准备。

1401 物资采购

一、本科目核算企业采用计划成本进行材料日常核算而购入材料的采购成本。

采用实际成本进行材料日常核算的，购入材料的采购成本，通过“在途物资”科目核算。

委托外单位加工材料、商品的加工成本，通过“委托加工物资”科目核算。

企业购入的工程用材料，通过“工程物资”科目核算。

二、本科目应当按照供应单位和物资品种进行明细核算。

三、材料采购的主要账务处理：

（一）企业支付材料价款和运杂费等时，按应计入材料采购成本的金额，借记本科目，按可抵扣的增值税额，借记“应交税费——应交增值税（进项税额）”科目，按实际支付或应付的款项，贷记“银行存款”、“现金”、“其他货币资金”、“应付账款”、“应付票据”、“预付账款”等科目。小规模纳税人等不能抵扣增值税的，购入材料按应支付的金额，借记本科目，贷记“银行存款”、“应付账款”、“应付票据”等科目。

（二）购入材料超过正常信用条件延期支付价款（如分期付款购买材料），实质上具有融资性质的，应按购买价款的现值金额，借记本科目，按可抵扣的增值税额，借记“应交税费——应交增值税（进项税额）”科目，按应付金额，贷记“长期应付款”科目，按其差额，借记“未确认融资费用”科目。

（三）月末，企业应将仓库转来的外购收料凭证，分别下列不同情况进行处理：

1. 对于已经付款或已开出、承兑商业汇票的收料凭证（包括本月付款或开出、承兑商业汇票的上月收料凭证），应按实际成本和计划成本分别汇总，按计划成本借记“原材料”、“包装物及低值易耗品”等科目，按实际成本贷记本科目；将实际成本大于计划成本的差异，借记“材料成本差异”科目，贷记本科目；实际成本小于计划成本的差异，做相反的会计分录。

2. 对于尚未收到发票账单的收料凭证，应按计划成本暂估入账，借记“原材料”、“包装物及低值易耗品”等科目，贷记“应付账款——暂估应付账款”科目，下月初做相反分录予以冲回。下月付款或开出、承兑商业汇票，借记本科目和“应交税费——应交增值税（进项税额）”科目，贷记“银行存款”、“应付票据”等科目。

四、本科目的期末借方余额，反映企业已经收到发票账单付款或已开出、承兑商业汇票，但尚未到达或尚未验收入库的在途材料的采购成本。

1402 在途物资

一、本科目核算企业采用实际成本（或进价）进行材料（或商品）日常核算，货款已付尚未验收入库的购入材料或商品的采购成本。

二、本科目应当按照供应单位进行明细核算。

三、在途物资的主要账务处理：

（一）企业购入材料、商品，按应计入材料、商品采购成本的金额，借记本科目，按可抵扣的增值税额，借记“应交税费——应交增值税（进项税额）”科目，按实际支付或应付的款项，贷记“银行存款”、“应付票据”等科目。

（二）购入材料超过正常信用条件延期支付（如分期付款购买材料），实质上具有融资性质的，应按购买价款的现值金额，借记本科目，按可抵扣的增值税额，借记“应交税费——应交增值税（进项税额）”科目，按应付金额，贷记“长期应付款”科目，按其差额，借记“未确认融资费用”科目。

（三）所购材料、商品到达验收入库，借记“原材料”、“库存商品——进价”等科目，贷记本科目。

库存商品采用售价核算的，按售价借记“库存商品”科目，按进价贷记本科目，进价与售价之间的差额，借记或贷记“商品进销差价”科目。

四、本科目期末借方余额，反映企业已付款或已开出、承兑商业汇票，但尚未到达或尚未验收入库的在途材料、商品的采购成本。

1403 原材料

一、本科目核算企业库存的各种材料，包括原料及主要材料、辅助材料、外购半成品（外购件）、修理用备件（备品备件）、包装材料、燃料等的计划成本或实际成本。收到来料加工装配业务的原料、零件等，应当设置备查簿进行登记。

二、本科目应当按照材料的保管地点（仓库）、类别、品种和规格等进行明细核算。

三、原材料的主要账务处理：

（一）购入并已验收入库的原材料，按计划成本或实际成本，借记本科目，按实际成本贷记“材料采购”或“在途物资”科目，按计划成本与实际成本的差异，借记或贷记“材料成本差异”科目。

（二）自制并已验收入库的原材料，按计划成本或实际成本，借记本科目，按实际成本贷记“生产成本”等科目，按计划成本与实际成本的差异，借记或贷记“材料成本差异”科目。委托外单位加工完成并已验收入库的原材料，按计划成本或实际成本，借记本科目，按实际成本贷记“委托加工物资”科目，按计划成本与实际成本的差异，借记或贷记“材料成本差异”科目。

（三）以其他方式增加的材料，在材料验收入库时，按计划成本或实际成本，借记本科目，按不同方式下确定的材料的实际成本，贷记有关科目，按计划成本与实际成本的差异，借记或贷记“材料成本差异”科目。

（四）生产经营领用材料，按计划成本或实际成本，借记“生产成本”、“制造费用”、“销售费用”、“管理费用”等科目，贷记本科目。发出委托外单位加工的原材料，借记“委托加工物资”科目，贷记本科目。基建工程等部门领用材料，按计划成本或实际成本加上不予抵扣的增值税额等，借记“在建工程”等科目，按实际成本或计划成本，贷记本科目，按不予抵扣的增值税额，贷记“应交税费——应交增值税（进项税额转出）”科目。采用计划成本进行材料日常核算的，按照发出各种材料的计划成本，计算应负担的成本差异，借记有关科目，贷记“材料成本差异”科目，实际成本小于计划成本的差异做相反的会计分录。采用实际成本进行材料日常核算的，发出材料的实际成本，可以采用先进先出法、加权平均法或个别认定法计算确定。

（五）出售材料时，按收到或应收价款，借记“银行存款”或“应收账款”等科目，按实现的营业收入，贷记“其他业务收入”科目，按应交的增值税额，贷记“应交税费——应交增值税（销项税额）”科目。结转出售材料的实际成本时，借记“其他业务支出”科目，贷记本科目。采用计划成本进行材料日常核算的，还应分摊材料成本差异。

四、本科目的期末借方余额，反映企业库存材料的计划成本或实际成本。

1404　材料成本差异

一、本科目核算企业各种材料的实际成本与计划成本的差异。

企业根据具体情况，可以单独设置本科目；也可以在“原材料”、“包装物及低值易耗品”等科目设置“成本差异”明细科目进行核算。

二、本科目应当分别“原材料”、“包装物及低值易耗品”等，按照类别或品种进行明细核算。

三、材料的计划成本所包括的内容应与其实际成本相一致，计划成本应当尽可能地接近实际。计划成本除特殊情况外，在年度内一般不作变动。发出材料应负担的成本差异应当按月分摊，不得在季末或年末一次计算。发出材料应负担的成本差异，除委托外部加工发出材料可按月初成本差异率计算外，应使用当月的实际差异率；月初成本差异率与本月成本差异率相差不大的，也可按月初成本差异率计算。计算方法一经确定，不得随意变更。材料成本差异率的计算公式如下：

本月材料成本差异率 =（月初结存材料的成本差异 + 本月收入材料的成本差异）÷（月初结存材料的计划成本 + 本月收入材料的计划成本）×100%

月初材料成本差异率 = 月初结存材料的成本差异 ÷ 月初结存材料的计划成本 ×100%

发出材料应负担的成本差异 = 发出材料的计划成本 × 材料成本差异率

四、材料成本差异的主要账务处理：

（一）入库材料发生的材料成本差异，实际成本大于计划成本的差异，借记本科目，贷记“材料采购”科目；实际成本小于计划成本的差异做相反的会计分录。调整材料计划成本时，调整的金额应自“原材料”等科目转入本科目：调整减少计划成本的金额，记入本科目的借方；调整增加计划成本的金额，记入本科目的贷方。

（二）结转发出材料应负担的材料成本差异，借记“生产成本”、“管理费用”、“销售费用”、“委托加工物资”、“其他业务支出”等科目，贷记本科目；实际成本小于计划成本的差异，做相反的会计分录。

五、本科目期末借方余额，反映企业库存原材料等的实际成本大于计划成本的差异；贷方余额反映企业库存原材料等的实际成本小于计划成本的差异。

1406　库存商品

一、本科目核算企业库存的各种商品的实际成本（或进价）或计划成本（或售价），包括库存产成品、外购商品、存放在门市部准备出售的商品、发出展览的商品以及寄存在外的商品等。接受来料加工制造的代制品和为外单位加工修理的代修品，在制造和修理完成验收入库后，视同企业的产成品，通过本科目核算。

企业（房地产开发）的开发产品，可将本科目改为“1406 开发产品”科目进行核算。

企业（农业）收获的农产品，可将本科目改为“1406 农产品”科目进行核算。

已经完成销售手续并确认销售收入，但购买单位在月末未提取的商品，应当作为代管商品，单独设置“代管商品”备查簿进行登记。

二、本科目应当按照库存商品的种类、品种和规格进行明细核算。

三、库存商品的主要账务处理：

（一）企业生产的产成品一般应按实际成本核算，产成品的收入、发出和销售，平时只记数量不记金额，月末计算入库产成品的实际成本。企业生产完成验收入库的产成品，按其实际成本，借记本科目，贷记“生产成本”、“消耗性生物资产”、“农业生产成本”等科目。

产成品种类较多的，也可按计划成本进行日常核算，其实际成本与计划成本的差异，可以单独设置“产品成本差异”科目核算（计划成本的确定以及成本差异率的计算参照“材料成本差异”科目）。产成品的收入、发出和销售，平时按计划成本进行核算，月末计算入库产成品的实际成本，按产成品的计划成本，借记本科目，按其实际成本，贷记“生产成本”等科目，按实际成本与计划成本的差异，借记或贷记本科目（成本差异）。

采用实际成本进行产成品日常核算的，发出产成品的实际成本，可以采用先进先出法、加权平均法或个别认定法计算确定。

对外销售产成品（包括采用分期收款方式销售产成品），结转销售成本时，借记“主营业务成本”科目，贷记本科目。采用计划成本核算的，还应结转应分摊的实际成本与计划成本的差异，借记“产品成本差异”科目，贷记“主营业务成本”科目；实际成本大于计划成本的差异，做相反的会计分录。

（二）购入商品采用进价核算的，在商品到达验收入库后，按商品进价，借记本科目，贷记“银行存款”、“在途物资”等科目。企业委托外单位加工收回的商品，按商品进价，借记本科目，贷记“委托加工物资”科目。购入商品采用售价核算的，在商品到达验收入库后，按商品售价，借记本科目，按商品进价，贷记“银行存款”、“在途物资”等科目，商品售价与进价的差额，贷记“商品进销差价”科目。企业委托外单位加工收回的商品，按商品售价，借记本科目，按委托加工商品的进价，贷记“委托加工物资”科目，商品进价与售价的差额，贷记“商品进销差价”科目。

采用进价进行商品日常核算的，发出商品的实际成本，可以采用先进先出法、加权平均法或个别认定法计算确定。对外销售商品（包括采用分期收款方式销售商品），结转销售成本时，借记“主营业务成本”科目，贷记本科目。采用售价核算的，还应结转应分摊的商品进销差价，借记“商品进销差价”科目，贷记“主营业务成本”科目。

（三）房地产开发企业开发的产品，应于竣工验收时，按实际成本，借记本科目，贷记“生产成本”科目。月末，企业应结转对外转让、销售和结算开发产品的实际成本，借记“主营业务成本”科目，贷记本科目。企业应将开发的营业性配套设施用于本企业从事第三产业经营用房，应视同自用固定资产进行处理，并将营业性配套设施的实际成本，借记“固定资产”科目，贷记本科目（配套设施）。

四、本科目期末借方余额，反映企业库存商品的实际成本（或进价）或计划成本（或售价）。

1407 发出商品

一、本科目核算企业商品销售不满足收入确认条件但已发出商品的实际成本（或进价）或计划成本（或售价）。企业委托其他单位代销的商品，也在本科目核算，企业也可以将本科目改为“1408 委托代销商品”科目，并按照受托单位进行明细核算。

二、本科目应当按照购货单位及商品类别和品种进行明细核算。

三、发出商品的主要账务处理：

（一）对于不满足收入确认条件的发出商品，应按发出商品的实际成本（或进价）或计划成本（或售价），借记本科目，贷记“库存商品”科目。发出商品满足收入确认条件时，应结转销售成本，借记“主营业务成本”科目，贷记本科目。采用计划成本或售价核算的，还应结转应分摊的产品成本差异或商品进销差价，借记“产品成本差异”或“商品进销差价”科目，贷记“主营业务成本”科目；实际成本大于计划成本的差异，做相反的会计分录。

（二）发出商品如发生退回，应按退回商品的实际成本（或进价）或计划成本（或售价），借记“库存商品”科目，贷记本科目。

四、本科目期末借方余额，反映企业商品销售中，不满足收入确认条件的已发出商品的实际成本（或进价）或计划成本（或售价）。

1411 委托加工物资

一、本科目核算企业委托外单位加工的各种物资的实际成本。

二、本科目应按加工合同、受托加工单位以及加工物资的品种等进行明细核算。

三、委托加工物资的主要账务处理：

（一）发给外单位加工的物资，按实际成本，借记本科目，贷记“原材料”、“库存商品”等科目；按计划成本或售价核算的，还应同时结转材料成本差异或商品进销差价，借记本科目，贷记“产品成本差异”或“商品进销差价”科目；实际成本小于计划成本的差异，做相反的会计分录。

（二）支付加工费、运杂费等，借记本科目等科目，贷记“银行存款”等科目；需要交纳消费税的委托加工物资，由受托方代收代交的消费税，借记本科目（收回后用于直接销售的）或“应交税费——应交消费税”科目（收回后用于继续加工的），贷记“应付账款”、“银行存款”等科目。

（三）加工完成验收入库的物资和剩余的物资，按加工收回物资的实际成本和剩余物资的实际成本，借记“原材料”、“库存商品”等科目，贷记本科目。

采用计划成本或售价核算的，按计划成本或售价，借记“原材料”或“库存商品”科目，按实际成本贷记本科目，实际成本与计划成本或售价之间的差额，借记或贷记“材料成本差异”或贷记“商品进销差价”科目。

四、本科目期末借方余额，反映企业委托外单位加工尚未完成物资的实际成本。

1412　包装物及低值易耗品

一、本科目核算企业包装物和低值易耗品的计划成本或实际成本。

二、本科目应当按照包装物和低值易耗品的种类进行明细核算。

包装物或低值易耗品价值较高、采用“五五摊销法”核算的，还应分别“库存”、“摊销”进行明细核算。

三、包装物及低值易耗品的主要账务处理：

（一）购入、自制、委托外单位加工完成验收入库的包装物和低值易耗品等，应当比照“原材料”科目进行处理。

（二）生产领用包装物和低值易耗品或出租包装物，采用一次转销法的，领用时应按其账面价值，借记“生产成本”、“其他业务支出”、“管理费用”等科目，贷记本科目。

采用五五摊销法的，领用时应按其账面价值的50%，借记“生产成本”、“其他业务支出”、“管理费用”等科目，贷记本科目；报废时，按其账面价值，借记“生产成本”、“其他业务支出”、“管理费用”等科目，贷记本科目。

（三）随同产品或商品出售、单独计价核算的包装物，在实现商品销售结转销售成本时，应按包装物的账面价值，借记“其他业务支出”科目，贷记本科目。

（四）采用计划成本进行材料日常核算的，月末结转生产领用、出售、出租包装物和生产领用的低值易耗品应分摊的成本差异，借记

“生产成本”、“其他业务支出”、“管理费用”等科目，贷记“材料成本差异”科目；实际成本小于计划成本的差异，做相反的会计分录。

四、本科目期末借方余额，反映企业包装物和低值易耗品的计划成本或实际成本。

1431 周转材料

一、本科目核算企业能够多次使用，并可基本保持原来的形态而逐渐转移其价值的各种周转材料的计划成本或实际成本。

二、本科目应当按照周转材料的种类分别“在库”、“在用”和“摊销”进行明细核算。

三、周转材料的主要账务处理：

（一）企业购入、自制、委托外单位加工完成并已验收入库的周转材料等，比照“原材料”科目进行处理。

（二）企业应当根据具体情况对周转材料采用一次转销法、分期摊销法、分次摊销法或者定额摊销法：

1. 一次转销法，一般应限于易腐、易糟的周转材料，于领用时一次计入成本、费用。

2. 分期摊销法，根据周转材料的预计使用期限分期摊入成本、费用。

3. 分次摊销法，根据周转材料的预计使用次数摊入成本、费用。

4. 定额摊销法，根据实际完成的实物工作量和预算定额规定的周转材料消耗定额，计算确认本期摊入成本、费用的金额。

（三）领用、摊销和退回周转材料时，采用一次转销法的，领用时应按其账面价值，借记“工程施工”等科目，贷记本科目。

采用其他摊销法的，领用时应按其账面价值，借记本科目（在用），贷记本科目（在库）；摊销时应按摊销额，借记“工程施工”、“销售费用”等科目，贷记本科目（摊销）；退库时应按其价值，借记本科目（在库），贷记本科目（在用）。

（四）周转材料报废时，采用一次转销法的，应按报废周转材料的残料价值，借记“原材料”等科目，贷记“工程施工”等科目。

采用其他摊销法的，按应补提摊销额，借记“工程施工”等科目，贷记本科目（摊销）；按报废周转材料的残料价值，借记“原材料”等科目，贷记“工程施工”等科目，同时按已提摊销额，借记本科目（摊销），贷记本科目（在用）。

（五）采用计划成本进行周转材料日常核算的，月末结转领用周转材料应分摊的成本差异，借记“工程施工”、“销售费用”等科目，贷记“材料成本差异”科目，实际成本小于计划成本的差异做相反的会计分录。

四、本科目期末借方余额，反映企业在库周转材料的计划成本或实际成本以及在用周转材料的摊余价值。

1461　存货跌价准备

一、本科目核算企业存货发生减值时计提的存货跌价准备。

企业（农业）对消耗性生物资产计提的跌价准备，也在本科目核算。

二、存货跌价准备的主要账务处理：

（一）资产负债表日，企业根据存货准则确定存货发生减值的，按存货可变现净值低于成本的差额，借记“资产减值损失”科目，贷记本科目。已计提跌价准备的存货价值以后又得以恢复，应在原已计提的存货跌价准备金额内，按恢复增加的金额，借记本科目，贷记“资产减值损失”科目。发出存货结转计提的存货跌价准备的，借记本科目，贷记“主营业务成本”等科目。

（二）企业（建造承包商）按建造合同准则确定合同预计总成本超过合同总收入的，应按其差额，借记“资产减值损失”科目，贷记本科目。合同完工时，借记本科目，贷记“主营业务成本”科目。

三、本科目期末贷方余额，反映企业已计提但尚未转销的存货跌价准备。

1601　固定资产

一、本科目核算企业持有固定资产的原价。

下列各项满足固定资产确认条件的，也在本科目核算：

1. 企业（航空）的高价周转件。

2. 企业以经营租赁方式租入的固定资产发生的改良支出，如满足固定资产确认条件的装修费用等。

3. 企业（建造承包商）为保证施工和管理的正常进行而购建的各种临时设施。

4. 企业购置计算机硬件所附带的、未单独计价的软件，与所购置的计算机硬件一并作为固定资产。

5. 企业为开发新产品、新技术购置的符合固定资产定义和确认条件的设备。

6. 采用成本模式计量的已出租的建筑物。未作为固定资产管理的工具、器具等，在“包装物及低值易耗品”科目核算。

二、本科目应当按照固定资产类别或项目进行明细核算。

企业以经营租赁方式租入的固定资产发生的改良支出，应在本科目设置“经营租入固定资产改良”明细科目进行核算。企业融资租入的固定资产，应在本科目设置“融资租入固定资产”明细科目进行核算。

三、固定资产的主要账务处理：

（一）企业购入不需要安装的固定资产，按应计入固定资产成本的金额，借记本科目，贷记“银行存款”“其他应付款”、“应付票据”等科目。购入需要安装的固定资产，先记入“在建工程”科目，安装完毕交付使用时再转入本科目。购入固定资产超过正常信用条件延期支付价款（如分期付款购买固定资产），实质上具有融资性质的，应按所购固定资产购买价款的现值，借记本科目或“在建工程”科目，按应支付的金额，贷记“长期应付款”科目，按其差额，借记“未确认融资费用”科目。

（二）自行建造完成的固定资产，借记本科目，贷记“在建工程”科目。已达到预定可使用状态但尚未办理竣工决算手续的固定资产，可先按估计价值记账，待确定实际价值后再进行调整。

（三）融资租入的固定资产，在租赁期开始日，应按租赁准则确定的应计入固定资产成本的金额，借记本科目或“在建工程”科目，按最低租赁付款额，贷记“长期应付款”科目，按发生的初始直接费用，贷记“银行存款”等科目，按其差额，借记“未确认融资费用”科目。租赁期届满，企业取得该项固定资产所有权的，应将该项固定资产从“融资租入固定资产”明细科目转入有关明细科目。

（四）以其他方式取得的固定资产，按不同方式下确定的应计入固定资产成本的金额，借记本科目，贷记有关科目。

（五）固定资产存在弃置义务的，应在取得固定资产时，按预计弃置费用的现值，借记本科目，贷记“预计负债”科目。在该项固定资产的使用寿命内，按弃置费用计算确定各期应负担的利息费用，借记“财务费用”科目，贷记“预计负债”科目。

（六）固定资产装修发生的装修费用满足固定资产确认条件的，借记本科目，贷记“银行存款”等科目。

（七）处置固定资产应通过“固定资产清理”科目核算，应按该项固定资产账面净额，借记“固定资产清理”科目，按已提的累计折旧，借记“累计折旧”科目，原已计提减值准备的，借记“固定资产减值准备”科目，按其账面余额，贷记本科目。

四、本科目期末借方余额，反映企业固定资产的账面原价。

1602 累计折旧

一、本科目核算企业对固定资产计提的累计折旧。

二、本科目应当按照固定资产的类别或项目进行明细核算。

三、企业按月计提固定资产折旧，借记“制造费用”、“销售费用”、“管理费用”、“其他业务支出”、“研发支出”等科目，贷记本科目。

四、本科目期末贷方余额，反映企业固定资产累计折旧额。

1603　固定资产减值准备

一、本科目核算企业固定资产发生减值时计提的减值准备。企业（石油天然气开采）可以单独设置“1633 油气资产减值准备”科目，比照本科目进行处理。

二、资产负债表日，企业根据资产减值准则确定固定资产发生减值的，按应减记的金额，借记“资产减值损失”科目，贷记本科目。处置固定资产时，应同时结转已计提的固定资产减值准备。

三、本科目期末贷方余额，反映企业已计提但尚未转销的固定资产减值准备。

1604　在 建 工 程

一、本科目核算企业基建、技改等在建工程发生的价值。企业与固定资产有关的后续支出，包括固定资产发生的日常修理费、大修理费用、更新改造支出、房屋的装修费用等，满足固定资产准则规定的固定资产确认条件的，也在本科目核算；没有满足固定资产确认条件的，应在“管理费用”科目核算，不在本科目核算。

二、本科目应当按照“建筑工程”、“安装工程”、“在安装设备”、“待摊支出”以及单项工程进行明细核算。在建工程发生减值的，应在本科目设置“减值准备”明细科目进行核算。

三、在建工程的主要账务处理：

（一）企业发包的在建工程，按合同规定向承包企业预付工程款、备料款时，借记本科目，贷记“银行存款”等科目。将设备交付承包企业进行安装时，借记本科目（在安装设备），贷记“工程物资”科目。与承包企业办理工程价款结算时，按补付的工程款，借记本科目，贷记“银行存款”、“应付账款”等科目。

（二）企业自营的在建工程领用工程物资、本企业原材料或库存商品的，借记本科目，贷记“工程物资”、“原材料”、“库存商品”等科目。采用计划成本核算的，应同时结转应分摊的成本差异。上述事项涉及增值税的，应结转相应的增值税额。在建工程应负担的职工薪酬，借记本科目，贷记“应付职工薪酬”科目。辅助生产部门为工程提供的水、电、设备安装、修理、运输等劳务，借记本科目，贷记“生产成本——辅助生产成本”等科目。

（三）在建工程发生的管理费、征地费、可行性研究费、临时设施费、公证费、监理费及应负担的税费等，借记本科目（待摊支出），贷记“银行存款”等科目。在建工程发生的借款费用满足借款费用准则资本化条件的，借记本科目（待摊支出），贷记“长期借款”、“应付利息”等科目。由于自然灾害等原因造成的单项工程或单位工程报废或毁损，减去残料价值和过失人或保险公司等赔款后的净损失，借记本科目（待摊支出）科目，贷记本科目（建筑工程、安装工程等）；在建工程全部报废或毁损的，应按其净损失，借记“营业外支出——非常损失”科目，贷记本科目。建设期间发生的工程物资盘亏、报废及毁损净损失，借记本科目（待摊支出），贷记“工程物资”科目；盘盈的工程物资或处置净收益，做相反的会计分录。在建工程进行负荷联合试车发生的费用，借记本科目（待摊支出），贷记“银行存款”、“原材料”等科目；试车形成的产品对外销售或转为库存商品的，借记“银行存款”、“库存商品”等科目，贷记本科目（待摊支出）。上述事项涉及增值税的，应结转相应的增值税额。

（四）在建工程完工已领出的剩余物资应办理退库手续，借记“工程物资”科目，贷记本科目。

（五）在建工程达到预定可使用状态时，应计算分配待摊支出，借记本科目（工程），贷记本科目（待摊支出）；结转在建工程成本时，借记“固定资产”等科目，贷记本科目（××工程）。

（六）企业在油气勘探过程中发生的各项钻井勘探支出，借记本科目，贷记“银行存款”、“应付职工薪酬”等科目。属于发现探明经济可采储量的钻井勘探支出，借记“油气资产”科目，贷记本科目；属于未发现探明经济可采储量的钻井勘探支出，借记“勘探费用”科目，贷记本科目。

四、本科目的期末借方余额，反映企业尚未完工的在建工程的价值。

1605 工程物资

一、本科目核算企业为在建工程准备的各种物资的价值，包括工程用材料、尚未安装的设备以及为生产准备的工器具等。

二、本科目应当按照“专用材料”、“专用设备”、“工器具”等进行明细核算。工程物资发生减值准备的，应在本科目设置“减值准备”明细科目进行核算，也可以单独设置“工程物资减值准备”科目进行核算。

三、工程物资的主要账务处理：

（一）购入为工程准备的物资，借记本科目，贷记“银行存款”、

“其他应付款”等科目。

（二）领用工程物资，借记“在建工程”科目，贷记本科目。工程完工后将领出的剩余物资退库时，做相反的会计分录。

（三）资产负债表日，根据资产减值准则确定工程物资发生减值的，按应减记的金额，借记“资产减值损失”科目，贷记本科目（减值准备）。领用或处置工程物资时，应结转已计提的工程物资减值准备。

（四）工程完工，将为生产准备的工具和器具交付生产使用时，借记“包装物及低值易耗品”等科目，贷记本科目。工程完工后剩余的工程物资转作本企业存货的，借记“原材料”等科目，贷记本科目；采用计划成本核算的，应同时结转材料成本差异。工程完工后剩余的工程物资对外出售的，应确认其他业务收入并结转相应成本。上述事项涉及增值税的，应结转相应的增值税额。

四、本科目期末借方余额，反映企业为在建工程准备的各种物资的价值。

1606　固定资产清理

一、本科目核算企业因出售、报废和毁损、对外投资、非货币性资产交换、债务重组等原因转入清理的固定资产价值以及在清理过程中所发生的清理费用和清理收入等。企业（石油天然气开采）可以单独设置“1634 油气资产清理”科目，比照本科目进行处理。

二、本科目应当按照被清理的固定资产项目进行明细核算。

三、固定资产清理的主要账务处理：

（一）企业因出售、转让、报废和毁损、对外投资、融资租赁、非货币性资产交换、债务重组等处置固定资产，按该项固定资产账面净额，借记本科目，按已计提的累计折旧，借记“累计折旧”科目，原已计提减值准备的，借记“固定资产减值准备”科目，按其账面余额，贷记“固定资产”科目。

（二）清理过程中发生的其他费用以及应支付的相关税费，借记本科目，贷记“银行存款”、“应交税费——应交营业税”等科目。收回出售固定资产的价款、残料价值和变价收入等，借记“银行存款”、“原材料”等科目，贷记本科目。应由保险公司或过失人赔偿的损失，借记“其他应收款”等科目，贷记本科目。

（三）固定资产清理完成后，本科目的借方余额，属于筹建期间的，借记“管理费用”科目，贷记本科目；属于生产经营期间由于自然灾害等非正常原因造成的损失，借记“营业外支出——非常损失”科目，贷记本科目；属于生产经营期间正常的处理损失，借记“营业外支出——处置非流动资产损失”科目，贷记本科目。固定资产清理完成后，本科目的贷方余额，属于筹建期间的，借记本科目，贷记“管理费用”科目；属于生产经营期间的，借记本科目，贷记“营业外收入——处置非流动资产利得”科目。

四、本科目期末余额，反映企业尚未清理完毕固定资产的价值以及清理净损益（清理收入减去清理费用）。

1611 融资租赁资产

一、本科目核算企业（租赁）为开展融资租赁业务取得资产的实际成本。

二、本科目应当按照承租人、租赁资产类别和项目进行明细核算。

三、融资租赁资产的主要账务处理：

（一）企业购入和以其他方式取得的融资租赁资产，借记本科目，贷记“银行存款”等科目。

（二）在租赁期开始日，按租赁开始日最低租赁收款额与初始直接费用之和，借记“长期应收款”科目，按未担保余值，借记“未担保余值”科目，按发生的初始直接费用，贷记“银行存款”等科目，按融资租赁资产的账面余额，贷记本科目，按其差额，贷记“未实现融资收益”科目。

四、本科目期末借方余额，反映企业已作为融资租赁资产但尚未租出资产的实际成本。

1701 无 形 资 产

一、本科目核算企业持有的无形资产，包括专利权、非专利技术、商标权、著作权、土地使用权等。

采用成本模式计量的已出租的土地使用权和持有并准备增值后转让的土地使用权，在“投资性房地产”科目核算，不在本科目核算。

二、企业应当按照无形资产项目进行明细核算。

三、无形资产的主要账务处理：

（一）外购的无形资产，按应计入无形资产成本的金额，借记本科目，贷记“银行存款”等科目。购入无形资产超过正常信用条件延期支付价款，实质上具有融资性质的，应按所购无形资产购买价款的现值，借记本科目，按应支付的金额，贷记“长期应付款”科目，按其差额，借记“未确认融资费用”科目。

（二）自行开发的无形资产，借记本科目，贷记“研发支出”科目。

（三）企业合并中取得的无形资产，应按其在购买日的公允价值，借记本科目，贷记有关科目。

（四）其他方式取得的无形资产，按不同方式下确定应计入无形资产成本的金额，借记本科目，贷记有关科目。

（五）无形资产预期不能为企业带来经济利益的，应按已计提的累计摊销，借记“累计摊销”科目，原已计提减值准备的，借记“无形资产减值准备”科目，按其账面余额，贷记本科目，按其差额，借记“营业外支出”科目。

（六）出售无形资产时，应按实际收到的金额，借记“银行存款”等科目，按已计提的累计摊销，借记“累计摊销”科目，原已计提减值准备的，借记“无形资产减值准备”科目，按应支付的相关税费，贷记“应交税费”等科目，按其账面余额，贷记本科目，按其差额，贷记“营业外收入——处置非流动资产利得”科目或借记“营业外支出——处置非流动资产损失”科目。

四、本科目期末借方余额，反映企业无形资产的成本。

1702　累计摊销

一、本科目核算企业对使用寿命有限的无形资产计提的累计摊销。作为投资性房地产的采用成本模式计量的土地使用权的累计摊销，也通过本科目核算。

二、本科目应按无形资产项目进行明细核算。

三、企业按月计提无形资产摊销，借记“管理费用”、“其他业务支出”等科目，贷记本科目。

四、本科目期末贷方余额，反映企业无形资产累计摊销额。

1703　无形资产减值准备

一、本科目核算企业无形资产发生减值时计提的减值准备。

二、本科目应按无形资产项目进行明细核算。

三、资产负债表日，企业根据资产减值准则确定无形资产发生减值的，按应减记的金额，借记“资产减值损失”科目，贷记本科目。处置无形资产时，应同时结转已计提的无形资产减值准备。

四、本科目期末贷方余额，反映企业已计提但尚未转销的无形资产减值准备。

1801　长期待摊费用

一、本科目核算企业已经发生但应由本期和以后各期负担的分摊期限在1年以上的各项费用。

二、本科目应按费用项目进行明细核算。

三、企业发生的长期待摊费用，借记本科目，贷记有关科目。摊销长期待摊费用时，借记“管理费用”、“销售费用”等科目，贷记本科目。

四、本科目期末借方余额，反映企业尚未摊销完毕的长期待摊费用的摊余价值。

1811 递延所得税资产

一、本科目核算企业根据所得税准则确认的可抵扣暂时性差异产生的所得税资产。根据税法规定可用以后年度税前利润弥补的亏损产生的所得税资产，也在本科目核算。

二、本科目应当按照可抵扣暂时性差异等项目进行明细核算。

三、递延所得税资产的主要账务处理：

（一）企业在确认相关资产、负债时，根据所得税准则应予确认的递延所得税资产，借记本科目，贷记“所得税——递延所得税费用”、“资本公积——其他资本公积”等科目。

（二）资产负债表日，企业根据所得税准则应予确认的递延所得税资产大于本科目余额的，借记本科目，贷记“所得税——递延所得税费用”、“资本公积——其他资本公积”等科目；应予确认的递延所得税资产小于本科目余额的，做相反的会计分录。

（三）资产负债表日，预计未来期间很可能无法获得足够的应纳税所得额用以抵扣可抵扣暂时性差异的，按应减记的金额，借记“所得税——当期所得税费用”、“资本公积——其他资本公积”科目，贷记本科目。

四、本科目期末借方余额，反映企业已确认的递延所得税资产的余额。

1901 待处理财产损溢

一、本科目核算企业在清查财产过程中查明的各种财产盘盈、盘亏和毁损的价值。物资在运输途中发生的非正常短缺与损耗，也通过本科目核算。

二、本科目应按盘盈、盘亏的资产种类和项目进行明细核算。

三、待处理财产损溢的主要账务处理：

（一）盘盈的各种材料、库存商品、固定资产、生物资产等，借记“原材料”、“库存商品”、“固定资产”、“消耗性生物资产”、“生产性生物资产”、“公益性生物资产”等科目，贷记本科目。

（二）盘亏、毁损的各种材料、库存商品、生物资产等，借记本科目，贷记“原材料”、“库存商品”、“应交税费——应交增值税（进项税额转出）”、“消耗性生物资产”、“生产性生物资产”、“公益性生物资产”等科目。材料、库存商品采用计划成本（或售价）核算的，还应同时结转成本差异（或商品进销差价）。

（三）盘盈、盘亏、毁损的财产，按管理权限报经批准后处理时，按残料价值，借记“原材料”等科目，按可收回的保险赔偿或过失人赔偿，借记“其他应收款”科目，按本科目余额，借记或贷记本科目，按其借方差额，属于管理原因造成的，借记“管理费用”科目，属于非正常损失的，借记“营业外支出——非常损失”；按其贷方差额，贷记“管理费用”、“营业外收入”科目。

四、企业的财产损溢，应查明原因，在期末结账前处理完毕，处理后本科目应无余额。

2001 短期借款

一、本科目核算企业向银行或其他金融机构等借入的期限在1年以下（含1年）的各种借款。企业向银行或其他金融机构等借入的期限在1年以上的各种借款，在“长期借款”科目核算。

二、本科目应当按照借款种类和贷款人进行明细核算。

三、短期借款的主要账务处理：

（一）企业借入的各种短期借款，借记“银行存款”科目，贷记本科目；归还借款时，做相反的会计分录。

（二）资产负债表日，应按实际利率计算确定的短期借款利息的金额，借记“财务费用”、“利息支出”等科目，贷记“预提费用”、“银行存款”等科目。实际利率与合同约定的名义利率差异不大的，也可以采用合同约定的名义利率计算确定利息费用。

四、本科目期末贷方余额，反映企业尚未偿还的短期借款的本金。

2002 存入保证金

一、本科目核算企业（金融）收到客户存入的各种保证金，如信用证保证金、承兑汇票保证金、保函保证金、担保保证金等。

二、本科目应当按照客户进行明细核算。

三、存入保证金的账务处理，应当比照“吸收存款”中活期存款的相关规定进行处理。

四、本科目期末贷方余额，反映企业接受存入但尚未返还的保证金余额。

2201 应付票据

一、本科目核算企业购买材料、商品和接受劳务供应等而开出、承兑的商业汇票，包括银行承兑汇票和商业承兑汇票。

二、应付票据的主要账务处理：

（一）企业开出、承兑商业汇票或以承兑商业汇票抵付货款、应付账款时，借记“物资采购”、“库存商品”、“应付账款”、“应交税费——应交增值税（进项税额）”等科目，贷记本科目。

（二）支付银行承兑汇票的手续费，借记“财务费用”科目，贷记“银行存款”科目。支付款项时，借记本科目，贷记“银行存款”科目。

（三）应付票据到期，如企业无力支付票款，按应付票据的票面价值，借记本科目，贷记“应付账款”科目。

三、企业应当设置“应付票据备查簿”，详细登记每一商业汇票的种类、号数和出票日期、到期日、票面余额、交易合同号和收款人姓名或单位名称以及付款日期和金额等资料。应付票据到期结清时，应当在备查簿内逐笔注销。

四、本科目期末贷方余额，反映企业尚未到期的商业汇票的票面余额。

2202 应付账款

一、本科目核算企业因购买材料、商品和接受劳务供应等经营活动应支付的款项。企业（金融）应支付但尚未支付的手续费和佣金，可将本科目改为“2202 应付手续费”科目，并按照对方单位（或个人）进行明细核算。

二、本科目应当按照不同的债权人进行明细核算。

三、应付账款的主要账务处理：

（一）企业购入材料、商品等验收入库，但货款尚未支付，根据有关凭证（发票账单、随货同行发票上记载的实际价款或暂估价值），借记“物资采购”、“在途物资”等科目，按可抵扣的增值税额，借记“应交税费——应交增值税（进项税额）”等科目，按应付的价款，贷记本科目。

（二）接受供应单位提供劳务而发生的应付未付款项，根据供应单位的发票账单，借记“生产成本”、“管理费用”等科目，贷记本科目。支付时，借记本科目，贷记“银行存款”等科目。

（三）采用售后回购方式融资的，在发出商品等资产时，应按实际收到或应收的金额，借记“银行存款”、“应收账款”等科目，按专用发票上注明的增值税额，贷记“应交税费——应交增值税（销项税额）”科目，按其差额，贷记本科目。回购价格与原销售价格之间的差额，应在售后回购期间内按期计提利息费用，借记“财务费用”科目，贷记本科目。购回该项商品等时，应按回购商品等的价款，借记本科目，按可抵扣的增值税额，借记“应交税费——应交增值税（进项税额）”科目，按实际支付的金额，贷记“银行存款”科目。

（四）企业与债权人进行债务重组，应当分别债务重组的不同方式进行账务处理：

1. 以低于应付债务账面价值的现金清偿债务的，应按应付账款的账面余额，借记本科目，按实际支付的金额，贷记“银行存款”科目，按其差额，贷记“营业外收入——债务重组利得”科目。

2. 企业以非现金资产清偿债务的，应按应付账款的账面余额，借记本科目，按用于清偿债务的非现金资产的公允价值，贷记“交易性金融资产”、“其他业务收入”、“主营业务收入”、“固定资产清理”、“无形资产”、“长期股权投资”等科目，按应支付的相关税费，贷记“应交税费”等科目，按其差额，贷记“营业外收入”等科目或借记“营业外支出”等科目。

3. 以债务转为资本，应按应付账款的账面余额，借记本科目，按债权人因放弃债权而享有的股权的公允价值，贷记“实收资本”或“股本”、“资本公积——资本溢价或股本溢价”科目，按其差额，贷记“营业外收入——债务重组利得”科目。

4. 以修改其他债务条件进行清偿的，应将重组债务的账面余额与重组后债务的公允价值的差额，借记本科目，贷记“营业外收入——债务重组利得”科目。

（五）企业如有将应付账款划转出去或者确实无法支付的应付账款，应按其账面余额，借记本科目，贷记“营业外收入——其他”科目。

四、本科目期末贷方余额，反映企业尚未支付的应付账款。

2205　预收账款

一、本科目核算企业按照合同规定向购货单位预收的款项。预收账款情况不多的，也可将预收的款项直接记入“应收账款”科目。企业（保险）按照原保险合同约定收到的尚未满足保费收入确认条件的保险费，可将本科目改为“2205 预收保费”科目，并按投保人进行明细核算。

二、本科目应按购货单位进行明细核算。

三、企业向购货单位预收的款项，借记“银行存款”科目，贷记本科目；销售实现时，按实现的收入和应交的增值税销项税额，借记本科目，按实现的营业收入，贷记“主营业务收入”科目，按专用发票上注明的增值税额，贷记“应交税费——应交增值税（销项税额）”等科目。购货单位补付的款项，借记“银行存款”科目，贷记本科目；退回多付的款项，做相反的会计分录。

四、本科目期末贷方余额，反映企业向购货单位预收的款项；期末如为借方余额，反映企业应由购货单位补付的款项。

2211 应付职工薪酬

一、本科目核算企业根据有关规定应付给职工的各种薪酬。外商投资企业按规定从净利润中提取的职工奖励及福利基金，也在本科目核算。

二、本科目应当按照“工资”、“职工福利”、“社会保险费”、“住房公积金”、“工会经费”、“职工教育经费”、“解除职工劳动关系补偿”等应付职工薪酬项目进行明细核算。

三、应付职工薪酬的主要账务处理：

（一）企业按照有关规定向职工支付工资、奖金、津贴等，借记本科目，贷记“银行存款”、“现金”等科目。企业从应付职工薪酬中扣还的各种款项（代垫的家属药费、个人所得税等），借记本科目，贷记“其他应收款”、“应交税费——应交个人所得税”等科目。企业向职工支付职工福利费，借记本科目，贷记“银行存款”、“现金”科目。企业支付工会经费和职工教育经费用于工会运作和职工培训，借记本科目，贷记“银行存款”等科目。企业按照国家有关规定缴纳社会保险费和住房公积金，借记本科目，贷记“银行存款”科目。企业因解除与职工的劳动关系向职工给予的补偿，借记本科目，贷记“银行存款”、“现金”等科目。

（二）企业应当根据职工提供服务的受益对象，对发生的职工薪酬分别以下情况进行处理生产部门人员的职工薪酬，借记“生产成本”、“制造费用”、“劳务成本”科目，贷记本科目。管理部门人员的职工薪酬，借记“管理费用”科目，贷记本科目。销售人员的职工薪酬，借记“销售费用”科目，贷记本科目。应由在建工程、研发支出负担的职工薪酬，借记“在建工程”、“研发支出”科目，贷记本科目。因解除与职工的劳动关系给予的补偿，借记“管理费用”科目，贷记本科目。外商投资企业按规定从净利润中提取的职工奖励及福利基金，借记“利润分配——提取的职工奖励及福利基金”科目，贷记本科目。

四、本科目期末贷方余额，反映企业应付职工薪酬的结余。

2221 应 交 税 费

一、本科目核算企业按照税法规定计算应交纳的各种税费，包括增值税、消费税、营业税、所得税、资源税、土地增值税、城市维护建设税、房产税、土地使用税、车船使用税、教育费附加、矿产资源补偿费等。企业（保险）按规定应交纳的保险保障基金，也通过本科目核算。企业代扣代交的个人所得税，也通过本科目核算。企业不需要预计应交数所交纳的税金，如印花税、耕地占用税等，不在本科目核算。

二、本科目应当按照应交税费的税种进行明细核算。应交增值税还应分别“进项税额”、“销项税额”、“出口退税”、“进项税额转出”、“已交税金”等设置专栏进行明细核算。

三、应交税费的主要账务处理：

（一）应交增值税：

1. 企业采购物资等，按可抵扣的增值税额，借记本科目（应交增值税——进项税额），按应计入采购成本的金额，借记“材料采购”、“在途物资”或“原材料”、“库存商品”等科目，按应付或实际支付的金额，贷记“应付账款”、“应付票据”、“银行存款”等科目。购入物资发生的退货，做相反的会计分录。

2. 销售物资或提供应税劳务，按营业收入和应收取的增值税额，借记“应收账款”、“应收票据”、“银行存款”等科目，按专用发票上注明的增值税额，贷记本科目（应交增值税——销项税额），按实现的营业收入，贷记“主营业务收入”、“其他业务收入”科目。发生的销售退回，做相反的会计分录。

3. 实行“免、抵、退”的企业，按应收的出口退税额，借记“其他应收款”科目，贷记本科目（应交增值税——出口退税）。

4. 企业交纳的增值税，借记本科目（应交增值税——已交税金），贷记“银行存款”科目。

5. 小规模纳税人以及购入材料不能取得增值税专用发票的，发生的增值税计入材料采购成本，借记“材料采购”、“在途物资”等科目，贷记本科目。

（二）应交消费税、营业税、资源税和城市维护建设税：

1. 企业按规定计算应交的消费税、营业税、资源税、城市维护建设税，借记“营业税金及附加”等科目，贷记本科目（应交消费税、营业税、资源税、城市维护建设税）。

2. 出售不动产，计算应交的营业税，借记“固定资产清理”等科目，贷记本科目（应交营业税）。

3. 交纳的消费税、营业税、资源税、城市维护建设税，借记本科目（应交消费税、营业税、资源税、城市维护建设税），贷记“银行存款”等科目。

（三）应交所得税：

1. 企业按照税法规定计算应交的所得税，借记“所得税”等科目，贷记本科目（应交所得税）。

2. 交纳的所得税，借记本科目（应交所得税），贷记“银行存款”等科目。

（四）应交土地增值税：

1. 企业转让的国有土地使用权连同地上建筑物及其附着物一并在“固定资产”或“在建工程”等科目核算的，转让时应交的土地增值税，借记“固定资产清理”科目，贷记本科目（应交土地增值税）。

2. 交纳的土地增值税，借记本科目（应交土地增值税），贷记“银行存款”等科目。

（五）应交房产税、土地使用税和车船使用税：

1. 企业按规定计算应交的房产税、土地使用税、车船使用税，借记“管理费用”科目，贷记本科目（应交房产税、应交土地使用税、应交车船使用税）。

2. 交纳的房产税、土地使用税、车船使用税，借记本科目（应交房产税、应交土地使用税、应交车船使用税），贷记“银行存款”等科目。

（六）应交个人所得税：

1. 企业按规定计算的应代扣代交的职工个人所得税，借记“应付职工薪酬”科目，贷记本科目（应交个人所得税）。

2. 交纳的个人所得税，借记本科目（应交个人所得税），贷记“银行存款”等科目。

（七）应交的教育费附加、矿产资源补偿费：

1. 企业按规定计算应交的教育费附加、矿产资源补偿费，借记“营业税金及附加”、“其他业务支出”、“管理费用”等科目，贷记本科目（应交教育费附加、应交矿产资源补偿费）。

2. 交纳的教育费附加、矿产资源补偿费，借记本科目（应交教育费附加、应交矿产资源补偿费），贷记“银行存款”等科目。

（八）应交的保险保障基金：

1. 企业按规定应交的保险保障基金，借记“管理费用”科目，贷记本科目（应交保险保障基金）。

2. 交纳的保险保障基金，借记本科目（应交保险保障基金），贷记“银行存款”科目。

四、本科目期末贷方余额，反映企业尚未交纳的税费；期末如为借方余额，反映企业多交或尚未抵扣的税金。

2231 应付利息

一、本科目核算企业按照合同约定应支付的利息，包括吸收存款、分期付息到期还本的长期借款、企业债券等应支付的利息。

二、本科目应当按照存款人或债权人进行明细核算。

三、应付利息的主要账务处理：

（一）企业采用合同约定的名义利率计算确定利息费用时，应按合同约定的名义利率计算确定的应付利息的金额，借记“利息支出”、“在建工程”、“财务费用”、“研发支出”等科目，贷记本科目。

（二）采用实际利率计算确定利息费用时，应按摊余成本和实际利率计算确定的利息费用，借记“利息支出”、“在建工程”、“制造费用”、“财务费用”、“研发支出”科目，按合同约定的名义利率计算确定的应付利息的金额，贷记本科目，按本期应摊销的交易费用金额，借记或贷记“长期借款——交易费用”、“吸收存款——交易费用”科目，按其差额，借记或贷记“长期借款——溢折价”、“吸收存款”等科目。

（三）实际支付利息时，借记本科目，贷记“银行存款”等科目。

四、本科目期末贷方余额，反映企业按照合同约定应支付但尚未支付的利息。

2232 应付股利

一、本科目核算企业分配的现金股利或利润。企业分配的股票股利，不通过本科目核算。

二、本科目应当按照投资者进行明细核算。

三、企业应根据股东大会或类似机构通过的利润分配方案，按应支付的现金股利或利润，借记“利润分配”科目，贷记本科目。实际支付现金股利或利润，借记本科目，贷记“银行存款”、“现金”等科目。

四、企业董事会或类似机构通过的利润分配方案中拟分配的现金股利或利润，不做账务处理，但应在附注中披露。

五、本科目期末贷方余额，反映企业尚未支付的现金股利或利润。

2241 其他应付款

一、本科目核算企业除应付票据、应付账款、预收账款、应付职工薪酬、应付股利、应付利息、应交税费、长期应付款等经营活动以外的其他各项应付、暂收的款项。

二、本科目应当按照其他应付款的项目和对方单位（或个人）进行明细核算。

三、企业发生其他各种应付、暂收款项时，借记“银行存款”、“管理费用”等科目，贷记本科目；支付的其他各种应付、暂收款项，借记本科目，贷记“银行存款”等科目。

四、本科目期末贷方余额，反映企业尚未支付的其他应付款项。

2411 预计负债

一、本科目核算企业根据或有事项等相关准则确认的各项预计负债，包括对外提供担保、未决诉讼、产品质量保证、重组义务以及固定资产和矿区权益弃置义务等产生的预计负债。

二、本科目应当按照预计负债项目进行明细核算。

三、预计负债的主要账务处理：

（一）企业根据或有事项准则确认的由对外提供担保、未决诉讼、重组义务产生的预计负债，应按确定的金额，借记“营业外支出”科目，贷记本科目（预计担保损失、预计未决诉讼损失、预计重组损失）。根据或有事项准则确认的由产品质量保证产生的预计负债，应按确定的金额，借记“销售费用”科目，贷记本科目（预计产品质量保证损失）。根据固定资产准则或石油天然气开采准则确认的由弃置义务产生的预计负债，应按确定的金额，借记“固定资产”或“油气资产”科目，贷记本科目（预计弃置费用）。在固定资产或油气资产的使用寿命内，按弃置费用计算确定各期应负担的利息费用，借记“财务费用”科目，贷记本科目（预计弃置费用）。根据企业合并准则确认的预计负债，应按确定的金额，借记有关科目，贷记本科目。投资合同或协议中约定在被投资单位出现超额亏损，投资企业需要承担额外损失的，企业应在“长期股权投资”科目以及其他实质上构成投资的长期权益账面价值均减记至零的情况下，对于按照投资合同或协议规定仍然需要承担的损失金额，借记“投资收益”科目，贷记本科目。

（二）企业实际清偿预计负债时，借记本科目，贷记“银行存款”等科目。

（三）企业根据确凿证据需要对已确认的预计负债进行调整的，调整增加的预计负债，借记有关科目，贷记本科目；调整减少的预计负债，做相反的会计分录。属于会计差错的，应当根据会计政策、会计估计变更和会计差错准则进行处理。

四、本科目期末贷方余额，反映企业已预计尚未清偿的债务。

2601 长期借款

一、本科目核算企业向银行或其他金融机构借入的期限在1年以上（不含1年）的各项借款。

二、本科目应当按照贷款单位和贷款种类，分别“本金”、“溢折价”、“交易费用”等进行明细核算。

三、长期借款的主要账务处理：

（一）企业借入长期借款，借记“银行存款”科目，贷记本科目

(本金),按发生的交易费用,借记本科目(交易费用),按其差额,贷记或借记本科目(溢折价)。

(二)资产负债表日,应按摊余成本和实际利率计算确定的长期借款的利息费用,借记"在建工程"、"制造费用"、"财务费用"、"研发支出"科目,贷记"应付利息"科目。实际利率与合同约定的名义利率差异不大的,也可以采用合同约定的名义利率计算确定利息费用。资产负债表日,应按实际利率法计算确定的长期借款折价和交易费用摊销金额,借记"在建工程"、"制造费用"、"财务费用"、"研发支出"科目,贷记本科目(溢折价、交易费用);摊销的溢价,做相反的会计分录。

(三)归还长期借款本金时,借记本科目,贷记"银行存款"科目。同时,应转销该项长期借款的溢折价和交易费用的金额,借记"在建工程"、"制造费用"、"财务费用"、"研发支出"科目,贷记本科目(溢折价、交易费用);转销的溢价余额,做相反的会计分录。

(四)企业与贷款人进行债务重组,应当比照"应付账款"科目的相关规定进行处理。

四、本科目期末贷方余额,反映企业尚未偿还的长期借款的摊余成本。

2602 应付债券

一、本科目核算企业为筹集长期资金而发行的债券本金和利息。发行1年期及1年期以内的短期债券,在"交易性金融负债"科目核算,不在本科目核算。

二、本科目应当按照"面值"、"溢折价"、"应计利息"、"交易费用"进行明细核算。企业发行的可转换公司债券,应在本科目设置"可转换公司债券"明细科目进行核算。

三、长期债券的主要账务处理:

(一)企业发行债券,应按实际收到的金额,借记"银行存款"、"现金"等科目,按债券票面金额,贷记本科目(面值);溢价或折价发行的债券,还应按发行价格与票面金额之间的差额,借记或贷记本科目(溢折价)。企业发行债券所发生的交易费用,借记本科目(交易费用),贷记"银行存款"等科目。

(二)资产负债表日,应按摊余成本和实际利率计算确定的长期债券的利息费用,借记"在建工程"、"制造费用"、"财务费用"、"研发支出"科目,贷记本科目(应计利息)。对于分期付息、到期一次还本的长期债券,资产负债表日,应按摊余成本和实际利率计算确定的长期债券的利息费用,借记"在建工程"、"制造费用"、"财务费用"、"研发支出”科目，应按票面利率计算确定的应付利息金额，贷记“应付利息”科目，按其差额，借记或贷记本科目（溢折价）。实际利率与合同约定的名义利率差异不大的，也可以采用合同约定的名义利率计算确定利息费用。资产负债表日，应按实际利率法计算确定的债券折价和交易费用摊销金额，借记“在建工程”、“制造费用”、“财务费用”、“研发支出”科目，贷记本科目（溢折价、交易费用）；摊销的溢价，做相反的会计分录。

（三）长期债券到期，支付债券本息，借记本科目（面值、应计利息），贷记“银行存款”等科目。同时，应转销该项长期债券的溢折价和交易费用的金额，借记“在建工程”、“制造费用”、“财务费用”、“研发支出”科目，贷记本科目（溢折价、交易费用）；转销的溢价余额，做相反的会计分录。

（四）发行可转换公司债券时，应按实际收到㕵金额，借记“银行存款”等科目，应按该项可转换公司债券包含的负债成份的公允价值，贷记本科目（可转换公司债券），按其差额，贷记“资本公积——其他资本公积”科目。可转换公司债券在转换为股票之前，其所包含的负债成份，应当比照上述规定进行处理。发行可转换公司债券时，企业直接将该项可转换公司债券指定为以公允价值计量且其变动计入当期损益的金融负债的，其账务处理应当比照“交易性金融负债”进行处理。当可转换公司债券持有人行使转换权利，将其持有的债券转换为股票，按本科目（可转换公司债券）的余额，借记本科目（可转换公司债券），按“资本公积——其他资本公积”科目中属于该项可转换公司债券的权益成份的金额，借记“资本公积——其他资本公积”科目，按股票面值和转换的股数计算的股票面值总额，贷记“股本”科目，按实际用现金支付的不可转换股票的部分，贷记“现金”等科目，按其差额，贷记“资本公积——股本溢价”科目。

未转换股份的可转换公司债券到期还本付息，应当比照上述一般长期债券进行处理。

四、企业应当设置“企业债券备查簿”，详细登记每一企业债券的票面金额，债券票面利率、还本付息期限与方式、发行总额、发行日期和编号、委托代售单位、转换股份等资料。企业债券到期结清时，应当在备查簿内逐笔注销。

五、本科目期末贷方余额，反映企业尚未偿还的企业长期债券的摊余成本。

2801　长期应付款

一、本科目核算企业除长期借款和企业债券以外的其他各种长期应付款项，包括以分期付款方式购入固定资产和无形资产发生的应付账款、应付融资租入固定资产的租赁费等。

二、本科目应当按照长期应付款的种类和债权人进行明细核算。

三、长期应付款的主要账务处理：

（一）企业购入有关资产超过正常信用条件延期支付价款、实质上具有融资性质的，应按购买价款的现值，借记“固定资产”、“在建工程”、“无形资产”、“研发支出”等科目，按应支付的金额，贷记本科目，按其差额，借记“未确认融资费用”科目。按期支付价款时，借记本科目，贷记“银行存款”科目。

（二）融资租入固定资产，在租赁期开始日，应按租赁准则确定的应计入固定资产成本的金额，借记“在建工程”或“固定资产”科目，按最低租赁付款额，贷记本科目，按发生的初始直接费用，贷记“银行存款”等科目，按其差额，借记“未确认融资费用”科目。按期支付租金时，借记本科目，贷记“银行存款”等科目。

四、本科目期末贷方余额，反映企业尚未支付的各种长期应付款。

2802　未确认融资费用

一、本科目核算企业应当分期计入利息费用的未确认融资费用。

二、本科目应当按照未确认融资费用项目进行明细核算。

三、未确认融资费用的主要账务处理：

（一）企业购入有关资产超过正常信用条件延期支付价款、实质上具有融资性质的，应按购买价款的现值，借记“固定资产”、“在建工程”、“无形资产”、“研发支出”等科目，按应支付的金额，贷记“长期应付款”科目，按其差额，借记本科目。采用实际利率法计算确定当期的利息费用，借记“财务费用”、“在建工程”、“研发支出”科目，贷记本科目。

（二）融资租入固定资产，在租赁期开始日，应按租赁准则确定的应计入固定资产成本的金额，借记“在建工程”或“固定资产”科目，按最低租赁付款额，贷记本科目，按发生的初始直接费用，贷记“银行存款”等科目，按其差额，借记本科目。采用实际利率法计算确定的当期利息费用，借记“财务费用”或“在建工程”科目，贷记本科目。

四、本科目期末借方余额，反映企业未确认融资费用的摊余价值。

2811　专项应付款

一、本科目核算企业取得的国家指定为资本性投入的具有专项或特定用途的款项，如属于工程项目的资本性拨款等。

二、本科目应当按照拨入资本性投资项目的种类进行明细核算。

三、企业收到资本性拨款时，借记“银行存款”科目，贷记本科目。将专项或特定用途的拨款用于工程项目，借记“在建工程”、“公益性生物资产”等科目，贷记“银行存款”、“应付职工薪酬”等科目。工程项目完工，形成固定资产或公益性生物资产的部分，借记本科目，贷记“资本公积——其他资本公积”科目；对未形成固定资产需要核销的部分，借记本科目，贷记“在建工程”等科目；拨款结余需要返还的，借记本科目，贷记“银行存款”科目。

四、本科目期末贷方余额，反映企业尚未转销的专项应付款。

2901 递延所得税负债

一、本科目核算企业根据所得税准则确认的应纳税暂时性差异产生的所得税负债。

二、本科目应当按照应纳税暂时性差异项目进行明细核算。

三、递延所得税负债的主要账务处理：

（一）企业在确认相关资产、负债时，根据所得税准则应予确认的递延所得税负债，借记“所得税——递延所得税费用”、“资本公积——其他资本公积”等科目，贷记本科目。

（二）资产负债表日，企业根据所得税准则应予确认的递延所得税负债大于本科目余额的，借记“所得税——递延所得税费用”、“资本公积——其他资本公积”等科目，贷记本科目；应予确认的递延所得税负债小于本科目余额的，做相反的会计分录。

四、本科目期末贷方余额，反映企业已确认的递延所得税负债的余额。

4001 实收资本

一、本科目核算企业接受投资者投入企业的实收资本。股份有限公司应将本科目改为“4001 股本”。企业收到投资者超过其在注册资本或股本中所占份额的部分，作为资本溢价或股本溢价，在“资本公积”科目核算。

二、本科目应当按照投资者进行明细核算。企业（中外合作经营）在合作期间归还投资者的投资，应在本科目设置“已归还投资”明细科目进行核算。

三、实收资本的主要账务处理：

（一）企业收到投资者投入的资本，借记“银行存款”、“其他应收款”、“固定资产”、“无形资产”等科目，按其在注册资本或股本中所占份额，贷记本科目，按其差额，贷记“资本公积——资本溢价或股本溢价”科目。

（二）股东大会批准的利润分配方案中分配的股票股利，应在办理增资手续后，借记“利润分配”科目，贷记本科目。

（三）公司发行的可转换公司债券按规定转为股本时，应按“长期债券——可转换公司债券”科目余额，借记“长期债券——可转换公司债券”科目，按“资本公积——其他资本公积”科目中属于该项可转换公司债券的权益成份的金额，借记“资本公积——其他资本公积”科目，按股票面值和转换的股数计算股票面值总额，贷记本科目，按实际用现金支付的不可转换为股票的部分，贷记“现金”等科目，按其差额，贷记“资本公积——股本溢价”科目。企业将重组债务转为资本的，应按重组债务的账面价值，借记“应付账款”等科目，按债权人放弃债权而享有本企业股份的面值总额，贷记本科目，按股份的公允价值总额与相应的实收资本或股本之间的差额，贷记或借记“资本公积——资本溢价或股本溢价”科目，按重组债务的账面价值与股份的公允价值总额之间的差额，贷记“营业外收入——债务重组利得”科目。

（四）企业以权益结算的股份支付换取职工或其他方提供服务的，应在行权日，按实际行权的权益工具数量计算确定的金额，借记“资本公积——其他资本公积”科目，按应计入实收资本或股本的金额，贷记本科目，按其差额，贷记“资本公积——资本溢价或股本溢价”科目。

四、企业按法定程序报经批准减少注册资本的，借记本科目，贷记“现金”、“银行存款”等科目。股份有限公司采用收购本企业股票方式减资的，按注销股票的面值总额减少股本，购回股票支付的价款超过面值总额的部分，应依次冲减资本公积和留存收益，借记本科目、“资本公积”、“盈余公积”、“利润分配——未分配利润”科目，贷记“银行存款”、“现金”科目；购回股票支付的价款低于面值总额的，应按股票面值总额，借记本科目，按实际支付的金额，贷记“银行存款”、“现金”科目，按其差额，贷记“资本公积——股本溢价”科目。

五、中外合作经营企业根据合同规定在合作期间归还投资者的投资时，借记本科目，贷记“银行存款”等科目；同时，借记“利润分配——利润归还投资”科目，贷记“盈余公积——利润归还投资”科目。中外合作经营企业清算时，借记本科目、“资本公积”、“盈余公积”、“利润分配——未分配利润”等科目，贷记本科目（已归还投资）、“银行存款”等科目。

六、本科目期末贷方余额，反映企业实收资本或股本总额。

4002 资本公积

一、本科目核算企业收到投资者出资超出其在注册资本或股本中所占的份额以及直接计入所有者权益的利得和损失等。

二、本科目应当分别“资本溢价”或“股本溢价”、“其他资本公积”进行明细核算。

三、资本公积的主要账务处理：

（一）企业收到投资者投入的资本，借记“银行存款”、“其他应收款”、“固定资产”、“无形资产”等科目，按其在注册资本或股本中所占份额，贷记“实收资本”或“股本”科目，按其差额，贷记本科目（资本溢价或股本溢价）。与发行权益性证券直接相关的手续费、佣金等交易费用，借记本科目（股本溢价），贷记“银行存款”等科目。公司发行的可转换公司债券按规定转为股本时，应按“长期债券——可转换公司债券”科目余额，借记“长期债券——可转换公司债券，按本科目（其他资本公积）中属于该项可转换公司债券的权益成份的金额，借记本科目（其他资本公积），按股票面值和转换的股数计算的股票面值总额，贷记“股本”科目，按实际用现金支付的不可转换为股票的部分，贷记“现金”等科目，按其差额，贷记本科目（股本溢价）科目。企业将重组债务转为资本的，应按重组债务的账面价值，借记“应付账款”等科目，按债权人放弃债权而享有本企业股份的面值总额，贷记“股本”科目，按股份的公允价值总额与相应的实收资本或股本之间的差额，贷记或借记本科目（资本溢价或股本溢价），按重组债务的账面价值与股份的公允价值总额之间的差额，贷记“营业外收入——债务重组利得”科目。企业经股东大会或类似机构决议，用资本公积转增资本，借记本科目（资本溢价或股本溢价），贷记“实收资本”或“股本”科目。

（二）企业的长期股权投资采用权益法核算的，在持股比例不变的情况下，被投资单位除净损益以外所有者权益的其他变动，企业按持股比例计算应享有的份额，借记“长期股权投资——所有者权益其他变动”科目，贷记本科目（其他资本公积）。

（三）企业以权益结算的股份支付换取职工或其他方提供服务的，应按权益工具授予日的公允价值，借记“管理费用”等相关成本费用科目，贷记本科目（其他资本公积）。在行权日，应按实际行权的权益工具数量计算确定的金额，借记本科目（其他资本公积），按计入实收资本或股本的金额，贷记“实收资本”或“股本”科目，按其差额，贷记本科目（资本溢价或股本溢价）。

（四）企业自用房地产或存货转换为采用公允价值模式计量的投资

性房地产时，应按转换日的公允价值，借记“投资性房地产”科目，按其账面价值，借记或贷记有关科目，转换当日的公允价值大于原账面价值的差额，贷记本科目（其他资本公积）。处置该项投资性房地产时，应转销与其相关的其他资本公积。

（五）企业根据金融工具确认和计量准则将持有至到期投资重分类为可供出售金融资产的，应在重分类日按该项持有至到期投资的公允价值，借记“可供出售金融资产”科目，已计提减值准备的，借记“持有至到期投资减值准备”科目，按其账面余额，贷记“持有至到期投资——投资成本、溢折价、应计利息”科目，按其差额，贷记或借记本科目（其他资本公积）。根据金融工具确认和计量准则将可供出售金融资产重分类为采用成本或摊余成本计量的金融资产，应在重分类日按可供出售金融资产的公允价值，借记“持有至到期投资”等科目，贷记“可供出售金融资产”科目。对于有固定到期日的，与其相关的原记入本科目（其他资本公积）的余额，应在该项金融资产的剩余期限内，在资产负债表日，按采用实际利率法计算确定的摊销金额，借记或贷记本科目（其他资本公积），贷记或借记“投资收益”科目。对于没有固定到期日的，与其相关的原记入本科目（其他资本公积）的金额，应在处置该项金融资产时，借记或贷记本科目（其他资本公积），贷记或借记“投资收益”科目。

（六）资产负债表日，可供出售金融资产的公允价值高于其账面余额的差额，借记“可供出售金融资产”科目，贷记本科目（其他资本公积）；公允价值低于其账面余额的差额，做相反的会计分录。根据金融工具确认和计量准则确定可供出售金融资产发生减值的，按应减记的金额，借记“资产减值损失”科目，贷记“可供出售金融资产”科目。同时，按应从所有者权益中转出的累计损失，借记“资产减值损失”科目，贷记本科目（其他资本公积）。已确认减值损失的可供出售权益工具在随后的会计期间公允价值上升的，应在原已计提的减值准备金额内，按恢复增加的金额，借记“可供出售金融资产”科目，贷记本科目（其他资本公积）。如转销后的损失资金以后又收回，按实际收回的金额，借记本科目（其他资本公积），贷记“资产减值损失”科目；同时，借记“银行存款”、“存放中央银行款项”等科目，贷记本科目（其他资本公积）。

（七）资产负债表日，满足运用套期会计方法条件的现金流量套期和境外经营净投资套期产生的利得或损失，属于有效套期的，借记或贷记有关科目，贷记或借记本科目（其他资本公积）；属于无效套期的，借记或贷记有关科目，贷记或借记“公允价值变动损益”。转出现金流量套期和境外经营净投资套期产生的利得或损失中属于有效套期的部分，借记或贷记本科目（其他资本公积），贷记或借记相关资产、负债科目或“公允价值变动损益”科目。

（八）股份有限公司采用收购本企业股票方式减资的，按注销股票的面值总额减少股本，购回股票支付的价款超过面值总额的部分，应依次冲减资本公积和留存收益，借记“股本”、本科目、“盈余公积”、“利润分配——未分配利润”科目，贷记“银行存款”、“现金”科目；购回股票支付的价款低于面值总额的，应按股票面值总额，借记“股本”科目，按实际支付的金额，贷记“银行存款”、“现金”科目，按其差额，贷记本科目（股本溢价）。

四、本科目期末贷方余额，反映企业资本公积的余额。

4101 盈余公积

一、本科目核算企业从净利润中提取的盈余公积。

二、本科目应当分别“法定盈余公积”、“任意盈余公积”进行明细核算。企业（外商投资）还应分别“储备基金”、“企业发展基金”进行明细核算。企业（中外合作经营）在合作期间归还投资者的投资，应在本科目设置“利润归还投资”明细科目进行核算。

三、盈余公积的主要账务处理：

（一）企业按规定提取的盈余公积，借记“利润分配——提取法定盈余公积、提取任意盈余公积”科目，贷记本科目（法定盈余公积、任意盈余公积）。企业（外商投资）按规定提取的储备基金、企业发展基金、职工奖励及福利基金，借记“利润分配——提取储备基金、提取企业发展基金、提取职工奖励及福利基金”科目，贷记本科目（储备基金、企业发展基金）、“应付职工薪酬”科目。

（二）企业经股东大会或类似机构决议，用盈余公积弥补亏损或转增资本，借记本科目，贷记“利润分配——盈余公积补亏”、“实收资本”或“股本”科目。企业经股东大会决议，用盈余公积派送新股，按派送新股计算的金额，借记本科目，按股票面值和派送新股总数计算的股票面值总额，贷记“股本”科目，按其差额，贷记“资本公积——股本溢价”科目。企业（中外合作经营）在经营期间用利润归还投资，应按实际归还投资的金额，借记“实收资本——已归还投资”科目，贷记“银行存款”等科目；同时，借记“利润分配——利润归还投资”科目，贷记本科目（利润归还投资）。

四、本科目期末贷方余额，反映企业按规定提取的盈余公积余额。

4103 本年利润

一、本科目核算企业当年实现的净利润（或发生的净亏损）。

二、期末结转利润时，应将"主营业务收入"、"利息收入"、"手续费收入"、"保费收入"、"租赁收入"、"其他业务收入"、"摊回保险责任准备金"、"营业外收入"等科目的期末余额分别转入本科目，借记"主营业务收入"、"利息收入"、"手续费收入"、"保费收入"、"租赁收入"、"其他业务收入"、"摊回保险责任准备金"、"营业外收入"等科目，贷记本科目。将"主营业务成本"、"利息支出"、"手续费支出"、"营业税金及附加"、"提取未到期责任准备金"、"提取保险责任准备金"、"赔付支出"、"分出保费"、"分保费用"、"其他业务支出"、"销售费用"、"管理费用"、"财务费用"、"勘探费用"、"资产减值损失"、"营业外支出"、"所得税"等科目的期末余额分别转入本科目，借记本科目，贷记"主营业务成本"、"利息支出"、"手续费支出"、"营业税金及附加"、"提取未到期责任准备金"、"提取保险责任准备金"、"赔付支出"、"分出保费"、"分保费用"、"其他业务支出"、"销售费用"、"管理费用"、"财务费用"、"勘探费用"、"资产减值损失""营业外支出"、"所得税"等科目。将"公允价值变动损益"、"投资收益"科目的净收益，转入本科目，借记"公允价值变动损益"、"投资收益"科目，贷记本科目；如为净损失，做相反的会计分录。

三、年度终了，应将本年收入和支出相抵后结出的本年实现的净利润，转入"利润分配"科目，借记本科目，贷记"利润分配——未分配利润"科目；如为净亏损，做相反的会计分录。结转后本科目应无余额。

4104 利润分配

一、本科目核算企业利润的分配（或亏损的弥补）和历年分配（或弥补）后的积存余额。

二、本科目应当分别"提取法定盈余公积"、"提取任意盈余公积"、"应付现金股利或利润"、"转作股本的股利"、"盈余公积补亏"和"未分配利润"等进行明细核算。企业（外商投资）还应分别"提取储备基金"、"提取企业发展基金"、"提取职工奖励及福利基金"进行明细核算。企业（中外合作经营）在合作期间归还投资者的投资，应在本科目设置"利润归还投资"明细科目进行核算。企业（金融）按规定提取的一般风险准备，应在本科目设置"提取一般风险准备"明细科目进行核算。

三、利润分配的主要账务处理：

（一）企业按规定提取的盈余公积，借记本科目（提取法定盈余公积、提取任意盈余公积），贷记"盈余公积——法定盈余公积、任意盈余公积"科目。企业（外商投资）按规定提取的储备基金、企业发展基金、职工奖励及福利基金，借记本科目（提取储备基金、提取企业发展基金、提取职工奖励及福利基金），贷记“盈余公积——储备基金、企业发展基金”、“应付职工薪酬”科目。企业（金融）按规定提取的一般风险准备，借记本科目（提取一般风险准备），贷记“一般风险准备”科目。

（二）企业经股东大会或类似机构决议，分配给股东或投资者的现金股利或利润，借记本科目（应付现金股利或利润），贷记“应付股利”科目。经股东大会或类似机构决议，分配给股东的股票股利，应在办理增资手续后，借记本科目（转作股本的股利），贷记“股本”科目。如其差额，贷记“资本公积——股本溢价”科目。企业用盈余公积弥补亏损，借记“盈余公积——盈余公积补亏”科目，贷记本科目（盈余公积补亏）。企业（金融）用一般风险准备弥补亏损，借记“一般风险准备”科目，贷记本科目（一般风险准备补亏）科目。企业（中外合作经营企业）在经营期间用利润归还的投资，应按实际归还投资的金额，借记本科目（利润归还投资），贷记“盈余公积——利润归还投资”科目。

四、年度终了，企业应将全年实现的净利润，自“本年利润”科目转入本科目，借记“本年利润”科目，贷记本科目（未分配利润），为净亏损的，做相反的会计分录；同时，将“利润分配”科目所属其他明细科目的余额转入本科目的“未分配利润”明细科目。结转后，本科目除“未分配利润”明细科目外，其他明细科目应无余额。

五、本科目年末余额，反映企业历年积存的未分配利润（或未弥补亏损）。

5001 生 产 成 本

一、本科目核算企业进行工业性生产发生的各项生产费用，包括生产各种产品（包括产成品、自制半成品等）、自制材料、自制工具、自制设备等。

企业（农业）进行农业生产发生的各项生产成本，可将本科目改为“5001 农业生产成本”科目，并分别种植业、畜牧养殖业、林业和水产业确定成本核算对象（消耗性生物资产、生产性生物资产、公益性生物资产和农产品）和成本项目，进行费用的归集和分配。

企业（房地产开发）可将本科目改为“5001 开发成本”科目。

二、本科目应当按照基本生产成本和辅助生产成本进行明细核算。基本生产成本应当分别按照基本生产车间和成本核算对象（如产品的品种、类别、定单、批别、生产阶段等）设置明细账（或成本计算单，下同），并按照规定的成本项目设置专栏。

三、生产成本的主要账务处理：

（一）企业发生的各项直接生产费用，借记本科目（基本生产成本、辅助生产成本），贷记“原材料”、“现金”、“银行存款”、“应付职工薪酬”等科目。

各生产车间应负担的制造费用，借记本科目（基本生产成本、辅助生产成本），贷记“制造费用”科目。

辅助生产车间为基本生产车间、企业管理部门和其他部门提供的劳务和产品，月末按照一定的分配标准分配给各受益对象，借记本科目（基本生产成本）、“管理费用”、“销售费用”、“其他业务支出”、“在建工程”等科目，贷记本科目（辅助生产成本）。

企业已经生产完成并已验收入库的产成品以及入库的自制半成品，应于期（月）末，借记“库存商品”等科目，贷记本科目（基本生产成本）。

企业已经生产完成并已验收入库的产成品以及入库的自制半成品，应于期（月）末，借记“库存商品”等科目，贷记本科目（基本生产成本）。

（二）生产性生物资产产出农产品过程中发生的各项费用，借记本科目，贷记“现金”、“银行存款”、“原材料”、“应付职工薪酬”、“生产性生物资产累计折旧”等科目。

农业生产过程中发生的应由农产品、消耗性生物资产、生产性生物资产和公益性生物资产共同负担的费用，借记本科目（共同费用），贷记“现金”、“银行存款”、“原材料”、“应付职工薪酬”、“生产成本——辅助生产成本”、“制造费用”等科目。

期（月）末，可按照一定的分配标准对上述共同负担的费用进行分配，借记“农业生产成本——农产品”、“消耗性生物资产”、“生产性生物资产”、“公益性生物资产”等科目，贷记“农业生产成本——共同费用”科目。

应由生产性生物资产收获的农产品负担的费用，应当采用合理的方法在农产品各品种之间进行分配；如有尚未收获的农产品，还应当在已收获和尚未收获的农产品之间进行分配。

生产性生物资产收获的农产品验收入库时，按其实际成本，借记“农产品”科目，贷记本科目（农产品）。

四、本科目期末借方余额，反映企业尚未加工完成的在产品的成本或生产性生物资产尚未收获的农产品成本。

5101 制造费用

一、本科目核算企业生产车间、部门为生产产品和提供劳务而发生的各项间接费用。企业行政管理部门为组织和管理生产经营活动而发生的管理费用，在“管理费用”科目核算。

二、本科目应当按照不同的生产车间、部门和费用项目进行明细核算。

三、制造费用的主要账务处理：

（一）生产车间发生的机物料消耗，借记本科目，贷记“原材料”等科目。

（二）发生的生产车间管理人员的工资等职工薪酬，借记本科目，贷记“应付职工薪酬”科目。

（三）生产车间计提的固定资产折旧，借记本科目，贷记“累计折旧”科目。

（四）生产车间支付的办公费、修理费、水电费等，借记本科目，贷记“银行存款”等科目。

（五）发生季节性的停工损失，借记本科目，贷记“原材料”、“应付职工薪酬”、“银行存款”等科目。

（六）将制造费用分配计入有关的成本核算对象，借记“生产成本（基本生产成本、辅助生产成本）”、“劳务成本”科目，贷记本科目。

（七）季节性生产企业制造费用全年实际发生数与分配数的差额，除其中属于为下一年开工生产作准备的可留待下一年分配外，其余部分实际发生额大于分配额的差额，借记“生产成本——基本生产成本”科目，贷记本科目；实际发生额小于分配额的差额，做相反的会计分录。

四、除季节性的生产性企业外，本科目期末应无余额。

6001　主营业务收入

一、本科目核算企业根据收入准则确认的销售商品、提供劳务等主营业务的收入。

二、本科目应当按照主营业务的种类进行明细核算。

三、主营业务收入的主要账务处理：

（一）企业销售商品或提供劳务实现的销售收入，应按照实际收到或应收的价款，借记“银行存款”、“应收账款”、“应收票据”等科目，按销售收入的金额，贷记本科目，按专用发票上注明的增值税额，贷记“应交税费——应交增值税（销项税额）”科目。企业采用递延方式分期收款、实质上具有融资性质的销售商品或提供劳务满足收入确认条件的，按应收合同或协议价款，借记“长期应收款”科目，按应收合同或协议价款的公允价值，贷记本科目，按专用发票上注明的增值税额，贷记“应交税费——应交增值税（销项税额)”科目，按其差额，贷记“未实现融资收益”科目。企业以库存商品进行非货币性资产交换（在非货币性资产交换具有商业实质且公允价值能够可靠计量的情况下）或债务重组，应按照该用于交换或抵债的库存商品的公允价值，借记有关资产科目或“应付账款”等科目，贷记本科目。

（二）企业本期发生的销售退回或销售折让，按应冲减的销售商品收入，借记本科目，按专用发票上注明的应冲减的增值税销项税额，借记“应交税费——应交增值税（销项税额）”科目，按实际支付或应退还的价款，贷记“银行存款”、“应收账款”等科目。

（三）根据建造合同准则确认合同收入时，按应确认的合同费用，借记“主营业务成本”科目，按应确认的合同收入，贷记本科目，按其差额，借记或贷记“工程施工——合同毛利”科目。

四、期末，应将本科目的余额转入“本年利润”科目，结转后本科目应无余额。

6011 利息收入

一、本科目核算企业（金融）根据收入准则确认的利息收入，包括发放的各类贷款（包括银团贷款、贸易融资、贴现和转贴现融出资金、协议透支、信用卡透支和垫款等）、与其他金融机构（包括中央银行、同业等）之间发生资金往来业务、买入返售金融资产等所取得的利息收入等。

二、本科目应当按照业务类别进行明细核算。

三、资产负债表日，企业应按合同约定的名义利率计算确定的应收利息的金额，借记“应收利息”、“买入返售金融资产”等科目，按收入准则或金融工具确认和计量准则计算确定的利息收入金额，贷记本科目，按其差额，借记或贷记“贷款（溢折价）”等科目。

四、期末，应将本科目余额转入“本年利润”科目，结转后本科目无余额。

6041 租赁收入

一、本科目核算企业（租赁）根据租赁准则确认的租赁收入。

二、本科目应当按照租赁资产类别进行明细核算。

三、企业确认的租赁收入，借记“未实现融资收益”等科目，贷记本科目。

或有租金实际发生时，借记“银行存款”等科目，贷记本科目。

四、期末，应将本科目余额转入“本年利润”科目，结转后本科目无余额。

6051 其他业务收入

一、本科目核算企业根据收入准则确认的除主营业务以外的其他经营活动实现的收入，包括出租固定资产、出租无形资产、出租包装物和商品、销售材料等实现的收入。企业（租赁）出租固定资产取得的租赁收入，在“租赁收入”科目核算，不在本科目核算。采用成本模式计量的投资性房地产取得的租金收入，也通过本科目核算。

二、本科目应当按照其他业务收入种类进行明细核算。

三、企业确认的其他业务收入，借记“银行存款”、“应收账款”等科目，贷记本科目、“应交税费——应交增值税（销项税额）”等科目。企业以原材料进行非货币性资产交换（在非货币性资产交换具有商业实质且公允价值能够可靠计量的情况下）或债务重组，应按照该用于交换或抵债的原材料的公允价值，借记有关资产科目或“应付账款”等科目，贷记本科目。

四、期末，应将本科目余额转入“本年利润”科目，结转后本科目应无余额。

6061 汇兑损益

一、本科目核算企业（金融）外币货币性项目因汇率变动而形成的收益或损失。

二、本科目一般无明细科目。

三、汇兑损益的主要账务处理：

本科目借方反映因汇率变动而产生的汇兑损失，贷方反映因汇率变动而产生的汇兑收益。期末，“外汇买卖”各外币明细科目的期末余额，应按照期末汇率折合为记账本位币。按照期末汇率折合的记账本位币金额与“外汇买卖——记账本位币”科目余额之间的差额，如为贷方余额，借记“外汇买卖——记账本位币”科目，贷记本科目；如为借方余额，借记本科目，贷记“外汇买卖——记账本位币”科目。

四、期末，应将本科目的余额转入“本年利润”科目，结转后本科目应无余额。

6111 投资收益

一、本科目核算企业根据长期股权投资准则确认的投资收益或投资损失。企业根据投资性房地产准则确认的采用公允价值模式计量的投资性房地产的租金收入和处置损益，也通过本科目核算。企业处置交易性金融资产、交易性金融负债、可供出售金融资产实现的损益，也在本科目核算。企业的持有至到期投资和买入返售金融资产在持有期间取得的投资收益和处置损益，也在本科目核算。证券公司自营证券所取得的买卖价差收入，也在本科目核算。

二、本科目应当按照投资项目进行明细核算。

三、投资收益的主要账务处理：

（一）长期股权投资采用成本法核算的，企业应按被投资单位宣告发放的现金股利或利润中属于本企业的部分，借记“应收股利”科目，贷记本科目；属于被投资单位在取得投资前实现净利润的分配额，应作为投资成本的收回，贷记“长期股权投资”科目。

（二）长期股权投资采用权益法核算的，资产负债表日，应按根据被投资单位实现的净利润或经调整的净利润计算应享有的份额，借记“长期股权投资——损益调整”科目，贷记本科目。被投资单位发生亏损、分担亏损份额超过长期股权投资而冲减长期权益账面价值的，借记“投资收益”科目，贷记本科目（损益调整）科目。发生亏损的被投资单位以后实现净利润的，企业计算的应享有的份额，如有未确认投资损失的，应先弥补未确认的投资损失，弥补损失后仍有余额的，借记“长期股权投资——损益调整”科目，贷记本科目。

（三）出售长期股权投资时，应按实际收到的金额，借记“银行存款”等科目，原已计提减值准备的，借记“长期股权投资减值准备”科目，按其账面余额，贷记“长期股权投资”科目，按尚未领取的现金股利或利润，贷记“应收股利”科目，按其差额，贷记或借记本科目。出售采用权益法核算的长期股权投资时，还应按处置长期股权投资的投资成本比例结转原记入“资本公积——其他资本公积”科目的金额，借记或贷记“资本公积——其他资本公积”科目，贷记或借记本科目。

四、期末，应将本科目余额转入“本年利润”科目，本科目结转后应无余额。

6301　营业外收入

一、本科目核算企业发生的与其经营活动无直接关系的各项净收入，主要包括处置非流动资产利得、非货币性资产交换利得、债务重组利得、罚没利得、政府补助利得、确实无法支付而按规定程序经批准后转作营业外收入的应付款项等。

二、本科目应当按照营业外收入项目进行明细核算。

三、企业发生的营业外收入，借记“现金”、“银行存款”、“应付账款”、“待处理财产损溢”、“固定资产清理”等科目，贷记本科目。

四、期末，应将本科目余额转入“本年利润”科目，结转后本科目应无余额。

6401 主营业务成本

一、本科目核算企业根据收入准则确认销售商品、提供劳务等主营业务收入时应结转的成本。

二、本科目应当按照主营业务的种类进行明细核算。

三、主营业务成本的主要账务处理：

（一）月末，企业应根据本月销售各种商品、提供的各种劳务等实际成本，计算应结转的主营业务成本，借记本科目，贷记“库存商品”、“劳务成本”科目。采用计划成本或售价核算库存商品的，平时的营业成本按计划成本或售价结转，月末，还应结转本月销售商品应分摊的产品成本差异或商品进销差价。企业以库存商品进行非货币性资产交换（在非货币性资产交换具有商业实质且公允价值能够可靠计量的情况下）或债务重组，应按照该用于交换或抵债的库存商品的账面余额，借记本科目，贷记“库存商品”科目。已计提存货跌价准备的，还应同时结转已计提的存货跌价准备。

（二）企业本期发生的销售退回，一般可以直接从本月的销售商品数量中减去，也可以单独计算本月销售退回商品成本，借记“库存商品”等科目，贷记本科目。

（三）根据建造合同准则确认合同收入时，按应确认的合同费用，借记本科目，按应确认的合同收入，贷记“主营业务收入”科目，按其差额，借记或贷记“工程施工——合同毛利”科目。合同完工时，还应按相关建造合同已计提的预计损失准备，借记“存货跌价准备——合同预计损失准备”科目，贷记本科目。

四、期末，应将本科目的余额转入“本年利润”科目，结转后本科目应无余额。

6402 其他业务支出

一、本科目核算企业除主营业务活动以外的其他经营活动所发生的支出，包括销售材料的成本、出租固定资产的累计折旧、出租无形资产的累计摊销、出租包装物的成本或摊销额、采用成本模式计量的投资房地产的累计折旧或累计摊销等。企业附主营业务活动以外的其他经营活动发生的相关税费，在“营业税金及附加”科目核算，不在本科目核算。

二、本科目应当按照其他业务支出的种类进行明细核算。

三、企业发生的其他业务支出，借记本科目，贷记“原材料”、

"包装物及低值易耗品"、"累计折旧"、"累计摊销"、"应付职工薪酬"、"银行存款"等科目。企业以原材料进行非货币性资产交换（在非货币性资产交换具有商业实质且公允价值能够可靠计量的情况下）或债务重组，应按照该用于交换或抵债的原材料的账面余额，借记本科目，贷记"原材料"科目。已计提存货跌价准备的，还应同时结转已计提的存货跌价准备。

四、期末，应将本科目余额转入"本年利润"科目，结转后本科目应无余额。

6403 营业税金及附加

一、本科目核算企业经营活动发生的营业税、消费税、城市维护建设税、资源税和教育费附加等相关税费。房产税、车船使用税、土地使用税、印花税在"管理费用"等科目核算，不在本科目核算。

二、企业按规定计算确定的与经营活动相关的税费，借记本科目，贷记"应交税费"等科目。企业收到的返还的消费税、营业税等原记入本科目的各种税金，应按实际收到的金额，借记"银行存款"科目，贷记本科目。

三、期末，应将本科目余额转入"本年利润"科目，结转后本科目应无余额。

6411 利息支出

一、本科目核算企业（金融）发生的利息支出，包括吸收的各种存款（单位存款、个人存款、信用卡存款、特种存款和转贷款资金等）、与其他金融机构（中央银行、同业等）之间发生资金往来业务、卖出回购金融资产等产生的利息支出以及按期分摊的未确认融资费用等。

二、本科目应当按照利息支出项目进行明细核算。

三、资产负债表日，企业应按金融工具确认和计量准则计算确定的各项利息费用的金额，借记本科目，按合同约定的名义利率计算确定的应付利息的金额，贷记"应付利息"、"卖出回购金融资产款"等科目，按其差额，借记或贷记"吸收存款——溢折价"等科目。

四、期末，应将本科目余额转入"本年利润"科目，结转后本科目无余额。

6601 销售费用

一、本科目核算企业销售商品和材料、提供劳务的过程中发生的各种费用，包括保险费、包装费、展览费和广告费、商品维修费、预计产品质量保证损失、运输费、装卸费等以及为销售本企业商品而专设的销售机构（含销售网点、售后服务网点等）的职工薪酬、业务费、折旧费等经营费用。企业（金融）应将本科目改为“6601 业务及管理费”科目，核算企业（保险）在业务经营和管理过程中所发生的各项费用，包括折旧费、业务宣传费、业务招待费、电子设备运转费、钞币运送费、安全防范费、邮电费、劳动保护费、外事费、印刷费、低值易耗品摊销、职工工资、差旅费、水电费、修理费、职工教育经费、工会经费、税金、会议费、诉讼费、公证费、咨询费、无形资产摊销、长期待摊费用摊销、取暖降温费、聘请中介机构费、技术转让费、绿化费、董事会费、财产保险费、劳动保险费、待业保险费、住房公积金、物业管理费、研究费用等。企业（金融）不应再设置“管理费用”科目。

二、本科目应当按照费用项目进行明细核算。

三、销售费用的主要账务处理：

（一）企业在销售商品过程中发生的包装费、保险费、展览费和广告费、运输费、装卸费等费用，借记本科目，贷记“现金”、“银行存款”科目。

（二）企业发生的为销售本企业商品而专设的销售机构的职工薪酬、业务费等经营费用，借记本科目，贷记“应付职工薪酬”、“银行存款”、“累计折旧”等科目。

四、期末，应将本科目余额转入“本年利润”科目，结转后本科目应无余额。

6602 管理费用

一、本科目核算企业为组织和管理企业生产经营所发生的管理费用，包括企业的董事会和行政管理部门在企业的经营管理中发生的或者应由企业统一负担的公司经费（包括行政管理部门职工薪酬、修理费、物料消耗、低值易耗品摊销、办公费和差旅费等）、工会经费、董事会费（包括董事会成员津贴、会议费和差旅费等）、聘请中介机构费、咨询费（含顾问费）、诉讼费、业务招待费、房产税、车船使用税、土地使用税、印花税、技术转让费、矿产资源补偿费、研究费用、排污费等。商品流通企业管理管理不多的，可不设置本科目，本科目的核算内容可并入“销售费用”科目核算。企业与固定资产有关的后续支出，包括固定资产发生的日常修理费、大修理费用、更新改造支出、房屋的装修费用等，没有满足固定资产准则规定的固定资产确认条件的，也在本科目核算。

二、本科目应当按照费用项目进行明细核算。

三、管理费用的主要账务处理：

（一）企业在筹建期间内发生的开办费，包括人员工资、办公费、培训费、差旅费、印刷费、注册登记费以及不计入固定资产价值的借款费用等，借记“管理费用”科目，贷记银行存款。

（二）行政管理部门人员的职工薪酬，借记本科目，贷记“应付职工薪酬”科目。

（三）行政管理部门计提的固定资产折旧，借记本科目，贷记“累计折旧”科目。

发生的办公费、修理费、水电费、业务招待费、聘请中介机构费、咨询费、诉讼费、技术转让费、研究费用时，借记本科目，贷记“银行存款”、“研发支出”等科目。

按规定计算确定的应交矿产资源补偿费的金额，借记本科目，贷记“应交税费”科目。

按规定计算确定的应交的房产税、车船使用税、土地使用税，借记本科目，贷记“应交税费”科目。

四、期末，应将本科目的余额转入“本年利润”科目，结转后本科目应无余额。

6603 财 务 费 用

一、本科目核算企业为筹集生产经营所需资金等而发生的筹资费用，包括利息支出（减利息收入）、汇兑差额以及相关的手续费、企业发生的现金折扣或收到的现金折扣等。为购建或生产满足资本化条件的资产发生的应予资本化借款费用，在“在建工程”、“制造费用”等科目核算，不在本科目核算。

二、本科目应当按照费用项目进行明细核算。

三、企业发生的财务费用，借记本科目，贷记“预提费用”、“银行存款“、”应收账款“等科目。发生的应冲减财务费用的利息收入、汇兑差额、现金折扣，借记”银行存款“、”应付账款“等科目，贷记本科目。

四、期末，应将本科目余额转入“本年利润”科目，结转后本科目应无余额。

6701 资产减值损失

一、本科目核算企业根据资产减值等准则计提各项资产减值准备所形成的损失。

二、本科目应当按照资产减值损失的项目进行明细核算。

三、企业根据资产减值等准则确定资产发生的减值的，按应减记的金额，借记本科目，贷记“坏账准备”、“存货跌价准备”、“长期股权投资减值准备”、“持有至到期投资减值准备”、“固定资产减值准备”、“在建工程——减值准备”、“工程物资——减值准备”、“生产性生物资产——减值准备”、“无形资产减值准备”、“商誉——减值准备”、“贷款损失准备”、“抵债资产——跌价准备”、“损余物资——跌价准备”等科目。

四、企业计提坏账准备、存货跌价准备、持有至到期投资减值准备、贷款损失准备等后，相关资产的价值又得恢复，应在原已计提的减值准备金额内，按恢复增加的金额，借记“坏账准备”、“存货跌价准备”、“持有至到期投资减值准备”、“贷款损失准备”、“抵债资产——跌价准备”、“损余物资——跌价准备”等科目，贷记本科目。

五、期末，应将本科目余额转入“本年利润”科目，结转后本科目无余额。

6711 营业外支出

一、本科目核算企业发生的与其经营活动无直接关系的各项净支出，包括处置非流动资产损失、非货币性资产交换损失、债务重组损失、罚款支出、捐赠支出、非常损失等。

二、本科目应当按照支出项目进行明细核算。

三、企业发生的营业外支出，借记本科目，贷记“待处理财产损溢”、“现金”、“银行存款”、“固定资产清理”等科目。

四、期末，应将本科目余额转入“本年利润”科目，结转后本科目应无余额。

6801 所得税费用

一、本科目核算企业根据所得税准则确认的应从当期利润总额中扣除的所得税费用。

二、本科目应当按照“当期所得税费用”、“递延所得税费用”进行明细核算。

三、所得税的主要账务处理：

（一）资产负债表日，企业按照税法规定计算确定的当期应交所得税，借记本科目（当期所得税费用），贷记“应交税费——应交所得税”科目。

（二）资产负债表日，根据递延所得税资产的应有余额大于“递延所得税资产”科目余额的差额，借记“递延所得税资产”科目，贷记本科目（递延所得税费用）、“资本公积——其他资本公积”等科目；递延所得税资产的应有余额小于“递延所得税资产”科目余额的差额做相反的会计分录。

企业应予确认的递延所得税负债，应当比照上述原则调整本科目、“递延所得税负债”科目及有关科目。

四、期末，应将本科目的余额转入“本年利润”科目，结转后本科目无余额。

2

附录二

工业企业会计制度（主要会计事项分录举例）

［1992］财会字第67号

主要会计事项分录举例

一、材料收发业务

（一）材料的收入

A. 按计划成本核算：

1. 外购材料：

（1）根据发票账单支付材料价款和运杂费：

借：材料采购

贷：银行存款（或现金、其他货币资金等）

（2）采用商业汇票结算方式，开出、承兑的商业汇票：

借：材料采购

贷：应付票据

（3）预付材料价款：

借：预付账款

贷：银行存款

（4）已经预付货款的材料验收入库，根据发票账单的应付金额：

借：材料采购

贷：预付账款

（5）补付上项货款：

借：预付账款

　　贷：银行存款

（6）退回上项多付的货款：

借：银行存款

　　贷：预付账款

（7）购入材料应负担的自营运输费用：

借：材料采购

　　贷：生产成本（辅助生产成本）

（8）应向供应单位、运输机构等收回的材料短缺或其他应冲减材料采购成本的赔偿款项，应根据有关的索赔凭证：

借：应付账款（或其他应收款）

　　贷：材料采购

（9）购入材料运输途中非常损失和尚待查明原因的途中损耗：

借：待处理财产损溢（待处理流动资产损溢）

　　贷：材料采购

（10）月终，根据已经付款或已开出、承兑的商业汇票的收料凭证（包括本月付款或开出、承兑商业汇票的上月收料凭证），按计划成本：

借：原材料

　　包装物

　　低值易耗品等

　　贷：材料采购

（11）将上项材料的计划成本与实际成本的差额进行转账：

①实际成本大于计划成本的差额：

借：材料成本差异

　　贷：材料采购

②实际成本小于计划成本的差额：

借：材料采购

　　贷：材料成本差异

（12）月终，根据尚未收到发票账单的收料凭证，按计划成本暂估入账（下月初用红字转回）：

借：原材料

　　包装物

　　低值易耗品等

　　贷：应付账款（暂估应付账款）

（13）月终，根据已收到发票账单但尚未付款或尚未开出、承兑的商业汇票的收料凭证，按实际成本：

借：材料采购
　　贷：应付账款
同时：按计划成本
借：原材料
　　包装物
　　低值易耗品
　　贷：材料采购
同时结转材料成本差异。
2. 自制完成验收入库的材料：
借：原材料等（计划成本）
　　材料成本差异（实际成本大于计划成本的差异）
　　贷：生产成本
　　　　材料成本差异（实际成本小于计划成本的差异）
3. 投资人投入的材料：
借：原材料等（计划成本）
　　材料成本差异（确定的价值大于计划成本的差异）
　　贷：实收资本（确定的价值）
　　　　材料成本差异（确定的价值小于计划成本的差异）
B. 按实际成本核算：
1. 购买的已入库的材料，支付价款、运杂费等：
借：原材料
　　包装物
　　低值易耗品
　　贷：银行存款（或现金、其他货币资金等）
2. 购买的已入库的材料、开出、承兑的商业汇票：
借：原材料
　　包装物
　　低值易耗品
　　贷：应付票据

3. 对已经付款或已开出、承兑的商业汇票但材料尚未到达的收料凭证：

借：在途材料
　　贷：银行存款
　　　　应付票据
4. 上述材料验收入库时：
借：原材料等
　　贷：在途材料

5. 月份终了，已经收到材料和结算凭证，但尚未付款或尚未开出、承兑商业汇票的收料凭证，按实际成本：

借：原材料等

　　贷：应付账款

6. 月终，根据尚未收到发票账单的收料凭证，暂估价值入账（下月初用红字转回）：

借：原材料等

　　贷：应付账款（暂估应付账款）

其他核算内容比照计划成本核算方法。

（二）材料的发出

1. 领用和退回的材料：

（1）生产和管理部门领用的材料，按计划成本结转：

借：生产成本

　　制造费用

　　管理费用等

　　贷：原材料

（2）在建工程领用的材料，按计划成本结转：

借：在建工程

　　贷：原材料

（3）独立销售机构领用的材料，按计划成本结转：

借：产品销售费用

　　贷：原材料

（4）生产车间退回剩余的材料，按计划成本结转：

借：原材料等

　　贷：生产成本

（5）月末，结转生产车间已领未用，但下月仍需继续使用的材料，按计划成本结转（下月初用红字冲回）：

借：原材料等

　　贷：生产成本

（6）月末，结转本月耗用材料应分摊的成本差异（实际成本小于计划成本的差异用红字）：

借：生产成本

　　制造费用

　　管理费用

　　产品销售费用等

　　贷：材料成本差异

2. 交库的下脚废料，按计划成本估价入账：

借：原材料等

贷：生产成本

3. 对外销售材料：

（1）按计划成本结转成本：

借：其他业务支出

贷：原材料等

（2）月末，结转材料成本差异（实际成本小于计划成本的差异用红字）：

借：其他业务支出

贷：材料成本差异

4. 投资转出的材料：

借：长期投资（其他投资）

贷：原材料等（计划成本）

材料成本差异（实际成本小于计划成本的差异用红字）

5. 清查盘点中发现的盘亏、毁损的材料，按实际成本：

借：待处理财产损溢

贷：原材料等

按实际成本核算的企业比照上述分录处理。

（三）包装物的核算

按计划成本或实际成本核算：

1. 生产领用包装物：

借：生产成本

贷：包装物

2. 随同产品出售但不单独计价的包装物：

借：产品销售费用

贷：包装物

3. 随同产品出售并单独计价的包装物：

借：其他业务支出

贷：包装物

4. 出租、出借包装物（一次或分次摊销）：

（1）出租、出借包装物，在第一次领用新包装物时：

借：其他业务支出（出租包装物）

产品销售费用（出借包装物）

贷：包装物

（2）出租、出借包装物金额较大的，可分次摊销。在第一次领用新包装物时：

借：待摊费用

贷：包装物

分次摊销时：

借：其他业务支出（出租包装物）

产品销售费用（出借包装物）

贷：待摊费用

（3）收到出租包装物的租金：

借：现金（或银行存款）

贷：其他业务收入

（4）收到出租、出借包装物的押金：

借：现金（或银行存款）

贷：其他应付款

（5）出租、出借包装物发生修理费用：

借：其他业务支出（出租包装物）

产品销售费用（出借包装物）

贷：原材料、银行存款、生产成本等

（6）逾期未退包装物没收的、加收的押金：

借：其他应付款

贷：营业外收入

（7）出租、出借的包装物，不能继续使用报废时，残料价值估价入账：

借：原材料等

贷：其他业务支出（出租包装物）

产品销售费用（出借包装物）

（8）月终，结转领用、出售以及出租、出借新包装物应分摊的成本差异（实际成本小于计划成本的差异用红字）：

借：生产成本

产品销售费用

其他业务支出

待摊费用等

贷：材料成本差异

5. 出租、出借包装物（采用五五摊销法）：

（1）出租、出借包装物：

借：包装物（出租包装物、出借包装物）

贷：包装物（库存未用包装物）

（2）月终，计提出租、出借包装物的摊销（按计划成本或实际成本的50%）：

借：其他业务支出（出租包装物）

产品销售费用（出借包装物）
贷：包装物（包装物摊销）
（3）收回出租、出借包装物：
借：包装物（库存已用包装物）
贷：包装物（出租包装物、出借包装物）
（4）重新出租、出借包装物：
借：包装物（出租、出借包装物）
贷：包装物（库存已用包装物）
（5）租赁期满，出租、出借包装物收不回，或出租、出借包装物报废：
借：原材料等（残料价值）
贷：包装物（出租、出借包装物）
借：其他业务支出（出租包装物、按计划成本或实际成本的50%减去残值后的数额摊销）
产品销售费用（出借包装物、按计划成本或实际成本的50%减去残值补提摊销）
贷：包装物（包装物摊销）
借：包装物（包装物摊销、按计划成本或实际戎本减去残值后的差额）
贷：包装物（出租、出借包装物）
（6）月末，按计划成本核算的企业，分摊收不回或报废出租、出借包装物的成本差异（实际成本小于计划成本的差异用红字）：
借：其他业务支出（出租包装物）
产品销售费用（出借包装物）
贷：材料成本差异
6. 出租、出借包装物（采用净值摊销法）：
（1）出租、出借包装物，按计划成本或实际成本：
借：包装物（出租、出借包装物）
贷：包装物（库存未用包装物）
（2）月终，按出租、出借包装物的净值和摊销率计算出租、出借包装物的摊销额：
借：其他业务支出（出租包装物）
产品销售费用（出借包装物）
贷：包装物（包装物摊销）
（3）出租、出借包装物收不回或报废时：
借：原材料（残料价值）
贷：包装物（出租、出借包装物）

借：包装物（包装物摊销、按计划成本或实际成本减去残值后的差额）

贷：包装物（出租、出借包装物）

（4）月末，按计划成本核算的企业，分摊收不回或报废出租、出借包装物的材料成本差异（实际成本小于计划成本的差异用红字）：

借：其他业务支出（出租包装物）

产品销售费用（出借包装物）

贷：材料成本差异

（四）低值易耗品的摊销

1. 一次摊销：

（1）领用低值易耗品，按计划成本或实际成本结转：

借：制造费用

管理费用

其他业务支出等

贷：低值易耗品

（2）低值易耗品报废时，将报废的残料价值冲减当月的费用：

借：原材料等

贷：制造费用

管理费用

其他业务支出等

2. 分次摊销：

（1）领用低值易耗品，按计划成本结转：

借：待摊费用

贷：低值易耗品

（2）分次摊销计入有关成本费用时：

借：制造费用

管理费用

其他业务支出等

贷：待摊费用

（3）低值易耗品报废时，将报废的残料价值冲减当月的费用：

借：原材料等

贷：制造费用

管理费用

其他业务支出等

3. 月末，按计划成本核算的企业，分摊领用低值易耗品的成本差异（实际成本小于计划成本的差异用红字）：

借：制造费用

管理费用

其他业务支出

待摊费用等

贷：材料成本差异

按“五五摊销法”摊销低值易耗品的企业，会计处理比照包装物核算进行。

（五）委托加工材料的核算

1. 委托外单位加工发出的材料，按计划成本或实际成本结转：

借：委托加工材料

贷：原材料等

2. 计算上述发出委托加工材料的成本差异（实际成本小于计划成本的差异用红字）：

借：委托加工材料

贷：材料成本差异

3. 支付委托加工材料的加工费用和运杂费等：

借：委托加工材料

贷：现金（或银行存款等）

4. 委托外单位加工完成，验收入库的材料：

借：原材料等（计划成本或实际成本）

材料成本差异（实际成本大于计划成本的差异）

贷：委托加工材料（实际成本）

材料成本差异（实际成本小于计划成本的差异）

5. 退回委托外单位加工多余的材料：

借：原材料等（计划成本或实际成本）

材料成本差异（实际成本大于计划成本的差异）

贷：委托加工材料（实际成本）

材料成本差异（实际成本小于计划成本的差异）

二、生产费用核算业务

（一）基本生产成本核算

1. 企业本月发生的各项直接基本生产费用：

借：生产成本（基本生产成本）

贷：原材料

银行存款

应付工资

应付福利费等

2. 月终，分摊应由基本生产成本负担的制造费用：

借：生产成本（基本生产成本）

贷：制造费用

3. 生产完成并已入库的产成品和自制半成品：

借：产成品

自制半成品

贷：生产成本（基本生产成本）

（二）辅助生产成本核算

1. 企业本月发生的各项直接辅助生产费用：

借：生产成本（辅助生产成本）

贷：原材料

银行存款

应付工资

应付福利费等

2. 月终，分摊计入辅助生产成本的制造费用：

借：生产成本（辅助生产成本）

贷：制造费用

3. 月终，辅助生产成本按一定分配标准分配给各受益对象：

借：生产成本（基本生产成本）

管理费用

产品销售费用

产品销售成本

其他业务支出

在建工程等

贷：生产成本（辅助生产成本）

（三）制造费用的核算

1. 发生的制造费用：

借：制造费用

贷：原材料

银行存款

应付工资

待摊费用（或递延资产）等

2. 月末，制造费用分配计入有关的成本核算对象：

借：生产成本（基本生产成本、辅助生产成本）

贷：制造费用

（四）待摊费用、递延资产的核算

1. 发生的待摊费用、递延资产：

借：待摊费用或递延资产

贷：银行存款

低值易耗品
包装物
应交税金等

2. 分期摊销待摊费用、递延资产：

借：制造费用
管理费用
产品销售费用
产品销售税金及附加
其他业务支出等
贷：待摊费用或递延资产

（五）预提费用的核算

1. 按月预提租金、保险费、借款利息、大修理费用等：

借：管理费用
财务费用等
贷：预提费用

2. 实际支出时：

借：预提费用
管理费用（实际支出数大于预提数的差额）
财务费用（实际支出数大于预提数的差额）
贷：银行存款
原材料等

三、产品收发业务

（一）自制半成品

1. 生产完成并已检验送交半成品库的自制半成品，按实际成本结转：

借：自制半成品
贷：生产成本（基本生产成本）

2. 领用自制半成品继续加工，按实际成本结转：

借：生产成本（基本生产成本）
贷：自制半成品

3. 委托外单位加工的自制半成品：

借：自制半成品（委托外部加工自制半成品）
贷：自制半成品（库存半成品）

4. 支付的外部加工费和运杂费等：

借：自制半成品（委托外部加工自制半成品）
贷：银行存款等

5. 加工完成验收入库的自制半成品，按加工后的实际成本结转：

借：自制半成品（库存半成品）

贷：自制半成品（委托外部加工自制半成品）

6. 对外销售的自制半成品结转成本时：

借：产品销售成本

贷：自制半成品

（二）产成品

1. 生产完成并已验收入库的产成品，按实际成本结转：

借：产成品

贷：生产成本（基本生产成本）

2. 销售发出的产成品，结转成本时：

借：产品销售成本

贷：产成品

3. 采用分期收款销售的产成品，应在产品发出后，按实际成本：

借：分期收款发出商品

贷：产成品

4. 清查财产中发现的产成品盘盈，按估计成本：

借：产成品

贷：待处理财产损溢

5. 清查财产中发现的产成品盘亏和毁损，按实际成本：

借：待处理财产损溢

贷：产成品

四、对外投资业务

（一）短期投资

1. 购入的各种股票和债券，按照实际支付的价款：

借：短期投资

贷：银行存款

2. 如果购入股票，实际支付的价款中包括已宣告发放，但未支取的股利，应将其作应收款处理：

借：短期投资（实际支付的价款扣除已宣告发放但未支取的股利）

其他应收款（应收股利、应支取的股利）

贷：银行存款（实际支付的价款）

3. 收到发放的股利：

借：银行存款（实际收到的股利）

贷：投资收益（实际收到的股利扣除已宣告发放但未支取的股利部分）

其他应收款（应收股利、未支取的股利部分）

4. 出售股票和债券：

借：银行存款（实际收到的金额）
投资收益（实际收到的金额小于成本和未支取的股利部分）
贷：短期投资（实际成本）
其他应收款（应收股利、未支取的股利）
投资收益（实际收到的金额大于成本和未支取的股利的部分）

5. 债券到期收回本息：

借：银行存款（实际收到的本息）
贷：短期投资（实际成本）
投资收益（利息）

（二）长期投资——股票投资

1. 购入股票，按实际支付的价款：

借：长期投资（股票投资）
贷：银行存款

2. 购入的股票，如果实际支付的价款中含有已经宣告发放但尚未支取的股利：

借：长期投资（股票投资，实际支付的价款扣除已宣告发放但尚未支取的股利）
其他应收款（应收股利、应收取的股利）
贷：银行存款

3. 采用成本法记账的企业，收到发放的股利：

借：银行存款
贷：投资收益

4. 采用权益法记账的企业，对于投资权益的变动：

（1）期末，根据接受投资企业所有者权益的增加，按持股比例计算本企业所拥有的权益的增加额：

借：长期投资（股票投资）
贷：投资收益

（2）分得股利时：

借：银行存款等
贷：长期投资（股票投资）

（3）期末，根据接受投资企业所有者权益的减少，按持股比例计算本企业所拥有的权益的减少：

借：投资收益
贷：长期投资（股票投资）

（三）长期投资——债券投资

1. 购入债券：

借：长期投资（债券投资、实际支付的价款）
　　贷：银行存款

2. 购入债券，实际支付的款项中含有债券利息的：

借：长期投资（债券投资、实际支付的款项扣除债券利息）
　　长期投资（应计利息、债券利息部分）
　　贷：银行存款

3. 每期结账时，分别情况处理：

（1）面值购入的债券：

借：长期投资（应计利息、债券上应计的当期利息）
　　贷：投资收益

（2）溢价购入的债券：

借：长期投资（应计利息、债券上应计的当期利息）
　　贷：长期投资（债券投资、当期应分摊的溢价金额）
　　　　投资收益（债券上应计的当期利息扣除溢价摊销额后的差额）

（3）折价购入的债券：

借：长期投资（应计利息、债券上应计的当期利息）
　　长期投资（债券投资、当期应摊销的折价金额）
　　贷：投资收益（债券上应计利息与折价摊销额的合计）

（4）债券到期，收回本息：

借：银行存款等（实际收到的金额）
　　贷：长期投资（债券投资、债券面值部分）
　　　　长期投资（应计利息、债券上的应计利息中的已计利息部分）
　　　　投资收益（债券上的应计利息中未计利息部分）

（四）长期投资——其他投资

1. 向其他单位投资转出的固定资产：

借：长期投资（其他投资、确认的价值）
　　累计折旧（已提折旧）
　　贷：固定资产（固定资产原价）

2. 向其他单位投资转出的现金、材料等：

借：长期投资（其他投资）
　　材料成本差异（实际成本小于计划成本的差异）
　　贷：银行存款
　　　　原材料等
　　　　材料成本差异（实际成本大于计划成本的差异）

3. 用已入账的无形资产向其他单位投资：

借：长期投资（其他投资）

贷：无形资产

4. 采用成本法核算的企业，收到其他投资分得的利润：

借：银行存款等

贷：投资收益

5. 采用权益法核算的企业：

（1）期末，根据接受投资企业所有者权益的增加，按持股比例计算本企业所拥有的权益的增加额：

借：长期投资（其他投资）

贷：投资收益

（2）实际收到分回的利润：

借：银行存款

贷：长期投资（其他投资）

（3）期末，根据接受投资企业所有者权益的减少，按持股比例计算本企业拥有的权益的减少额：

借：投资收益

贷：长期投资（其他投资）

6. 收回其他投资

借：固定资产

银行存款等

投资收益（收回的投资小于投出资金的差额）

贷：累计折旧

长期投资

投资收益（收回的投资大于投出资金的差额）

五、固定资产增减业务

（一）固定资产的取得

1. 购入不需要安装的固定资产，按实际支付的价款（包括买价、支付的包装费、运输费等）记账：

借：固定资产

贷：银行存款

累计折旧等

2. 购入需要安装的固定资产：

（1）按实际支付的价款（包括买价、支付的包装费、运输费等）记账：

借：在建工程

贷：银行存款等

（2）发生的安装等费用：

借：在建工程
　　贷：银行存款
　　　　应付工资
　　　　原材料等

（3）安装完毕交付使用，按实际支付的价款和安装成本：

借：固定资产
　　贷：在建工程

3. 自行建造的固定资产：

（1）自营工程领用的工程物资：

借：在建工程（××工程）
　　贷：在建工程（工程物资）

（2）自营工程领用本企业的商品产品：

借：在建工程
　　贷：产品销售收入

（3）自营工程发生的其他费用：

借：在建工程
　　贷：银行存款
　　　　应付工资
　　　　生产成本（辅助生产成本）
　　　　长期借款等

（4）固定资产购建完工，交付生产使用，按实际发生的全部支出记账：

借：固定资产
　　贷：在建工程

4. 出包工程：

（1）预付工程价款

借：在建工程
　　贷：银行存款

（2）工程完工收到承包单位账单，补付或补记工程价款：

借：在建工程
　　贷：银行存款

（3）固定资产交付生产使用，按实际发生的全部支出记账：

借：固定资产
　　贷：在建工程

5. 其他单位投资转入的固定资产：

（1）确认的价值小于账面原价的：

借：固定资产（投出单位的账面原价）

贷：累计折旧（确认的价值与账面原价的差额）

实收资本（确认的价值）

（2）确认的价值大于账面原价的，按确认的价值记账：

借：固定资产

贷：实收资本等

6. 融资租入固定资产，按租赁协议确定的设备价款、运输费、途中保险费、安装调试费等记账：

借：固定资产

贷：长期应付款或在建工程

7. 接受捐赠的固定资产：

借：固定资产

贷：累计折旧

资本公积

（二）固定资产的折旧

借：制造费用

管理费用等

贷：累计折旧

（三）固定资产的出售、报废、毁损

1. 企业出售、报废和毁损固定资产转入清理：

借：固定资产清理（净值）

累计折旧（已提折旧）

贷：固定资产（原价）

2. 发生的清理费用：

借：固定资产清理

贷：银行存款等

3. 收回出售固定资产的价款、残料价值和变价收入等：

借：银行存款

原材料等

贷：固定资产清理

4. 应收保险公司或过失人赔偿的损失：

借：其他应收款

银行存款等

贷：固定资产清理

5. 固定资产清理后的净收益：

借：固定资产清理

贷：营业外收入（处理固定资产净收益）

6. 固定资产清理后的净损失：

(1) 属于自然灾害造成的损失：
借：营业外支出（非常损失）
　　贷：固定资产清理
(2) 属于正常的处理损失：
借：营业外支出（处理固定资产净损失）
　　贷：固定资产清理
(四) 固定资产盘盈、盘亏
1. 盘盈的固定资产：
借：固定资产（重置完全价值）
　　贷：累计折旧（估计折旧）
　　　　待处理财产损溢（待处理固定资产损溢，净值）
2. 盘亏的固定资产：
借：待处理财产损溢（净值）
　　累计折旧（已提折旧）
　　贷：固定资产（原价）
3. 转销固定资产盘盈：
借：待处理财产损溢
　　贷：营业外收入（固定资产盘盈）
4. 转销固定资产盘亏：
借：营业外支出（固定资产盘亏）
　　贷：待处理财产损溢
六、无形资产核算业务
(一) 无形资产的取得
1. 购入或自行创造并按法律程序申请取得的各种无形资产，按实际支出记账：
借：无形资产
　　贷：银行存款等
2. 其他单位投资转入的无形资产，按确认的价值：
借：无形资产
　　贷：实收资本
(二) 无形资产的转让
1. 企业向外转让已入账的无形资产，收到转让收入时：
借：银行存款等
　　贷：其他业务收入
2. 结转转让无形资产的成本：
借：其他业务支出
　　贷：无形资产

（三）无形资产的投资

借：长期投资（其他投资）

　　贷：无形资产

（四）无形资产的摊销

借：管理费用（无形资产摊销）

　　贷：无形资产

七、应收应付业务

（一）应收票据

1. 销售产品收到商业汇票：

借：应收票据

　　贷：产品销售收入

2. 企业的应收账款改按商业汇票结算方式，应在接到开出、承兑的商业汇票时：

借：应收票据

　　贷：应收账款

3. 企业持未到期的应收票据向银行贴现：

借：银行存款（实际收到的金额）

　　财务费用（贴现息）

　　贷：应收票据（票面价值）

4. 应收票据到期，收回本息：

借：银行存款（实际收到的金额）

　　贷：财务费用（利息部分）

　　　　应收票据（票面价值）

（二）应收账款

1. 企业经营收入发生应收款项：

借：应收账款

　　贷：产品销售收入

　　　　其他业务收入等

2. 代购货单位垫付的包装费、运杂费：

借：应收账款

　　贷：银行存款等

3. 企业的应收账款改用商业汇票结算，在收到开出、承兑的商业汇票时：

借：应收票据

　　贷：应收账款

4. 企业收到应收账款时：

借：银行存款

贷：应收账款

5. 核销坏账损失：

借：坏账准备或管理费用

贷：应收账款

6. 已确认并转销的坏账损失，如果以后又收回：

借：应收账款

贷：坏账准备或管理费用

同时：

借：银行存款

贷：应收账款

7. 贴现的商业汇票到期，因承兑人的银行账户不足支付，申请贴现的企业收到银行退回的应收票据和支款通知或已转作逾期贷款处理的通知时：

借：应收账款

贷：银行存款

短期借款

（三）预付账款

1. 企业预付货款：

借：预付账款

贷：银行存款

2. 收到所购物品，根据发票账单等列明的金额：

借：材料采购等

贷：预付账款

3. 补付的货款：

借：预付账款

贷：银行存款

4. 退回多付的货款：

借：银行存款

贷：预付账款

（四）其他应收款

1. 企业发生其他应收款项时：

借：其他应收款

贷：银行存款

现金等

2. 收回各种款项时：

借：银行存款

现金等

贷：其他应收款

（五）应付票据

1. 企业对外发生债务时所开出、承兑的商业汇票：

借：材料采购

贷：应付票据

2. 支付银行承兑汇票的手续费：

借：财务费用

贷：银行存款

3. 收到银行支付本息通知时：

借：应付票据

财务费用

贷：银行存款

（六）应付账款

1. 企业购入材料、物资等已验收入库，但货款尚未支付，应根据有关凭证（发票账单、随货同行发票上记载的实际价款或暂估价值）：

借：材料采购等

贷：应付账款

2. 企业接受供应单位提供劳务而发生的应付未付款项，应根据供应单位的发票账单：

借：生产成本

制造费用等

贷：应付账款

3. 企业偿付应付账款时：

借：应付账款

贷：银行存款等

4. 企业开出、承兑商业汇票抵付应付账款：

借：应付账款

贷：应付票据

（七）预收账款

1. 企业向购货单位预收货款：

借：银行存款

贷：预收账款

2. 产品销售实现时，按售价记账：

借：预收账款

贷：产品销售收入

3. 购货单位补付的货款：

借：银行存款

贷：预收账款

4. 退回多付的货款：

借：预收账款

贷：银行存款

（八）其他应付款

1. 发生其他应付款项时：

借：银行存款

管理费用

财务费用

营业外支出等

贷：其他应付款

2. 支付其他应付款项时：

借：其他应付款

贷：银行存款等

（九）应付职工薪酬

1. 企业向银行提取现金准备发放工资时：

借：现金

贷：银行存款

2. 发放工资时：

借：应付职工薪酬

贷：现金

3. 从应付工资中扣还的各种款项：

借：应付职工薪酬

贷：其他应收款

其他应付款等

4. 职工在规定期限内未领取的工资，由发放工资的单位及时交回财务会计部门时：

借：现金

贷：其他应付款

5. 月份终了，将本月应发的工资进行分配：

借：生产成本

制造费用

管理费用

产品销售费用

其他业务支出

在建工程

应付职工薪酬——福利费

贷：应付职工薪酬

（十）福利费

1. 企业提取福利费：

借：生产成本

制造费用

管理费用

其他业务支出等

贷：应付职工薪酬——福利费

2. 支付职工医药卫生费用、职工困难补助和其他福利费用以及应付的医务、福利人员工资等：

借：应付职工薪酬——福利费

贷：现金

银行存款

应付职工薪酬

（十一）应交税费

1. 月份终了，企业计算出应缴纳的产品税、增值税、营业税、城市维护建设税、资源税、教育费附加等：

借：销售税金及附加

其他业务支出

待摊费用

贷：应交税费（增值税、营业税、城市维护建设税等）

2. 缴纳增值税的企业，当月产品销售和其他业务应纳增值税小于应扣抵税金，应留待以后月份从应交纳的增值税中继续扣抵的税金：

借：应交税费（应交增值税）

贷：待扣税金

以后月份扣抵时：

借：待扣税金（扣抵部分）

销售税金及附加（扣抵后的应交部分）

贷：应交税费（应交增值税，当月计算的全部应交增值税）

3. 月份终了，企业计算出应缴纳的房产税、车船使用税和土地使用税：

借：管理费用

贷：应交税费（应交房产税、车船使用税、土地使用税）

4. 月份终了，企业计算出当月应缴纳的所得税：

借：利润分配（应交所得税）

贷：应交税费（应交所得税）

5. 企业交纳的各种税金：

借：应交税费

　　贷：银行存款

6. 企业与税务机关结算或清算后，补交的税金：

借：应交税费

　　贷：银行存款

退回多交的税金，作相反的会计分录。

7. 期末，企业计算出应支付给投资者的利润：

借：利润分配（应付利润）

　　贷：应付利润

8. 支付利润：

借：应付利润

　　贷：银行存款等

八、借款业务

（一）短期借款

1. 企业借入的各种短期借款：

借：银行存款

　　贷：短期借款

2. 发生的短期借款利息：

借：财务费用

　　贷：预提费用（或银行存款）

3. 归还短期借款：

借：短期借款

　　贷：银行存款

（二）长期借款

1. 借入各种长期借款：

借：银行存款

　　在建工程

　　固定资产等

　　贷：长期借款

2. 发生长期借款的利息支出和外币折合差额，在固定资产尚未交付使用或者虽已投入使用但尚未办理竣工决算之前发生的，计入固定资产的购建成本：

借：在建工程

　　固定资产

　　贷：长期借款

3. 长期借款的利息支出和外币折合差额，在固定资产已办理竣工决算后发生的，计入当期损益：

借：财务费用
　　贷：长期借款
4. 归还长期借款：
借：长期借款
　　贷：银行存款
（三）应付债券
1. 按面值发行的债券，收到债券款时：
借：银行存款等
　　贷：应付债券（债券面值）
2. 企业按期提取应付债券利息：
借：在建工程
　　财务费用
　　贷：应付债券（应计利息）
3. 溢价发行的债券，收到债券款时：
借：银行存款（实际收到的金额）
　　贷：应付债券（债券面值）
　　　　应付债券（债券溢价）
4. 折价发行的债券：
借：银行存款（实际收到的金额）
　　应付债券（债券折价）
　　贷：应付债券（债券面值）
5. 溢价发行的债券，按期摊销和计算应计利息时：
借：应付债券（债券溢价、应摊销的溢价金额）
　　在建工程或财务费用（应计利息与溢价摊销额的差额）
　　贷：应付债券（应计利息）
6. 折价发行的债券，按期摊销和计算应计利息时：
借：在建工程或财务费用（按应计利息与折价摊销额的合计数）
　　贷：应付债券（债券折价、应摊销的折价金额）
　　　　应付债券（应计利息）
7. 债券到期，支付债券本息：
借：应付债券（债券面值、应计利息）
　　贷：银行存款等
（四）长期应付款
1. 发生的长期应付款：
借：在建工程
　　原材料等
　　贷：长期应付款

2. 归还长期应付款：

借：长期应付款

　　贷：银行存款等

九、财务成果收支业务

（一）主营业务收支（产品销售业务）

1. 实现的产品销售收入：

借：银行存款

　　应收账款

　　应收票据等

　　贷：主营业务收入

2. 发生销货退回，不论是属于本年度还是属于以前年度销售的，都应冲减本期的销售收入：

借：主营业务收入

　　贷：银行存款等

3. 月份终了，结转销售产品成本：

借：主营业务成本

　　贷：产成品

　　　　自制半成品

　　　　生产成本

　　　　分期收款发出商品等

4. 发生产品销售费用：

借：产品销售费用

　　贷：现金

　　　　银行存款

　　　　应付职工薪酬等

5. 月份终了，计算产品销售应纳的税金和教育费附加：

借：销售税金及附加

　　贷：应交税金

　　　　待摊费用

（二）其他业务收支

1. 发生其他业务收入：

借：银行存款等

　　贷：其他业务收入

2. 发生其他业务支出：

借：其他业务支出

　　贷：原材料

　　　　包装物

累计折旧
生产成本
应付职工薪酬等

（三）管理费用

借：管理费月
　　贷：现金
　　　　银行存款
　　　　待摊费用
　　　　无形资产
　　　　坏账准备
　　　　累计折旧等

（四）财务费用

借：财务费用
　　贷：银行存款
　　　　短期借款
　　　　长期借款等

（五）投资收益

1. 发生的投资收益：

借：有关科目
　　贷：投资收益

2. 发生的投资损失：

借：投资收益
　　贷：有关科目

（六）营业外收支

1. 企业发生的营业外收入：

借：现金
　　银行存款
　　待处理财产损溢
　　固定资产清理等
　　贷：营业外收入

2. 发生的营业外支出：

借：营业外支出
　　贷：现金
　　　　银行存款
　　　　待处理财产损溢
　　　　固定资产清理等

（七）结转本年利润

1. 期末将所有的收入科目转入“本年利润”科目的贷方：

借：主营业务收入

其他业务收入

营业外收入

贷：本年利润

2. 期末将所有的支出科目转入“本年利润”科目的借方：

借：本年利润

贷：主营业务成本

管理费用

财务费用

销售费用

销售税金及附加

其他业务支出

营业外支出

3. 期末将“投资收益”科目的贷方余额转入“本年利润”科目的贷方：

借：投资收益

贷：本年利润

4. 期末将“投资收益”科目的借方余额转入“本年利润”科目的借方：

借：本年利润

贷：投资收益

（八）利润分配

1. 企业计算出应交纳的所得税：

借：利润分配（应交所得税）

贷：应交税金（应交所得税）

2. 企业用盈余公积弥补亏损：

借：盈余公积

贷：利润分配（盈余公积补亏）

3. 提取盈余公积：

借：利润分配（提取盈余公积）

贷：盈余公积

4. 企业计算出应付给投资者的利润：

借：利润分配（应付利润）

贷：应付利润

5. 年度终了，企业将全年实现的利润总额，自“本年利润”科目转入“利润分配”科目：

借：本年利润

　　贷：利润分配（未分配利润）

如为亏损，作相反的会计分录。

同时，将“利润分配”科目下的其他明细科目的余额转入“未分配利润”明细科目：

借：利润分配（未分配利润）

　　贷：利润分配（应交所得税）

　　　　利润分配（提取盈余公积）

　　　　利润分配（应付利润）

　　　　利润分配（应交特种基金）

借：利润分配（盈余公积补亏）

　　贷：利润分配（未分配利润）

十、外币业务

（一）在外汇调剂市场买入的外币

1. 买入外币取得的外币存款，按照国家外汇牌价折合为人民币记账：

借：银行存款（××外币户，国家外汇牌价，同时登记外币金额，下同）

　　外汇价差（调剂价与国家外汇牌价的差额）

　　贷：银行存款（人民币户，实际支付的款项）

2. 用买入的外汇购买物资、支付费用，应同时分摊外汇价差：

借：材料采购等

　　银行存款（××外币户，按国家外汇牌价折合的人民币）

　　贷：外汇价差

3. 用买入的外汇偿还债务，按国家外汇牌价折合的人民币记账：

借：长期借款等

　　贷：银行存款（××外币户）

同时，按偿还债务应分摊的外汇价差：

借：财务费用等

　　贷：外汇价差

（二）在外汇调剂市场卖出的外币

1. 如果卖出的外币为自调剂市场买入的：

借：银行存款（人民币户、实际取得的人民币金额）

　　财务费用（实际取得的人民币金额小于按国家外汇牌价折合的人民币金额与分摊的外汇价差的合计数）

　　贷：外汇价差（分摊的外汇价差）

　　　　银行存款（××外币户，按国家外汇牌价折合的人民币

金额）
财务费用（实际取得的人民币金额大于按国家外汇牌价折合的人民币金额与分摊的外汇价差的合计数）

2. 如果卖出的外币为其他来源取得的：

借：银行存款（人民币户，实际取得的人民币金额）
财务费用（实际取得的人民币金额小于按国家外汇牌价计算折合的人民币金额）
贷：银行存款（××外币户，按国家外汇牌价折合的人民币金额）
财务费用（实际取得的人民币金额大于按国家外汇牌价计算折合的人民币金额）

（三）调剂外汇额度

1. 企业调剂购入外汇额度支付的人民币：

借：外汇价差
贷：银行存款

2. 以购入外汇额度和配套人民币资金买入外币时：

借：银行存款（××外币户，按国家外汇牌价折合的人民币金额）
贷：银行存款（人民币户）

使用该项外币时，应同时计算、分摊调进外汇价差：

借：材料采购等
贷：银行存款（××外币户，按国家外汇牌价折合的人民币金额）
外汇价差（应分摊的外汇价差）

3. 购入的外汇额度再出让时：

借：银行存款（人民币户，按实际收到的人民币金额）
财务费用（按实际收到的人民币金额小于账面成本的差额）
贷：外汇价差（按出让外汇额度的账面成本）
财务费用（按实际收到的人民币金额大于账面成本的差额）

参考文献

1. ［美］查尔斯·P. 霍恩格伦著，上海财经学院会计系译：《高级成本管理会计学》，中国财政经济出版社1986年版。

2. 蔡淑娥：《成本管理会计》，中国人民大学出版社1995年版。

3. 中华人民共和国财政部制定：《会计基础工作规范》，经济科学出版社1996年版。

4. 刘尚林：《财务会计》，高等教育出版社2001年版。

5. 中华人民共和国财政部制定：《企业会计制度》，经济科学出版社2001年版。

6. 郭阜平、张大中：《制造企业会计实务》，中国财政经济出版社2004年版。

7. 中华人民共和国财政部制定：《企业会计准则》，中国财政经济出版社2006年版。

8. 中华人民共和国财政部制定：《企业会计准则应用指南》，中国财政经济出版社2006年版。

9. 戴德明、林钢、谢德平：《财务会计学》，中国人民大学出版社2007年版。

10. 中华人民共和国财政部制定：《企业会计准则讲解》，人民出版社2008年版。